本书受到国家重点研发计划（2022YFC3302600）、北京市教育委员会"市属高校分类发展—北京工商大学数字商学新兴交叉学科平台建设"的资助

大数据视角下
我国宏观债务结构性失衡的成因与协同治理

贾君怡 ◎ 著

中国财经出版传媒集团
中国财政经济出版社
·北京·

图书在版编目（CIP）数据

大数据视角下我国宏观债务结构性失衡的成因与协同治理／贾君怡著．--北京：中国财政经济出版社，2025.8．--ISBN 978-7-5223-4187-3

Ⅰ.F123.16

中国国家版本馆CIP数据核字第20254GN150号

责任编辑：李肇晗　　　　责任校对：胡永立
封面设计：陈宇琰　　　　责任印制：史大鹏

大数据视角下我国宏观债务结构性失衡的成因与协同治理
DASHUJU SHIJIAO XIA WOGUO HONGGUAN ZHAIWU JIEGOUXING
SHIHENG DE CHENGYIN YU XIETONG ZHILI

中国财政经济出版社 出版

URL：http://www.cfeph.cn

E-mail：cfeph@cfeph.cn

（版权所有　翻印必究）

社址：北京市海淀区阜成路甲28号　邮政编码：100142
营销中心电话：010-88191522
天猫网店：中国财政经济出版社旗舰店
网址：https://zgczjjcbs.tmall.com
涿州汇美亿浓印刷有限公司印刷　各地新华书店经销
成品尺寸：170mm×240mm　16开　16.25印张　221 000字
2025年8月第1版　2025年8月河北第1次印刷
定价：68.00元
ISBN 978-7-5223-4187-3
（图书出现印装问题，本社负责调换，电话：010-88190548）
本社质量投诉电话：010-88190744
打击盗版举报热线：010-88191661　QQ：2242791300

目　　录

第一篇　总论

第1章　引言 ……………………………………………………（3）
 1.1　研究背景 ……………………………………………（3）
 1.2　研究内容 ……………………………………………（4）
 1.3　研究方法 ……………………………………………（6）

第2章　文献综述 ………………………………………………（8）
 2.1　宏观债务杠杆的定义、测算与分部门研究 …………（8）
 2.2　政府部门债务研究 …………………………………（11）
 2.3　企业部门债务研究 …………………………………（24）
 2.4　家庭部门债务研究 …………………………………（26）
 2.5　文献述评 ……………………………………………（27）

第3章　我国宏观债务特征事实分析 …………………………（38）
 3.1　我国宏观债务概述 …………………………………（38）
 3.2　我国企业部门债务概述 ……………………………（50）
 3.3　地方融资平台债务概述 ……………………………（54）

第4章　基于复杂网络视角的城投债担保风险传染研究 ……（72）
 4.1　引言 …………………………………………………（72）
 4.2　文献综述 ……………………………………………（75）

4.3 研究方法 …………………………………………（79）
4.4 城投债担保网络风险传染分析 …………………（83）
4.5 研究结论与政策建议 ……………………………（94）

第二篇 宏观债务结构性失衡的微观形成机制研究

第5章 "准财政职能"承担与结构性宏观债务（地方国企篇） …………………………（101）
5.1 引言 ………………………………………………（101）
5.2 文献、制度与假说 ………………………………（104）
5.3 样本描述与研究设计 ……………………………（108）
5.4 实证分析 …………………………………………（112）
5.5 进一步讨论 ………………………………………（120）
5.6 结论与政策建议 …………………………………（122）

第6章 "准财政职能"承担与结构性宏观债务（融资平台篇） …………………………（127）
6.1 引言 ………………………………………………（127）
6.2 数据来源和计量模型 ……………………………（130）
6.3 实证结果 …………………………………………（133）
6.4 机制检验 …………………………………………（141）
6.5 结论与政策建议 …………………………………（145）

第7章 "信贷潮汐"与结构性宏观债务 ……………（148）
7.1 引言 ………………………………………………（148）
7.2 文献综述 …………………………………………（150）
7.3 研究假说提出 ……………………………………（153）
7.4 数据来源与实证设计 ……………………………（155）
7.5 实证结果及分析 …………………………………（158）
7.6 研究结论与政策建议 ……………………………（162）

第三篇 宏观债务结构性失衡的协同治理研究

第8章 分类推进地方融资平台市场化转型 …………………（169）
  8.1 引言 ……………………………………………………（169）
  8.2 文献综述 ………………………………………………（172）
  8.3 地方融资平台转型标准界定研究 ……………………（176）
  8.4 地方融资平台市场化转型模式研究 …………………（181）
  8.5 结论与政策建议 ………………………………………（200）

第9章 发挥专业融资担保的风险识别与缓释作用 …………（206）
  9.1 引言 ……………………………………………………（207）
  9.2 制度背景与理论分析 …………………………………（211）
  9.3 样本与研究设计 ………………………………………（220）
  9.4 实证结果 ………………………………………………（225）
  9.5 经济机制与异质效应研究 ……………………………（237）
  9.6 基于"永煤违约"事件的进一步分析 ………………（244）
  9.7 结论与政策建议 ………………………………………（249）

第一篇
总论

第 1 章

引 言

本章指出近年来我国宏观债务杠杆高企、部门结构特征显著，特别突出规模庞大、关联复杂的地方隐性债务风险，引出本研究对于促进我国债务结构合理有序调整、防范化解重大风险的重要意义，并围绕着我国宏观债务基于所有权属性表现出的结构特征，勾勒出具有递进关系的四大研究板块，阐述本书的主要内容、方法与特色。

1.1 研究背景

过度负债和高杠杆是历次全球经济金融危机的总根源。一方面，经济金融风险积累诱发危机爆发，如美国房地产泡沫和 2008 年 "次贷危机"。另一方面，制约微观主体理性决策从而影响经济总体运行，如日本 "失去的二十年" 以及背后的 "资产负债表衰退"。近年来，我国宏观债务杠杆高企、部门结构特征显著，突出表现为企业部门债务/GDP 大幅攀升，自 2008 年 93% 发展至 2018 年第二季度 155%，远超发达国家平均水平 87%（BIS），尤其是地方融资平台企业为名义主体的地方隐性债务规模较大、风险关联，对我国财政稳定和金融安全构成重大不确定性。

党中央明确了结构性去杠杆的工作思路。历次高规格会议对处理好我国债务风险均有专门论述，2015 年 12 月中央经济工作会议将"去杠杆"作为供给侧结构性改革"三去一降一补"五大任务之一，2017 年 12 月中央政治局会议将"防范化解重大风险"列为之后 3 年"三大攻坚战"之首，2018 年 4 月中央财经委员会第一次会议提出"以结构性去杠杆为基本思路"，2019 年 4 月中央政治局会议强调要"坚持结构性去杠杆，在推动高质量发展中防范化解风险"，2020 年中央经济工作会议更是明确提出债务问题治理应当"以地方政府和国有企业为重点，分部门和债务类型提出不同要求"。

中央高度重视债务和杠杆风险，实践中，我国宏观债务治理面临政策困境。突出表现为企业部门债务结构分化趋势加剧，国有企业债务聚集，杠杆率仍然高企；非国有企业出现资金紧张、融资成本较高，甚至债券连锁违约、股票质押爆仓现象，引发了应当"紧货币去杠杆"还是"宽货币稳杠杆"、应当采取货币还是财政作为政策选项，以及如何防止误伤实体经济等广泛争论。如何在政策层面化解企业部门，尤其是国有企业债务风险，成为亟待解决的重要课题。不仅是战略制定者科学决策的迫切需要，也是实现我国债务结构合理有序调整、防范化解重大风险的关键举措。

1.2 研究内容

本书力求回答我国宏观债务问题治理所迫切需要明确的理论与现实问题：一是"有的放矢"，目前我国宏观债务问题的结构性矛盾与突出风险领域何在？二是"见微知著"，从企业投融资行为的微观视角看,结构性宏观债务的成因与作用机制为何?三是"因地制宜",如何制定落到微观实处的经济政策,切实影响企业投融资行为,最终实现宏观债务结构的合理调整?

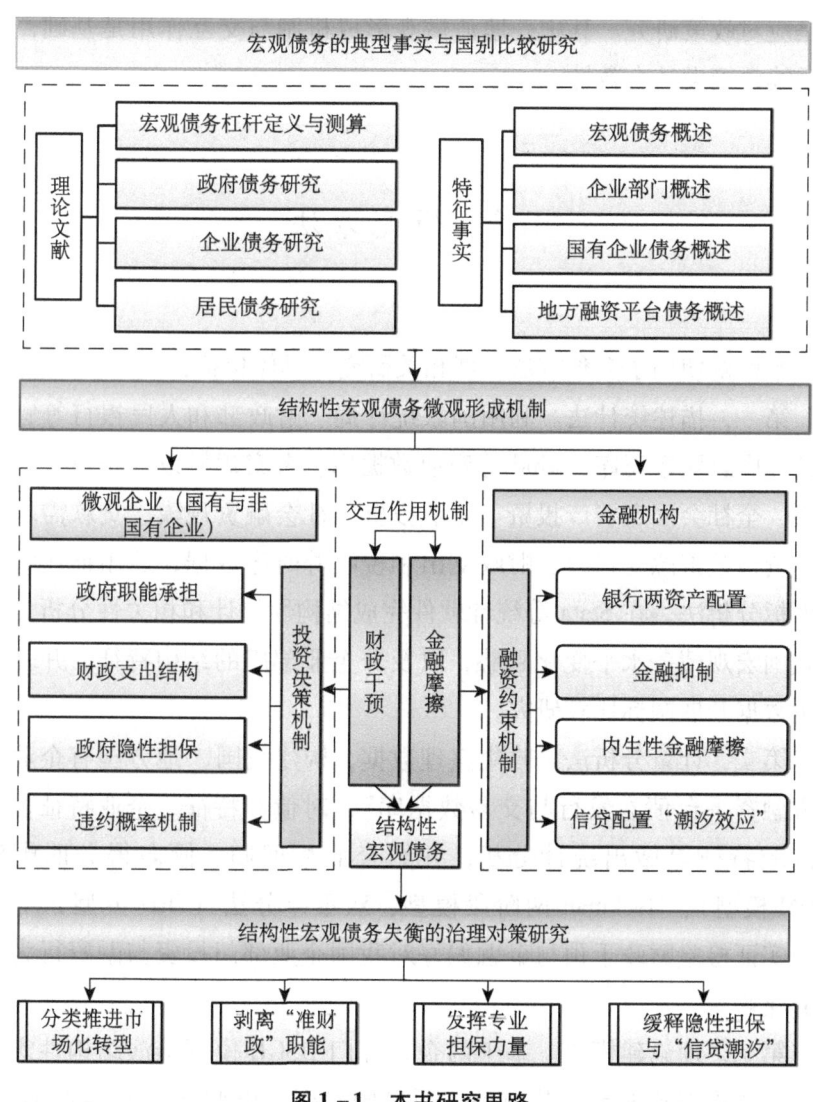

图1-1 本书研究思路

为此,本研究紧密围绕我国宏观债务基于企业所有权属性表现出的结构特征,形成具有递进关系的四大研究板块(如图1-1所示):一是宏观债务杠杆的典型事实与国别比较研究;二是结构性宏观债务的微观形成机制剖析，包括"准财政职能承担"下企业投资决策机制，以及"金融偏好"下的企业融资约束机制；三是上述财政干预与金融偏好的交互作用以及对宏观债务结构的"双重驱动效应"探究；四是应对政策研究。其中，厘清微观形成机制与交互作用是基础，影响后续政策设计有效性。

1.3 研究方法

本课题使用了多种方法开展相关研究，具体包括：

第一，描述统计法。利用国家统计局、财政部和人民银行等官方网站，中经网数据库、wind等商业数据库，考察规模以上企业资产负债率、全社会固定资产投资、企业投资、社会融资规模、贷款需求指数、货币政策感受指数、财政支出和税收等时序数据，运用描述统计和面板分析法，在Stata等统计软件完成结构性统计和相关性分析，揭示我国宏观债务水平变化趋势，以及分企业部门的结构特征，并基于跨国数据开展国标比较研究。

第二，计量分析法。收集整理数据，构建我国"地方国有企业和地方融资平台债券发行与交易数据库"，对债券特征、企业特征、所属区域特征等做出统计分析，并结合面板回归、倾向得分匹配法（PSM模型）、Heckman两阶段模型、双重差分法（DID模型）等方法，实证检验财政干预与金融偏好对我国企业部门投资与融资行为的差异化影响。

第三，理论建模法。基于两企业部门DSGE模型推演结构性宏观债务的微观形成机制，具体地，通过同时引入财政干预和金融偏好，并将社会生产分为国有与民营企业，构建含有金融中介的两企业部门DSGE模型，针对财政支出引发的企业投资，如何结合金融摩擦下企业融资约束推动宏观债务演变的逻辑进行推演，并以上市公司面板数据为基础，利用 sVAR、脉冲响应、对照试验予以实证检验。

第四，指标量化法。手工检索摘录 1813 家地方融资平台债券评级报告和财务报告相关信息 13051 条，结合业界访谈从业务模式、营业收入和资产结构三个维度提出地方融资平台市场化转型的判断标准与量化指标，具体为：从业务模式变化判断平台是否出现转型迹象。从业务模式变化判断平台是否出现转型迹象。从资产结构变化判断平台转型是否具有可持续性。

第五，多案例研究法。基于扎根理论展开多案例研究，尤其聚焦市县级融资平台转型实践基于多家地方融资平台转型实践开展多案例研究，对不同情境下融资平台采取的转型策略和主要行动进行对比分析，提炼出四大转型模式逻辑及其适用条件。通过回溯不同模式赖以形成的历史条件、运行机制和转型结果，为不同融资平台转型模式选择、因地制宜建立转型政策框架提供政策参考。

第 2 章

文献综述

本章主要阐述了课题研究的国内外研究动态和本书观点。关于宏观债务杠杆的界定与规模测算，国内外学者进行了深入研究，虽然方法有些差异，但是实质结论大致相同。综合国内外文献，给出本研究所界定的宏观债务杠杆主要为我国非金融企业部门债务，尤其重点涵盖地方融资平台这一类"名由企业发债、实为政府兜底"的特殊债务。此外，将宏观债务相关文献分部门类别，按照发展脉络和逻辑关系，从定义与测算、形成原因、经济影响、政策评估四个方面进行综述，并结合当前环境变化与政策困境对宏观债务研究的可拓展领域加以展望。

2.1 宏观债务杠杆的定义、测算与分部门研究

2.1.1 宏观债务杠杆定义

（1）微观债务杠杆理论

"杠杆率"通常指某一经济主体所属的资产与负债的数量比例关系。

微观上看，企业的资本结构及杠杆率的高低反映了企业过去一段时间的财务经营状况，同时企业的杠杆水平及变化也会对未来的生产经营活动在可持续性、资金流动性、财务风险等方面产生重要影响。自 MM 理论以来，国内外学者对微观企业资本结构的影响因素进行了大量研究，利息税盾价值、财务困境成本、信息不对称、代理成本等都被证明会对企业杠杆水平产生影响（Rajan 和 Zingales，1995；肖泽忠和邹宏，2008）。

（2）微观企业加总法

宏观债务杠杆率是国家、地区以及分部门的所有微观个体资产负债率的加总（吴军和陈丽萍，2018）。目前，已有学者基于微观方法编制了国家资产负债表（马骏等，2012；李扬等，2013、2015）。结果表明，无论采用何种统计口径，中国的主权资产净额均为正值，主权资产足够覆盖主权负债，在较长时期内，中国发生主权债务危机的概率极低。但需要注意的是我国非金融企业负债率过高的状况。

（3）债务收入比法

基于横向国际比较考虑，国际清算银行（Bank for International Settlements，BIS）、国际货币基金组织（International Monetary Fund，IMF）、巴塞尔委员会（Banks Commission for Basel Supervision，BCBS）等国际标准制定组织从宏观层面定义"债务总额（存量）/GDP（流量）"，作为考察国家债务水平的指标并得到了广泛应用。比如，宏观审慎监管框架下广义信贷/GDP（BCBS，2010）用于测度实体经济和金融体系的宏观杠杆水平，反映金融业系统性风险大小，是用于实施逆周期资本监管和宏观审慎监管的核心指标（李文泓，2009；黄继承等，2020）。中国人民银行在 2016 年引入宏观审慎评估（MPA），考核中就包含了信贷增速、杠杆率等项目指标，以此衡量和监测货币信贷状况以及整体风险控制水平，进而达到宏观调控的目的（马骏和何晓贝，2019）。此外，实体部门债务/GDP 指标还普遍用于债务可持续性研究中（Reinhart 和 Rogoff，2011）。

2.1.2 宏观债务杠杆测算研究

通常来说，宏观杠杆率用经济部门债务占国民生产总值的比重，即部门债务/GDP来衡量，各部门杠杆率相加得到总杠杆率。一般而言，宏观债务是居民部门、非金融企业部门和政府部门债务的加总（Cecchetti等，2011），也有一些学者将金融部门债务纳入宏观债务内（MGI，2010、2012）。

国内学者进行宏观债务杠杆测算时主要采用居民、企业、政府与金融机构四大部门债务加总得到总债务的方法。李扬等（2012）为了从宏观上把握国家经济状况构建了中国主权资产负债表，并考察了政府、居民、非金融企业、金融企业等各部门加总的全社会杠杆率，通过国际比较和历史比较分析了当前各部门的债务风险水平，提出了一套合理编制中国资产负债表的方法和分析框架，为我国宏观债务的测算提供了可借鉴的科学方法。根据测算，2010年我国全社会总杠杆率为168.9%，低于大多数发达经济体；主权负债约为72.7万亿元，主权负债测算主要包括了中央政府债务、地方政府债务、非金融国企债务等政府或主权相关债务；但非金融企业债务占比高，达到105.4%，高于OECD国家90%的阈值。马建堂等（2016）采用1996—2014年的长周期数据对中国分部门（四大部门）杠杆率进行估算得到2014年我国总杠杆率为241%，并通过国际横向对比和杠杆增速分析指出了各部门杠杆水平现状，提出要重点关注杠杆增速较快的非金融企业部门（杠杆率为121%）与政府部门（杠杆率为62.2%）。还有学者侧重从杠杆增速水平的角度分析我国的债务结构。纪洋等（2021）构建国民经济核算的流量方程，将政府、居民、企业三个部门杠杆置于统一的分析框架下，利用BIS信贷数据库测算了42个经济体的分部门杠杆率数据，从国际视角出发比较和考察了杠杆增速与部门差异。结果表明，我国企业部门杠杆率最高，达到了160%以上，但居民部门杠杆增速最快，40年间上升了近50个百分点，国际横向比较上升幅度较大。

2.1.3 宏观债务的分部门研究

归纳现有文献，学者们将我国宏观债务划分为政府部门、企业部门、家庭部门、金融部门四部门进行分类研究。在各部门债务杠杆的测算研究中，金融部门负债率温和、可控，且增速变化平稳，负债端引起系统性金融风险可能性低（马建堂等，2016）。自 2017 年开始，金融部门开始加速去杠杆，仅当年金融部门杠杆率即回落 8.4 个百分点（张晓晶等，2018）。因此，大多数学者对家庭以及政府和企业三部门的杠杆水平关注较多。针对家庭部门，多数学者均指出相较于其他国家，我国居民部门杠杆率绝对水平不高，但杠杆增速却在快速上升（袁歌骋和潘敏，2021；中国人民银行金融稳定分析小组，2018）。根据国际清算银行（BIS）统计，2014 年我国家庭部门杠杆率为 35.7%，2019 年底则高达 55.2%，负债增长较快。针对政府和企业部门，由于我国财政分权体制以及长期以来对地方政府举债的限制，企业部门债务特别是以地方融资平台为代表的地方国有企业债务，相当程度上是地方政府隐性债务。企业部门债务分化为国有企业杠杆率高、非国有企业杠杆率低的现象也印证了地方政府隐性债与地方国企债务的强关联性（纪洋等，2018）。因此，地方政府隐性债务的测算研究是关注重点所在。

2.2 政府部门债务研究

2.2.1 地方政府债务内涵与规模测算

（1）内涵定义

政府债务及其风险问题一直以来受到国内外专家学者的高度关注。关于政府债务属性，世界银行 Polackova（1998、2002）提出了著名的"财政风险矩阵"（Fiscal Risk Matrix），指出从发生的可能性而言，政府债务可分为直接债务和或有债务；从法律责任和道义角度，政府债务可分为显性债务和隐性债务，并指出政府隐性债务是指并非由法律或合同规定的,而是政府会计主体向其他方表明其将承担,并且其他方也合理预期政府将履行的债务,是基于市场预期、政治压力的政府责任。

在分税制改革以及财政分权的背景下,我国长久以来形成了财权向上即向中央政府的转移,事权向下即向地方政府的转移。财政支出责任下沉至地方政府但其税收收入减少,这必然会导致财政收支缺口的扩大,从而促使地方政府以增加举债的方式来满足支出扩大的需求。相应地,我国地方政府债务也可分为显性债务和隐性债务两大部分。我国政府显性债务主要是中央政府债务和地方政府债,后者包括一般债和专项债。由于国家在2015年后才放开地方政府发债,并且融资规模和融资过程有严格限制。所以,显性债务并非地方政府债务的风险积聚所在。

相较之下,学者更加关注地方政府隐性债务问题。在2015年新《预算法》实施之前,我国中央政府对地方政府举债有严格限制,地方政府为了满足自身的融资需求,成立了国有企业"地方融资平台"承担投资融资功能,且作为具有独立法人资格的经济实体存在(魏加宁,2010;张莉,2019)。其融资渠道主要有三种形式:一是银行贷款;二是发行债券,即城投债;三是项目融资等资本市场融资(何杨和满燕云,2012)。虽然在资本市场上以独立企业的名义融资,但事实上融资平台是在分税制改革后地方政府面临严重财政收支矛盾的特殊历史背景下出现的特殊地方国有企业(郭敏等,2020)。根据43号文规定,这些政府负有担保责任、有一定救助责任的隐性债务也构成了地方政府性债务的一部分。近年来,虽然新《预算法》的出台严格限制了地方融资平台的融资职能,但政府和社会资本合作(PPP)等新形式的地方政府隐性债务不断出现,沈坤荣和施宇(2022)按地方政府隐性债务的主要表现形式将地方政府隐性债务分为了七类。

学者对我国地方政府隐性债务进行了界定与概括。赵全厚(2018)指出,地方政府的隐性债务是那些在相关法律和合同规定之外,地方政府因自身的公共职责而需要承担的债务,其中包括直接隐性债务和或有隐性债务。毛振华等（2018）从现实的角度出发，指出地方政府隐性债务是地方政府可能承担偿还、救助、担保责任但并未纳入其债务管理和统计的债务，但一旦发生危机尤其是存在系统性风险爆发可能性时，地方政府则不得不加以干预、承担责任。徐军伟等（2020）、洪源等（2021）指出，地方政府隐性债务是没有纳入地方政府预算的法定债务限额中，但又直接或承诺以财政资金偿还以及违法提供担保等方式举借的债务。综合国内外文献对地方政府隐性债务的定义来看，主要突出了"隐"的特征，即相对于显性债务的法定特征，隐性债务是没有明确法律依据和法律界定的，但又因政府承诺或担保赋予了政府债的属性。

（2）规模测算

许多学者对我国地方政府隐性债务规模进行测算（吴盼文等，2013；吉富星，2018；毛振华等，2018；曹婧等，2019）。实践中，中央政府与地方政府之间的权责关系、地方政府与包含融资平台在内的地方国有企业之间复杂的相互交织关系都导致了地方政府隐性债务的模糊性、复杂性和隐蔽性（张晓晶等，2018）。因此，对于地方政府隐性债务来说，缺乏相对统一的界定标准，难以完全厘清其与国企等机构债务之间的关系。故不同学者的测算结果具有较大差异。

现有研究的主要测算口径包括：（1）地方融资平台债务。地方融资平台即地方政府通过财政拨款或注资设立的，为政府投资项目融资，并作为具有独立法人资格存在的经济实体（魏加宁，2010；张莉，2019）。其中，徐军伟等（2020）梳理了政府监管部门及业界机构对地方融资平台的各类定义，重新界定了融资平台公司和城投债，在此基础上测算了2006—2018年融资平台债务规模和城投债规模。（2）PPP融资规模（龚强等，2019）。魏蓉蓉等（2020）对PPP直接隐性负债和或有隐性负债进行分类加总，估算得到2017—2018年我国地方政府PPP隐性债务总规模分别约14万亿元和15万亿元，隐形负债率分别为17.04%和16.93%。（3）以养老金缺口和医疗保险缺口为主要形式的社会保障刚性兑付类隐性债务（吴盼文等，2013；李丽珍和安秀梅,2019)。(4)事业单位债务、地方国有企业债务、地方金融机构不良资产(李丽珍和安秀梅,2019)。(5)政策性补贴隐性债务和信政合作的信托融资(易奔等,2022)。(6)以棚改项目为典型代表的政府购买服务(沈坤荣和施宇,2022)。

在选择合适的统计口径后,现有研究主要利用直接法估算地方政府隐性债务规模。既有将单一口径加总或直接采用全口径数据作为测度地方政府隐性债务的方法(IMF,2021),也有学者通过发债融资平台财政补贴率分别设定或有债务概率上下限,对隐性或有债务进行概率估计(吉富星,2018),结果显示2017年末地方政府隐性债务规模区间为10.43万亿—16.33万亿元。还有学者采用间接法来测度地方政府隐性债务规模,如根据地方政府隐性债务资金主要用于基础设施等社会公共项目建设这一特征事实,洪源等(2021)采用投资侧债务资金计算方法,基于基础设施建设投资总额与地方可投资财力的差额推算我国地方政府隐性债务规模,估算得到2017年我国地方政府隐性债务规模为41.88万亿元。此外,刘蓉和李娜(2021)采取直接与间接相结合的方法测算地方债务规模,欧阳胜银和蔡美玲(2020)基于多指标多因果模型度量了我国地方政府隐性债务规模的增长趋势,并借助一些权威机构和学者的成果测算了地方政府隐性债务的规模。

2.2.2 地方政府隐性债务成因研究

(1)财政分权体制

不少学者从我国的财政体制入手分析地方政府债务的成因(付敏杰等,2017;王永钦等,2016;周黎安,2007;范剑勇和莫家伟,2014;刘尚希,2004;郭玉清等,2016)。1994年的分税制改革后,央地政府间形成了财权上移,事权下移的财政关系。虽然在这种财政分权体制下,地区间竞争推动了中国经济增长和社会事业发展(Qian和Roland,1998),但财权与事权的不匹配,必然会导致地方财政存在长期缺口,地方政府为履行其公共服务职能不得不寻找替代财源,被动负债(马海涛和吕强,2004;杨志勇,2009;刘尚希,2009)。在

2015年新《预算法》实施前，受限于中央对地方债务融资的严格限制，地方政府只能通过地方融资平台等获得隐性债务融资，地方政府隐性债务不断扩张。此外，受制于预算法对地方财政预算平衡的要求，地方政府普遍依赖债务融资，为辖区经济建设筹资（徐长生等，2016）。

(2) 预算软约束

社会本身需要政府在提供公共品方面的作为，在税收不能够满足政府支出时，政府负债融资是一个补充手段。如果地方政府面临着预算软约束，就有激励进行过度借款和财政支出。姜子叶和胡育蓉（2016）指出，中央将财政的支出责任推向地方政府，助长了地方政府依赖中央兜底的预期，从而强化了地方政府的预算软约束。王永钦等（2016）从地方债定价效率的角度出发，指出地方债面临的预算软约束是其债券违约风险没有被定价的主要原因，同时也造成了地方债务膨胀。除了软约束下隐性担保外，地方政府还会在地方债发行过程中对融资平台的显性"财务支持"，如：土地注入、政府补贴，亦有助于"城投债"发行获得更高的外部信用评级（张路，2020）。这些外部担保行为均为融资平台债务融资提供了便利条件。宋傅天和姚东旻（2021）将研究视角下探至"城投部门"，发现"城投部门"有过量举债的自发倾向以及举债过程中对地方政府的"议价能力"，提高了地方政府的显性债务举措量。

(3) 政治制度因素

长期以来，地方官员政绩考核的主要依据是地区经济增长绩效（Li 和 Zhou，2005；周黎安，2007）。因此，有观点认为地方债务的扩张主要是地方政府为了地方经济发展，或者地方官员为了增长绩效晋升激励而违规举借的债务（陈菁和李建发，2015；贾俊雪等，2017）。王叙果等（2012）认为财政分权下的晋升激励强化地方利益和竞争，不断加重地方债务负担；陈志勇和陈思霞（2014）指出，中国式分权与晋升激励相结合，强化了地方政府基于自身利益的无序竞争，加重了地方政府债务负担；缪小林和伏润民（2015）的研究结论也表明，政绩利益环境对地方债务的增长产生了显著影响。还有学者认为地方政府区域间相对绩效的横向"标尺竞争"也是驱动地方债务扩张的原因（Besley 和 Case，1995；冀云阳等，2019）。王文甫等（2020）也通过构建 DSGE 模型发现地方政府之间竞争将导致地方政府投资增加，进而使得债务水平上升。洪源等（2020）还提出在地方效用最大化目标导向下，地方税收竞争及公共投资竞争，都对债务增速产生了较为显著的正向影响和空间外溢效应，导致地方采取主动扩大债务规模的举债行为策略。

（4）其他原因

除了以上原因外，金融制度、土地制度、银行授信也解释了地方政府债务扩张。如在金融分权体制之下，毛捷等（2019）、陈宝东和邓晓兰（2017）均发现金融发展水平强化了财政压力对债务扩张的影响。吴文锋和胡悦（2022）从财政金融协同视角出发，利用理论和实证分析，发现地方金融资源在地方政府隐性债务扩张中存在金融担保效应。同时，土地制度被视为举债行为的具体着手点。土地制度使得土地引资、土地财政、土地金融行为成为可能（刘元春和陈金至，2020）。具体地，土地制度允许地方政府通过土地熟化、出让并获得土地出让金，城投公司在该过程积累了债务（毛捷等，2019）。沈红波等（2018）从银行授信的角度切入，发现在融资平台发行城投债的过程中，银行授信向债券市场提供了增量信息，拥有更高的授信额度将显著提升城投债的信用评级，降低发行成本和难度。

2.2.3 地方政府隐性债务的经济效应研究

通过归纳现有文献，地方公共债务对经济产生的影响主要可分为对实体经济和金融系统两大领域。

（1）对实体经济影响

学者们研究地方政府债务对实体经济的影响时存在不同的观点，有的学者认为地方政府举债可以刺激经济发展，起到促进经济增长的作用（Grobéty，2018；Panizza 和 Presbitero，2014）；还有学者认为地方政府举债会抑制经济的增长，起到负面作用（Brida 等，2017；Eberhardt 和 Presbitero，2015）；近年来还有一种观点认为二者之间存在非线性关系（Woo 和 Kumar，2015；Reinhart 和 Rogoff，2010）。下文将对学者们的不同观点进行梳理。

正向影响研究。一方面，政府获得的债务资金可为私人资本不愿意介入的公共项目提供资金支持，有利于完善基础公共服务，从而推动经济增长（Spilioti 和 Vamvoukas，2015）。另一方面，政府本身就负有对社会公共品建设的支出责任，地方政府举债可以筹措资金对基础设施建设投资，从而促进就业、加快城镇化建设，缩小区域差异，拉动经济增长（范剑勇和莫家伟，2014；毛捷和黄春元，2018）。特别是，当经济处于衰退期时，政府通过举债来增加公共支出可以拉动总需求的增长，促进经济的恢复。例如在2008年全球金融危机后，为了提振经济，中央政府默许地方政府通过融资平台融资满足经济建设需求（Cong 等，2019）。

负向影响研究。一方面，地方政府债务融资会严重挤压企业的信贷资源，增加企业的融资约束。具体表现为对企业的融资（伏润民等，2017）、劳动力投资（余明桂和王空，2022）、创新活动（余海跃和康书隆，2020）等产生挤出效应。有学者发现，地方政府扩大债务融资会加剧企业的杠杆操纵行为，通过隐瞒负债、转表外等方式虚假地降杠杆，营造企业财务状况良好的假象，从而增强企业的外部融资能力（许晓芳等，2020；饶品贵等，2022），这些研究从微观层面佐证了地方政府债务扩张对企业信贷融资空间的挤占。另一方面，地方债的扩张会加剧企业的金融化（余明桂和王空，2022）。地方政府增加发债，债券的价格会下降，其收益率会上升。这不仅会导致企业对地方政府债券的投资增加，而且金融市场通常以政府债券的收益率为基准，所以政府债券收益率上升会推升市场上金融产品的收益率。从而导致企业减少对经营性活动的投资，资金流出生产部门，企业金融化程度提高。

还有一种观点认为，当信贷资源因为地方政府债务融资而受到挤压时，企业难以得到"输血"，则全要素生产率（TFP）必然会发生变化。学者们从不同的企业所有权结构（熊琛等，2021；吴敏等，2022）、地区的外生性投资环境（缪小林和赵一心，2019）等角度研究地方债规模对全要素生产率的影响。研究发现，地方债规模扩大会抑制企业的全要素生产率的增长，但根据企业的所有权属性呈现出明显异质性。随着地方政府债务的扩张，国企的全要素生产率上升，非国有企业的全要素生产率下降，且对中小企业的抑制效应最明显。还有学者发现，地方公共债务对地区的全要素生产率的影响依赖于人均私人资本等外生性投资环境的改善。地方公共债务增加会抑制人均私人资本对地区全要素生产率的促进作用，产生挤出效应。洪源等（2020）指出由于公共投资竞争而持续增长的债务规模，会对债务绩效产生"规模报酬递减"的负向影响和空间外溢效应。而从渠道来看，显性债务是地方政府的实际债务压力，一般通过财政货币渠道影响经济增长，而地方政府隐性负债在显性化前不会形成政府实际偿付压力，对经济增长的负面影响是市场化的影响渠道（郭敏等，2020）。

非线性影响。近年来，越来越多的学者认为地方债与经济增长之间并不是简单的线性关系。程宇丹和龚六堂（2014）、毛捷和黄春元（2018）指出地方政府债务与经济增长之间呈现倒U形关系，地方政府举债存在一个平衡点（门槛值）。当地方政府债务规模未超过门槛值时，地方政府举债会增加公共项目投资，通过弥补私人投资意愿不足的基础设施建设等方式，拉动经济增长；一旦地方政府债务规模突破门槛值时，地方政府举债就会起到抑制经济的作用，如增加企业融资约束，产生挤出效应。还有学者从政府举债周期视角考察对经济的影响，单独分析债务的举借、使用、付息到偿还每一环节的经济效应，加总之后得到地方公共债务对经济的净效应（刘蓉和李娜，2021），由于在不同环节地方债对经济的影响路径不同，所以两者之间呈现一种非线性关系。

（2）对财政金融体系影响

除了从资金供给和融资渠道对实体经济发展产生挤入、挤出效应，已有研究表明金融部门风险与地方政府债务风险紧密相连（熊琛和金昊，2021），地方政府债务的扩张会产生风险外溢效应，对财政金融体系存在风险传染。

从财政可持续性角度考察地方隐性债。地方政府债务规模不断扩大，地方债务密集度不断攀升，但存在低效膨胀的问题，甚至出现了地区债务增长速度超过经济增长速度的情况（洪源等，2020）。债务存量不断增加会加大地方政府的偿付压力，当财政负担上升到一定程度，地方政府便会转变资金募集的用途——"借新债，还旧债"，这种恶性循环会导致债务风险滚雪球般扩大（郁芸君等，2022）。从债券市场受地方债务影响而产生波动来看，牛霖琳等（2016）经实证分析发现随着地方公共债务的扩张，地方债务风险加剧会通过国债的避险属性以及系统性风险的增加来推升中央政府国债的风险溢价。

从金融系统风险承担角度考察地方隐性债。由于地方融资平台有优质资产（如土地）做抵押以及政府的隐性担保，同时中国居民的高储蓄特征为银行吸纳地方债提供了充足的信贷软约束的空间条件（伏润民等，2017），所以当地方公共债务投资增加时，商业银行会大量认购地方政府债务，成为地方隐性债务风险的载体。一旦发生地方债务违约，必然会造成金融恐慌，人们对金融市场的预期不确定性增加，加剧金融系统的动荡。银行内部流动性受债务资金挤压越严重，金融系统越发脆弱，发生金融风险的可能性增加。王永钦（2016）认为，由于软预算约束，地方政府在发债时经济体和金融体系并没有将地方债违约风险的负外部性考虑在内，导致市场的风险防范意识不强，缺乏应对风险的相应机制。地方债务扩张引发部门之间的道德风险加剧也导致了金融风险隐患的增加，李双建和田国强（2022）研究发现地方债务扩张时，一方面会挤占信贷资源，强化实体经济的融资约束，实体经济难以得到有效"输血"，产出下降，从而导致家庭获得的工资性收入减少；另一方面，地方债扩张会倒逼银行对家庭部门的融资需求增加，而家庭部门能为银行提供的存款却减少，家庭存款利率上升。融资成本的上升，会导致银行承担更多风险，降低自我监督水平，加剧银行和居民之间的道德风险。除了道德风险的增加，李维安和钱先航（2012）、李双建和田国强（2022）指出地方政府向银行融资时，银行会得到提供拓宽客户渠道、税收优惠等隐性补偿，这些扭曲激励导致银行自主经营决策能力降低，对市场变化的敏感性不足，金融系统脆弱性加剧。

（3）与房地产市场的关联风险

用土地做抵押融资是地方融资平台融资的重要方式，所以地方债的募集和偿还高度依赖土地市场，这使得土地财政、地方债务风险、房地产市场波动相互交织，增加了地方政府债务风险控制的难度（何杨和满燕云，2012）。

关于土地财政与地方隐性债务的研究。土地财政和地方政府举债发展存在深层捆绑关系。在中国，政府官员晋升考核以 GDP 为核心，基础设施既能作为投资直接拉动经济增长，又能发挥规模经济作用间接促进经济增长（余靖雯等，2019），因而地方财政很大程度投向了需要资本和土地的基础设施建设（周黎安，2007）。为了绕开预算法限制，地方政府通过成立融资平台筹措建设资金所发行的以城投债为代表的债务融资工具大多依靠政府补贴和土地担保来支撑（Tsui，2011），土地财政在地方举债发展过程中扮演了重要角色（杨继东等，2018）。如罗党论等（2020）发现，城投债发行成本与地方土地财政依赖度之间存在显著的 U 形关系。张超（2014）通过分析中国省级面板数据，证明了城投债对地方经济增长的正向激励。Chen 等（2021）认为，市政公司债券的引入提高了有效前沿和价格发现能力，使投资者、整个债券市场以及非金融机构都能从中受益。

地方隐性债务在为政府提供建设资金来源的同时，也会带来不容忽视的债务陷阱问题和系统性金融风险。由于特殊晋升机制和债务期限跨越多届政府，地方官员为获得晋升，有极强烈的举债动机，并把债务问题留给下一任政府解决（罗党论和余国满，2015）。同时，我国地方隐性债务的主要形式是城投债券，但这类债券资金往往投入收益小、盈利能力弱的市政项目建设中，潜在较大偿债风险（司海平等，2016；杨雅琴和蒋静超，2019）。一旦集中爆发违约事件，超出地方政府财政负担能力，地方经济发展就会陷入危机状态，导致政府信用严重受损、执政能力下降（温来成和李婷，2019）。此时，地方政府会选择对政治权力较弱的中小银行违约，产生潜在系统性金融风险（Gao等，2021）。此外，地方政府债务增长还会对私人投资产生挤出效应（Huang等，2020）。

关于房地产市场与地方债务关系研究。学者主要围绕房价与债务规模展开：一方面，房价和土地价格会影响地方债规模（张莉等，2018）。陈瑞等（2016）利用省级面板数据的研究表明，住房需求促使房价飞速上涨，为满足居民住房需求，完善新增住房的配套设施和服务，地方政府开支增加，举债规模扩大。齐天翔等（2016）认为，高房价必然引致高地价，土地价值越高，地方政府越容易获得债务收入间接导致债务规模的上升。大量实证研究也表明，土地价格与地产价格关系紧密，互相影响，存在长期互动机制（O'Sullivan，2000；Davis 和 Heathcote，2007；徐艳，2002；况伟大，2005；秦凤鸣等，2016）。另一方面，地方政府债务规模扩张也会引起房价上涨。肖文和韩沈超（2015）通过对房价、地方隐性债务与居民消费之间的研究发现，地方政府债务规模越大，越有动力采用"土地财政"方式融资或出让土地以获得大笔资金流入，"土地财政"影响地产开发商的开发成本，使之不断提高，从而推动房价高涨。黄映红等（2019）认为，地方政府债务支出主要用于满足"工业化和城镇化发展"，导致住房需求增加，在住房供给相对滞后的情况下，引致房价上涨。此外，也有个别文献对房价与城投债风险关系进行了探讨。秦凤鸣等（2016）研究表明，房价与城投债的风险水平呈显著负相关，即房价越高，城投债发行溢价越低，表示风险越小。宋昕（2017）通过对广东省的数据研究也发现，地产价格波动会对地方债务风险产生影响。

2.2.4 地方政府隐性债务治理研究

归纳现有文献，学者们为防范化解地方政府债务风险提出了相应治理手段,主要包括:加强宏观政策协调、完善市场约束以及政府自我监管、地方官员政绩考核制度改革、促进融资平台市场化转型以及完善财税体制改革。

(1)宏观政策协调

单一政策效果有限。积极财政政策引发的社会投资主要通过国有企业完成(周黎安,2007;纪志宏等,2014),加剧其过度投资和杠杆扩张倾向(王朝才,2016;吕炜等,2016)。增值税转型降低了企业流动负债率,但会提高长期负债率(中广军等,2018)。紧缩货币政策下信贷资源优先向国有企业倾斜(叶康涛和祝继高,2009;战明华,2015)。当政府实行扩张货币政策刺激经济时,由于地方债规模具有顺周期的特征(毛锐等,2018),地方政府债务的杠杆率随之攀升。并且宽松的货币环境增加低效企业资金供给(钟宁桦等,2016),从而加剧国有企业举债(陆正飞等,2009;饶品贵和姜国华,2013),产生的社会福利效应也不显著(汪勇等,2018)。

政策协调效果更优。政策组合可提升政策效果并减少社会福利的损失(陈小亮和马啸,2016;鄢萍等,2021)。如扩张性货币政策在促进经济发展的同时,也会导致地方政府投资冲动增加,地方债务水平的提高会累积更高的违约风险,对经济产生冲击的不确定性增加。而基于差别准备金动态调整的逆周期宏观审慎监管政策则会抑制地方公共债务的膨胀(李力等,2020)。"双支柱"的调控政策效果优于单一货币政策效果。梁琪和郝毅(2019)指出地方政府利用债务置换缓解债务累积可能引发的宏观风险时,财政政策有效性会下降,但使用数量型货币政策可以正向调节财政政策有效性。

值得注意的是,对待规模巨大的地方债务时,不能盲目地过快地压缩信贷,来达到降杠杆的目的,否则可能引发"债务通缩"风险(纪敏等,2017)。特别是目前我国经济面临较大的下行压力,过快压缩信贷和投资会使经济难上加难。近年来,越来越多学者认为应该"稳杠杆"而不是一刀切式的"去杠杆"。控制杠杆增速更有助于维持金融稳定,也是更为合理的一种方式(纪洋等,2021)。此外,结构性去杠杆也是学者们关注的重点。2018年央行《金融稳定报告》就指出应对各部门杠杆水平审慎监控，分部门优化杠杆结构。特别是，要降低融资平台等地方国企杠杆，使金融资源流入效率高的非国有企业中，减少金融资源错配。

（2）强化市场约束，政府自我监管

地方政府债务膨胀一个很重要的原因是，信贷资源配置存在产权歧视，政府兜底的幻觉（纪洋等，2018）。如徐军伟等（2020）发现地方政府借助资产延伸与风险联保，按照金融规则打造融资平台，使其具备较强的融资能力。地方债治理的关键是破除政府的隐性担保，强化预算约束，加强预期引导，确立信贷资源配置的竞争中立原则（张晓晶等，2019）。让市场来决定资源的流向，强化地方债务的市场约束是必要的。

地方债中有大量表外隐性债务，其表外风险体现为风险载体的多元化和风险来源的分散化（周世愚，2021）。所以提高地方债的市场约束必须要健全地方财政披露公开透明机制（吴敏等，2022），防止地方公共债务的低效无序膨胀。如孙琳等（2021）提出权责发生制政府会计记账基础改革能够通过提高财政透明度与信息对称程度来强化对政府行为的约束。加强市场约束还会倒逼政府进行财政体制供给侧结构性改革，明晰财政事权与支出责任的划分，构建地方政府融资的长效约束机制（朱莹和王健，2018）。

（3）政绩考核制度改革

在我国财政分权体制下，由于支出责任的下移，地方政府官员干预也是地方债规模扩大的重要因素。地方主政官员出于自身晋升的迫切需求，会增加地方债务的举借，投资基础设施等公共项目的建设从而推动经济总量的增长。如果不消除造成地方政府支出扩张的体制性因素，地方债务不断膨胀的局面便难以真正缓解（王杰茹，2016）。有学者针对性地提出应调整地方官员的经济绩效考核体系，考核的标准宜从经济总量改为以常住人口为基准的人均量（汪峰等，2020）。还有学者认为要明确地方主政官员对于地方债务违约的主体责任，出台终身问责制度；试行国企高管任免的市场化选聘制度，削弱晋升门槛期官员干预经济发展与企业经营的现象（贾君怡等，2021）。

(4) 分类推进融资平台市场化转型

近年来，学者们逐渐达成了以融资平台公司市场化转型解决地方政府隐性债务风险的共识。如郭敏等（2020）指出防范化解地方政府隐性负债风险的切入点不在于切断企业与政府的联系，关键在于优化发展当地经济和提高企业效率。市场化成功的地方融资平台可以实现正的盈利现金流，其作为独立企业的债务承担能力自然会提升。在转型的实现路径上，毛捷和徐军伟（2021）提出了分步推进地方融资平台公司市场化转型的阶段性目标以及分类策略，为平台公司的市场化转型提供了可借鉴的参考。

(5) 完善财税体制改革

王杰茹（2016）指出为化解地方债务风险，需要提高收入分权，降低支出分权，缓解纵向财政不均衡，同时适度放松收入管理，赋予地方政府有限的税收立法权，完善地方税收体系。王朝才（2016）指出在经济"新常态"下，财政改革应以提高自身运行效率为核心，科学、高效、透明的财政制度供给体制和运行机制是地方债务风险防控的基础。此外，中央政府需要注重财政金融安全管理，在联合治理的框架下进行财政和金融政策的协调，合理分散化解地方政府债务所带来的财政和金融的双边风险问题（吴文锋和胡悦，2022）。

2.3 企业部门债务研究

我国企业部门高杠杆问题突出（李扬，2017；中国金融论坛课题组，2017；BSBC，2010），且基于所有权属性的结构特征显著，国有企业资产负债率偏高（钟宁桦，2016；吴军和陈丽萍，2018）、国有和非国有两类企业债务杠杆率的差异扩大（汪勇，2018）。特别是，

2009年"四万亿"经济刺激计划实施之后,企业杠杆率出现了明显的走势分化。国企杠杆率稳步增加而非国有企业杠杆率明显下降(纪洋等,2018)。学者从多个角度对我国企业部门宏观债务高企进行解释,主要观点如下:

债务依赖型融资结构。大量跨国比较研究表明,银行体系主导国家的企业更偏好债权类融资工具(La Porta 等,1998;Diamond,2007;郭杰和郭琦,2015),其与我国居民部门显著的高储蓄特征一道,共同推高了企业可承受债务的上限(中国金融论坛课题组,2017)。

金融资源配置偏好。基于所有权性质的信贷偏好是中国金融体系的特殊现象(李广子和刘力,2009),表现为国有企业更多的信贷规模(Brandt 和 Li,2003)、更低的融资成本(Zhang 等,2015)、更长的贷款期限等(江伟和李斌,2006)。我国债务问题与信贷资源过多配置到国有企业、过剩产能行业等低效率企业部门密切相关(钟宁桦等,2016;王宇伟等,2018)。一方面,在我国以银行中介为中心配置金融资源的金融体系下,国有企业具有"先天优势",譬如政府参股、隐性担保、软预算约束、产业优势(纪洋等,2018),同时国有企业规模较大,多集中在资源类重工业,如能源、交通运输、基建等行业,这些产业具有更多的固定资产,有利于企业获取抵押贷款(苟琴等,2014)。李扬等(2013、2015)认为,企业部门债务高企现象与我国以银行为中心配置金融资源的金融体系密切相关,主要依赖银行体系以贷款方式为企业提供资金,产生企业负债率上升的结果。

另一方面,由于国有企业的所有权属性,政府政策意图会首先通过国有企业释放。尤其是在经济低迷时,政府为了缓解经济下行压力,会首先释放流动性给规模大的国有企业,以达到刺激经济的目的(周彬和周彩,2019)。这些特质使得国有企业在筹措资金时更受金融中介的青睐,从而导致信贷资源的偏向性配置、企业部门杠杆率的"国进民退",加剧产权错配(Song 和 Xiong,2018;王宇伟等,2018)。除了金融中介对国企的信贷偏好外,企业另一种重要的融资形式——商业信用不但没有对银行信贷体系形成有效的补充,反而同样表现出对国有企业的明显倾斜（胡悦等，2022）。

预算软约束。资本结构权衡理论认为，企业债务融资决策是权衡权益资本收益和财务成本负担甚至破产风险的结果（Baxter，1967）。政策性担保带来预算软约束和低效率（林毅夫，2004），降低了国有企业陷入债务融资困难和破产的可能，从而增大企业主动负债动机（纪敏，2017）。此外，考虑国企的政策承担特性。地方国有企业的产权性质决定了企业在特殊时期发挥配合地方政府的作用，并帮助地方政府实现部分政策目标（郭敏等，2020）。在这个过程中，地方国企面临的预算软约束不断体现，债务不断累积起来。周彬和周彩（2019）从土地财政角度考虑，发现经济下行时期国有企业承担刺激政策工具职能以及地方政府对土地财政的依存度（以地融资）增加会助长了国有企业的过度负债行为。同时，国有企业债务中包含了相当的地方政府隐性债务。包括地方融资平台在内的地方国有企业负债是地方政府隐性债务的主要表现形式和显著特征（沈坤荣和施宇，2022）。

企业资本回报率。在较为宽松宏观政策环境下，资源的产业错配和行业错配加剧（王宇伟等，2018），导致企业资产周转率及产出效率下降（刘晓光和刘元春，2018），也是中国宏观债务上升的重要原因。

2.4　家庭部门债务研究

我国家庭部门的杠杆率呈现持续攀升的趋势，且在很大程度上受居民房产持有状况、社会人口老龄化程度以及金融素养的影响。学者发现，从2010年开始，我国居民部门杠杆率呈现出"债务杠杆水平上升"与"消费增长相对乏力"共存的现象（李波等，2022）。家庭负债特征方面，住房抵押贷款等长期消费贷款所占比例很高，而短期消费贷款所占比例较低（何丽芬等，2012）。过去十几年房地产过热、房价飙升，为了满足住房的刚性需求以及在房地产市场中获利而"炒房"的投机性需求，居民不仅消耗了大量储蓄，对国民消费增长产生挤出效应，而且背上了长期的高额住房贷款。结果就是，家庭债务与房价之间的闭环正反馈机制不断推升居民部门的杠杆水平（孟宪春和张屹山，2021）。

人口老龄化程度加深对家庭部门债务水平亦有重要影响。根据国家统计局公布数据，2021年中国的老龄化率（65岁及以上人口占总人口的比重）已经达到了13.50%，处于深度老龄化社会（14%）的边缘。有学者指出，随着老年扶养比不断上升，家庭在保健与医疗等方面的养老支出增加，从而导致部分家庭面临入不敷出的情况，增加了借贷的可能性（郭新华等，2015；周利和王聪，2017）。且我国呈现出典型的"未富先老"特征，即在人均收入水平未达到高收入经济体水平时，就已经步入了老龄化社会的情形（蔡昉，2010）。所以相比发达经济体，由于社会保障体制不够健全，居民部门面临的养老与医疗支出压力更大，进一步加剧了居民部门债务问题（刘哲希等，2020）。此外，随着居民受教育程度和金融素养的提高，由于对贷款产品的了解加深以及能够更好地控制自身风险，居民家庭持有负债的意愿也会提高（吴卫星等，2018）。这也可能是我国居民负债率上升的原因之一。

2.5 文献述评

既有债务问题研究，从界定与规模测算、形成原因、经济效应、治理政策等角度，对总体债务和分部门债务展开了深入研究并形成了富有见地的成果，为本研究提供了较高的研究起点和丰富的实践总结。在前人研究基础上，我们总结仍存在以下可以拓展之处：

一是专门针对所有权属性的结构性研究不足。文献多以企业部门整体债务高企为研究背景，而结构性问题已成为我国宏观债务的主要矛盾和风险聚集点，深入企业部门内部针对不同所有制属性的研究，以及专门针对以地方融资平台为代表的地方政府隐性债务研究亟待丰富。本书着眼于我国债务问题的焦点——国有企业部门和地方融资平台债务，就其制度扩张根源和治理问题展开研究。

二是形成机制多为实证研究，缺乏微观视角下的理论分析。文献关于各因素对债务的影响仅从实证角度展开，或只作为统计现象背后的可能原因予以定性分析，未厘清相互间的逻辑关系和作用机制，尤其缺乏企业投融资视角的理论研究。本书从微观视角研究财政和金融因素如何影响企业投融资决策，从而作用于宏观债务累积与结构特征形成，这对于从微观层面深入理解宏观债务问题的形成十分关键，也构成对当前文献关于宏观债务结构失衡根源问题的有益补充。

三是有关宏观债务治理政策的理论研究尚待展开。目前，已有文献开始研究如何治理我国债务风险，但大多为定性研究，作为主体研究内容的衍生建议出现，鲜有文献研究和评价政策的实施效果，而目前面临的政策困境迫切需要相关理论分析和实证证据的支持。本书根据结构性宏观债务成因，一方面针对财政干预，专门就推进地方融资平台市场化转型展开多案例研究，以期促进融资平台转化为自负盈亏商业主体，从根本上解决准财政职能问题和存量隐性债务风险；另一方面针对金融摩擦，专门就专业担保力量以替代隐性担保展开实证研究，以期缓释信贷偏好问题，从而为从财政金融两大领域协同治理宏观债务问题提供政策依据。

本章参考文献

[1] 肖泽忠，邹宏．中国上市公司资本结构的影响因素和股权融资偏好[J]．经济研究，2008（06）：119－134＋144．

[2] 吴军,陈丽萍.非金融企业金融化程度与杠杆率变动的关系——来自A股上市公司和发债非上市公司的证据[J].金融论坛,2018,23(01):3-15+51.

[3] 马骏,何晓贝.货币政策与宏观审慎政策的协调[J].金融研究,2019(12):58-69.

[4] 黄继承,姚驰,姜伊晴,等."双支柱"调控的微观稳定效应研究[J].金融研究,2020(07):1-20.

[5] 李扬,张晓晶,常欣,等.中国主权资产负债表及其风险评估(上)[J].经济研究,2012,47(06):4-19.

[6] 马建堂,董小君,时红秀,等.中国的杠杆率与系统性金融风险防范[J].财贸经济,2016,37(01):5-21.

[7] 纪洋,葛婷婷,边文龙,等.杠杆增速、部门差异与金融危机——"结构性去杠杆"的实证分析与我国杠杆政策的讨论[J].经济学(季刊),2021,21(03):843-862.

[8] 张晓晶,常欣,刘磊.结构性去杠杆:进程、逻辑与前景——中国去杠杆2017年度报告[J].经济学动态,2018(05):16-29.

[9] 袁歌骋,潘敏.家庭部门杠杆变动对经济增长的影响分析[J].财贸经济,2021,42(02):86-102.

[10] 纪洋,王旭,谭语嫣,等.经济政策不确定性、政府隐性担保与企业杠杆率分化[J].经济学(季刊),2018,17(02):449-470.

[11] 刁伟涛.可偿债财力视角下的我国地方政府一般债务与专项债务限额研究[J].西南金融,2015(05):25-27.

[12] 邱志刚,王子悦,王卓.地方政府债务置换与新增隐性债务——基于城投债发行规模与定价的分析[J].中国工业经济,2022(04):42-60.

[13] 向辉,俞乔.债务限额、土地财政与地方政府隐性债务[J].财政研究,2020(03):55-70.

[14] 赵全厚.地方政府隐性债务浅析[J].财政科学,2018(05):44-47+54.

[15] 徐军伟,毛捷,管星华.地方政府隐性债务再认识——基于融资平台公司的精准界定和金融势能的视角[J].管理世界,2020,36(09):37-59.

[16] 洪源, 阳敏, 吕鑫, 等. 地方政府隐性债务违约风险的评估与化解——基于多维偿债能力框架的实证分析 [J]. 中国软科学, 2021 (09): 151-162.

[17] 毛振华, 袁海霞, 刘心荷, 等. 当前我国地方政府债务风险与融资平台转型分析 [J]. 财政科学, 2018 (05): 24-43.

[18] 吴盼文, 曹协和, 肖毅, 等. 我国政府性债务扩张对金融稳定的影响——基于隐性债务视角 [J]. 金融研究, 2013 (12): 57+59-71.

[19] 吉富星. 地方政府隐性债务的实质、规模与风险研究 [J]. 财政研究, 2018 (11): 62-70.

[20] 曹婧, 毛捷, 薛熠. 城投债为何持续增长: 基于新口径的实证分析 [J]. 财贸经济, 2019, 40 (05): 5-22.

[21] 魏加宁. 地方政府投融资平台的风险何在 [J]. 中国金融, 2010 (16): 16-18.

[22] 张莉, 魏鹤翀, 欧德赟. 以地融资、地方债务与杠杆——地方融资平台的土地抵押分析 [J]. 金融研究, 2019 (03): 92-110.

[23] 龚强, 张一林, 雷丽衡. 政府与社会资本合作 (PPP): 不完全合约视角下的公共品负担理论 [J]. 经济研究, 2019, 54 (04): 133-148.

[24] 魏蓉蓉, 李天德, 邹晓勇. 我国地方政府PPP隐性债务估算及风险评估——基于空间计量和KMV模型的实证分析 [J]. 社会科学研究, 2020 (02): 66-74.

[25] 李丽珍, 安秀梅. 地方政府隐性债务: 边界、分类估算及治理路径 [J]. 当代财经, 2019 (03): 37-47.

[26] 郭敏, 段艺璇, 黄亦炫. 国企政策功能与我国地方政府隐性债: 形成机制、度量与经济影响 [J]. 管理世界, 2020, 36 (12): 36-54.

[27] 易奔, 卢彦瑾, 欧阳胜银, 等. 地方隐性债务规模的统计核算与成因分析 [J]. 财经理论与实践, 2022, 43 (01): 95-103.

[28] 沈坤荣, 施宇. 地方政府隐性债务的表现形式、规模测度及风险评估 [J]. 经济学动态, 2022 (07): 16-30.

[29] 欧阳胜银, 蔡美玲. 地方隐性债务规模的统计测度研究 [J]. 财经理论与实践, 2020, 41 (02): 77-83.

[30] 付敏杰, 张平, 袁富华. 工业化和城市化进程中的财税体制演进:

事实、逻辑和政策选择 [J]. 经济研究, 2017, 52 (12): 29-45.

[31] 王永钦, 陈映辉, 杜巨澜. 软预算约束与中国地方政府债务违约风险: 来自金融市场的证据 [J]. 经济研究, 2016, 51 (11): 96-109.

[32] 周黎安. 中国地方官员的晋升锦标赛模式研究 [J]. 经济研究, 2007 (07): 36-50.

[33] 范剑勇, 莫家伟. 地方债务、土地市场与地区工业增长 [J]. 经济研究, 2014, 49 (01): 41-55.

[34] 刘尚希. 中国财政风险的制度特征: "风险大锅饭" [J]. 管理世界, 2004 (05): 39-44+49.

[35] 郭玉清, 何杨, 李龙. 救助预期、公共池激励与地方政府举债融资的大国治理 [J]. 经济研究, 2016, 51 (03): 81-95.

[36] 马海涛, 吕强. 我国地方政府债务风险问题研究 [J]. 财贸经济, 2004 (02): 12-17.

[37] 杨志勇. 地方债启动之配套条件研究 [J]. 地方财政研究, 2009 (04): 4-8.

[38] 刘尚希. 刘尚希: 财政分权改革——"辖区财政" [J]. 中国改革, 2009 (06): 74-75.

[39] 徐长生, 程琳, 庄佳强. 地方债务对地区经济增长的影响与机制——基于面板分位数模型的分析 [J]. 经济学家, 2016 (05): 77-86.

[40] 姜子叶, 胡育蓉. 财政分权、预算软约束与地方政府债务 [J]. 金融研究, 2016 (02): 198-206.

[41] 张路. 地方债务扩张的政府策略——来自融资平台"城投债"发行的证据 [J]. 中国工业经济, 2020 (02): 44-62.

[42] 宋傅天, 姚东旻. "城投部门"议价能力与地方政府债务扩张 [J]. 管理世界, 2021, 37 (12): 92-110.

[43] 陈菁, 李建发. 财政分权、晋升激励与地方政府债务融资行为——基于城投债视角的省级面板经验证据 [J]. 会计研究, 2015 (01): 61-67+97.

[44] 贾俊雪, 张晓颖, 宁静. 多维晋升激励对地方政府举债行为的影响 [J]. 中国工业经济, 2017 (07): 5-23.

[45] 王叙果, 张广婷, 沈红波. 财政分权、晋升激励与预算软约束——地方政府过度负债的一个分析框架 [J]. 财政研究, 2012 (03): 10-15.

[46] 陈志勇, 陈思霞. 制度环境、地方政府投资冲动与财政预算软约束 [J]. 经济研究, 2014, 49 (03): 76-87.

[47] 缪小林, 伏润民. 权责分离、政绩利益环境与地方政府债务超常规增长 [J]. 财贸经济, 2015 (04): 17-31.

[48] 冀云阳, 付文林, 束磊. 地区竞争、支出责任下移与地方政府债务扩张 [J]. 金融研究, 2019 (01): 128-147.

[49] 王文甫, 王召卿, 郭柃沂. 财政分权与经济结构失衡 [J]. 经济研究, 2020, 55 (05): 49-65.

[50] 洪源, 陈丽, 曹越. 地方竞争是否阻碍了地方政府债务绩效的提升?——理论框架及空间计量研究 [J]. 金融研究, 2020 (04): 70-90.

[51] 毛捷, 刘潘, 吕冰洋. 地方公共债务增长的制度基础——兼顾财政和金融的视角 [J]. 中国社会科学, 2019 (09): 45-67+205.

[52] 陈宝东, 邓晓兰. 财政分权、金融分权与地方政府债务增长 [J]. 财政研究, 2017 (05): 38-53.

[53] 吴文锋, 胡悦. 财政金融协同视角下的地方政府债务治理——来自金融市场的证据 [J]. 中国社会科学, 2022 (08): 143-162+207.

[54] 刘元春, 陈金至. 土地制度、融资模式与中国特色工业化 [J]. 中国工业经济, 2020 (03): 5-23.

[55] 沈红波, 华凌昊, 张金清. 城投债发行与地方融资平台主动债务置换——基于银行授信视角 [J]. 金融研究, 2018 (12): 91-104.

[56] 毛捷, 黄春元. 地方债务、区域差异与经济增长——基于中国地级市数据的验证 [J]. 金融研究, 2018 (05): 1-19.

[57] 伏润民, 缪小林, 高跃光. 地方政府债务风险对金融系统的空间外溢效应 [J]. 财贸经济, 2017, 38 (09): 31-47.

[58] 余明桂, 王空. 地方政府债务融资、挤出效应与企业劳动雇佣 [J]. 经济研究, 2022, 57 (02): 58-72.

[59] 余海跃, 康书隆. 地方政府债务扩张、企业融资成本与投资挤出效应 [J]. 世界经济, 2020, 43 (07): 49-72.

[60] 许晓芳, 周茜, 陆正飞. 过度负债企业去杠杆: 程度、持续性及政策效应——来自中国上市公司的证据 [J]. 经济研究, 2020, 55 (08): 89-104.

[61] 饶品贵, 汤晟, 李晓溪. 地方政府债务的挤出效应: 基于企业杠杆操纵的证据 [J]. 中国工业经济, 2022 (01): 151-169.

[62] 熊琛, 金昊. 地方政府债务的宏观经济效应——基于信贷错配视角的研究 [J]. 经济学 (季刊), 2021, 21 (05): 1545-1570.

[63] 吴敏, 曹婧, 毛捷. 地方公共债务与企业全要素生产率: 效应与机制 [J]. 经济研究, 2022, 57 (01): 107-121.

[64] 缪小林, 赵一心. 地方债对地区全要素生产率增长的影响——基于不同财政独立性的分组考察 [J]. 财贸经济, 2019, 40 (12): 50-64.

[65] 程宇丹, 龚六堂. 政府债务对经济增长的影响及作用渠道 [J]. 数量经济技术经济研究, 2014, 31 (12): 22-37+141.

[66] 刘蓉, 李娜. 地方债务密集度攀升的乘数和双重挤出效应研究 [J]. 管理世界, 2021, 37 (03): 51-66+160+5.

[67] 郁芸君, 张一林, 陈卓, 等. 缓兵之计? 地方债务展期与隐性违约风险——来自地方融资平台"借新还旧"的经验证据 [J]. 经济学 (季刊), 2022, 22 (03): 955-976.

[68] 牛霖琳, 洪智武, 陈国进. 地方政府债务隐忧及其风险传导——基于国债收益率与城投债利差的分析 [J]. 经济研究, 2016, 51 (11): 83-95.

[69] 何杨, 满燕云. 地方政府债务融资的风险控制——基于土地财政视角的分析 [J]. 财贸经济, 2012 (05): 45-50.

[70] 李双建, 田国强. 地方政府债务扩张与银行风险承担: 理论模拟与经验证据 [J]. 经济研究, 2022, 57 (05): 34-50.

[71] 李维安, 钱先航. 地方官员治理与城市商业银行的信贷投放 [J]. 经济学 (季刊), 2012, 11 (04): 1239-1260.

[72] 纪志宏, 周黎安, 王鹏, 等. 地方官员晋升激励与银行信贷——来自中国城市商业银行的经验证据 [J]. 金融研究, 2014 (01): 1-15.

[73] 王朝才. 我国经济"新常态"下的财政改革 [J]. 财政科学, 2016 (03): 2.

[74] 吕炜, 高帅雄, 周潮. 投资建设性支出还是保障性支出——去杠杆背景下的财政政策实施研究 [J]. 中国工业经济, 2016 (08): 5-22.

[75] 申广军, 张延, 王荣. 结构性减税与企业去杠杆 [J]. 金融研究, 2018 (12): 105-122.

[76] 叶康涛,祝继高. 银根紧缩与信贷资源配置 [J]. 管理世界, 2009 (01): 22-28+188.

[77] 战明华. 金融摩擦、货币政策银行信贷渠道与信贷资源的产业间错配 [J]. 金融研究, 2015 (05): 1-17.

[78] 毛锐,刘楠楠,刘蓉. 地方政府债务扩张与系统性金融风险的触发机制 [J]. 中国工业经济, 2018 (04): 19-38.

[79] 钟宁桦,刘志阔,何嘉鑫,等. 我国企业债务的结构性问题 [J]. 经济研究, 2016, 51 (07): 102-117.

[80] 陆正飞,祝继高,樊铮. 银根紧缩、信贷歧视与民营上市公司投资者利益损失 [J]. 金融研究, 2009 (08): 124-136.

[81] 饶品贵,姜国华. 货币政策对银行信贷与商业信用互动关系影响研究 [J]. 经济研究, 2013, 48 (01): 68-82+150.

[82] 汪勇,马新彬,周俊仰. 货币政策与异质性企业杠杆率——基于纵向产业结构的视角 [J]. 金融研究, 2018 (05): 47-64.

[83] 陈小亮,马啸. "债务-通缩"风险与货币政策财政政策协调 [J]. 经济研究, 2016, 51 (08): 28-42.

[84] 鄢萍,吴化斌,徐臻阳. 金融抑制、国企改革与财政货币政策协调 [J]. 经济学（季刊）, 2021, 21 (06): 1903-1924.

[85] 李力,温来成,唐遥,等. 货币政策与宏观审慎政策双支柱调控下的地方政府债务风险治理 [J]. 经济研究, 2020, 55 (11): 36-49.

[86] 梁琪,郝毅. 地方政府债务置换与宏观经济风险缓释研究 [J]. 经济研究, 2019, 54 (04): 18-32.

[87] 纪敏,严宝玉,李宏瑾. 杠杆率结构、水平和金融稳定——理论分析框架和中国经验 [J]. 金融研究, 2017 (02): 11-25.

[88] 张晓晶,刘学良,王佳. 债务高企、风险集聚与体制变革——对发展型政府的反思与超越 [J]. 经济研究, 2019, 54 (06): 4-21.

[89] 周世愚. 地方政府债务风险：理论分析与经验事实 [J]. 管理世界, 2021, 37 (10): 128-138.

[90] 孙琳,周欣,王弟海,等. 财政分权、政府会计制度和政府债务风险：基于跨国面板数据的研究 [J]. 财贸经济, 2021, 42 (10): 52-69.

[91] 朱莹,王健. 市场约束能够降低地方债风险溢价吗？——来自城

投债市场的证据[J]. 金融研究, 2018 (06): 56-72.

[92] 王杰茹. 分权、地方债务与现代财政改革——基于财政分权不同角度的效应分析[J]. 当代经济科学, 2016, 38 (06): 82-92+125.

[93] 汪峰, 熊伟, 张牧扬, 等. 严控地方政府债务背景下的PPP融资异化——基于官员晋升压力的分析[J]. 经济学(季刊), 2020, 19 (03): 1103-1122.

[94] 贾君怡, 黄家明. 晋升激励对地方国企发债成本的影响[J]. 中国软科学, 2021 (08): 110-119.

[95] 毛捷, 徐军伟. 地方融资平台公司的市场化转型研究——制度溯源、个性刻画与实现路径[J]. 财贸经济, 2021, 42 (03): 28-43.

[96] 李扬. "金融服务实体经济"辨[J]. 经济研究, 2017, 52 (06): 4-16.

[97] 周彬, 周彩. 土地财政、企业杠杆率与债务风险[J]. 财贸经济, 2019, 40 (03): 19-36.

[98] 郭杰, 郭琦. 信贷市场有限竞争环境中财政引发的国有部门投资的宏观影响——基于扩展RBC模型的研究[J]. 管理世界, 2015 (05): 28-40.

[99] 李广子, 刘力. 债务融资成本与民营信贷歧视[J]. 金融研究, 2009 (12): 137-150.

[100] 江伟, 李斌. 制度环境、国有产权与银行差别贷款[J]. 金融研究, 2006 (11): 116-126.

[101] 王宇伟, 盛天翔, 等. 宏观政策、金融资源配置与企业部门高杠杆率[J]. 金融研究, 2018 (01): 36-52.

[102] 苟琴, 黄益平, 刘晓光. 银行信贷配置真的存在所有制歧视吗?[J]. 管理世界, 2014 (01): 16-26.

[103] 胡悦, 吴文锋. 商业信用融资和我国企业债务的结构性问题[J]. 经济学(季刊), 2022, 22 (01): 257-280.

[104] 林毅夫, 刘明兴, 章奇. 政策性负担与企业的预算软约束: 来自中国的实证研究[J]. 管理世界, 2004 (08): 81-89+127-156.

[105] 刘晓光, 刘元春. 杠杆率、短债长用与企业表现[J]. 经济研究, 2019, 54 (07): 127-141.

[106] 李波, 朱太辉. 债务杠杆、财务脆弱性与家庭异质性消费行为

[J]. 金融研究, 2022 (03): 20-40.

[107] 何丽芬, 吴卫星, 徐芊. 中国家庭负债状况、结构及其影响因素分析 [J]. 华中师范大学学报 (人文社会科学版), 2012, 51 (01): 59-68.

[108] 孟宪春, 张屹山. 家庭债务、房地产价格渠道与中国经济波动 [J]. 经济研究, 2021, 56 (05): 75-90.

[109] 郭新华, 陈斌, 伍再华. 中国人口结构变化与家庭债务增长关系的实证考察 [J]. 统计与决策, 2015 (04): 96-99.

[110] 周利, 王聪. 人口结构与家庭债务: 中国家庭追踪调查 (CFPS) 的微观证据 [J]. 经济与管理, 2017, 31 (03): 31-37.

[111] 蔡昉. 人口转变、人口红利与刘易斯转折点 [J]. 经济研究, 2010, 45 (04): 4-13.

[112] 刘哲希, 王兆瑞, 陈小亮. 人口老龄化对居民部门债务的非线性影响研究 [J]. 经济学动态, 2020 (04): 64-78.

[113] 吴卫星, 吴锟, 王琎. 金融素养与家庭负债——基于中国居民家庭微观调查数据的分析 [J]. 经济研究, 2018, 53 (01): 97-109.

[114] Polackova H. Contingent Government Liabilities: A Hidden Risk for Fiscal Stability [M]. 1999-11-30. DOI: 10.1596/1813-9450-1989

[115] Polackova Brixi H, Schick A. Government at risk: Contingent liabilities and fiscal risk [J] World bank policy research working paper. 2002.

[116] IMF. People's Republic of China: Staff report for the 2020 article IV consultation, IMF Country Report No. 2021/006.

[117] Qian Y, Roland G. Federalism and the soft budget constraint [J]. American economic review, 1998: 1143-1162.

[118] Li H, Zhou L A. Political turnover and economic performance: the incentive role of personnel control in China [J]. Journal of public economics, 2005, 89 (9-10): 1743-1762.

[119] Besley T J, Case A. Incumbent behavior: Vote seeking, tax setting and yardstick competition [J]. 1992.

[120] Grobéty M. Government debt and growth: The role of liquidity [J]. Journal of International Money and Finance, 2018, 83: 1-22.

[121] Panizza U, Presbitero A F. Public debt and economic growth: is there a

causal effect? [J]. Journal of Macroeconomics, 2014, 41: 21-41.

[122] Brida J G, Gómez D M, Seijas M N. Debt and growth: A non-parametric approach [J]. Physica A: Statistical Mechanics and Its Applications, 2017, 486: 883-894.

[123] Eberhardt M, Presbitero A F. Public debt and growth: Heterogeneity and non-linearity [J]. Journal of international Economics, 2015, 97 (1): 45-58.

[124] Woo J, Kumar M S. Public debt and growth [J]. Economica, 2015, 82 (328): 705-739.

[125] Reinhart C M, Rogoff K S. Growth in a Time of Debt [J]. American economic review, 2010, 100 (2): 573-578.

[126] Spilioti S, Vamvoukas G. The impact of government debt on economic growth: An empirical investigation of the Greek market [J]. The Journal of Economic Asymmetries, 2015, 12 (1): 34-40.

[127] Cong L W, Gao H, Ponticelli J, et al. Credit allocation under economic stimulus: Evidence from China [J]. The Review of Financial Studies, 2019, 32 (9): 3412-3460.

[128] Song Z, Xiong W. Risks in China's financial system [J]. Annual review of financial economics, 2018, 10 (1): 261-286.

| 第 3 章 |

我国宏观债务特征事实分析

本章全面分析中国宏观债务杠杆情况，重点关注总杠杆和分部门杠杆的历史趋势、变化原因和最新进展，最后以国别比较视角对我国宏观债务杠杆水平进行评价，指出企业部门债务是我国宏观债务的结构矛盾所在，尤其是地方隐性债务是突出风险领域等观点。该部分的客观分析有助于我们对当前我国宏观债务杠杆有一个总体把握，为后续研究建立经济直觉和逻辑基础。

3.1 我国宏观债务概述

3.1.1 历史演变与现状

本书所指宏观债务杠杆率，是指一国非金融实体部门债务规模占当年 GDP 的比率。其中，非金融实体部门主要包括居民部门、非金融企业部门和政府部门。宏观债务杠杆率越高，意味着相比一国的收入而言，其总体债务水平越高。图3-1展示了20世纪90年代以来我国宏观债务杠杆的长期变化情况。可以看出，1993年至2021年末，我国宏观债务杠杆率由107.8%逐步上升至263.8%，相当于年均上升5.6个百分点，快速攀升主要发生在2008年全球金融危机。具体地，期间出现过三轮大幅波动，如图3-1所示。

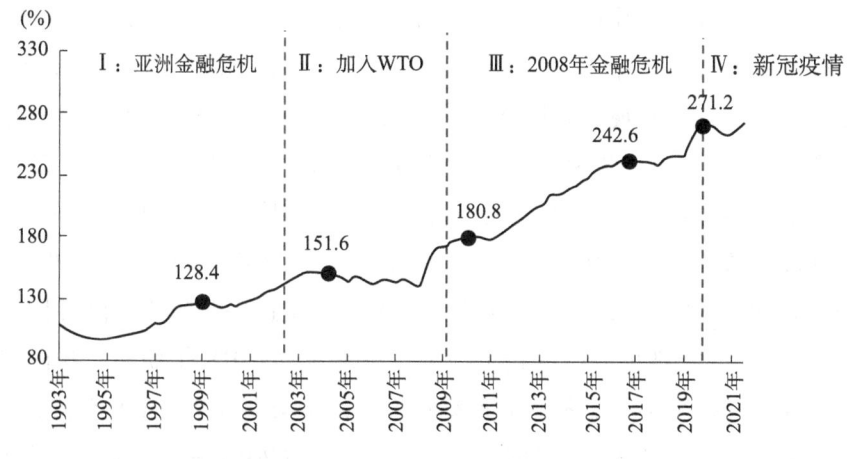

图3-1 我国宏观债务杠杆时序

数据来源：国家资产负债表研究中心。

注：宏观债务杠杆＝非金融实体部门债务/GDP，非金融实体部门包括居民部门、非金融企业部门和政府部门。

第一阶段：亚洲金融危机引发的债务上升（1993—1999年）。20世纪90年代初，我国宏观债务杠杆率曾出现平稳降低趋势，落至100%以下。1997年，亚洲金融危机爆发，我国经济发展带来间接压力，GDP增速放缓使得宏观债务杠杆出现抬头趋势，到1999年第四季度达到128.4%的历史峰值。1993—1999年，我国宏观杠杆率年均上升9.6个百分点。

第二阶段：加入世贸组织后的平稳回落（2000—2008年）。2001年以来，随着我国加入国际世贸组织，先进的产业技术和持续增加的资本投入促进了经济增长。随着经济形势向好和GDP增速的上升，我国宏观债务杠杆的攀升态势逐步放缓，并于2005年出现"降杠杆"，宏观债务杠杆率从2005年3月的151.6%，平稳回落至2008年12月的141.2%，与2003年6月（139.5%）基本持平。2001—2008年，我国宏观杠杆率年均上升1.85个百分点，大幅低于历史平均水平（5.6个百分点）。

第三阶段：2008年全球金融危机引发的债务大幅攀升（2008—2018年）。2008年，金融危机的影响从国际市场逐渐传导到国内市场，政府开始推行扩张性财政政策和货币政策以刺激内需，由此出现的影子银行成为主要资金来源，并积累了规模庞大的地方政府隐性债务。在此期间，我国宏观债务杠杆快速攀升，于2013年突破200%，一路上升至2016年的238.8%，期间年均升幅高达10.8个百分点。2015年，中央经济会议提出"三去一降一补"，此后政府多次宏观调控，我国宏观债务杠杆率快速上升势头得以遏制，2017年末为241.20%，较2016年末仅上升2.4个百分点，2018年更是进一步出现下降并回落至239.3%，宏观债务杠杆趋于稳定。2008年至2018年期间，我国宏观债务杠杆率由141.2%上升至239.30%，年均上升9.8个百分点。

第四阶段：新冠疫情冲击下的波动趋缓（2019—2022年）。2019年以来，受中美贸易摩擦、新冠疫情反复、地缘政治风险等叠加因素影响，我国经济下行压力增加，许多产业受到较大影响。为此，政府实施了系列扩张性宏观经济政策应对，促使宏观债务杠杆出现新一轮阶段性波动。2020年，我国宏观债务杠杆整体上升了23.6个百分点，达到历史峰值271.20%，2021年随着扩张性宏观政策边际收紧，宏观债务杠杆下降至263.8%。2019—2022年，我国宏观债务杠杆率由244.6%上升至273.1%，年均上升9.5个百分点。

3.1.2 分部门结构特征

分部门结构来看，一国宏观债务杠杆可分三部分：居民部门、非金融企业部门和政府部门。截至2021年末，我国非金融企业部门债务占GDP的比率为154.8%，居民部门债务为62.2%，政府部门显性债务为47.2%。从数字上来看，我国宏观债务的分部门结构特征突出，非金融企业部门债务负担最重（约占宏观债务规模的60%），政府部门债务负担最轻（约占宏观债务规模的17%），居民部门债务负担居中（约占宏观债务规模的23%），如图3-2所示。

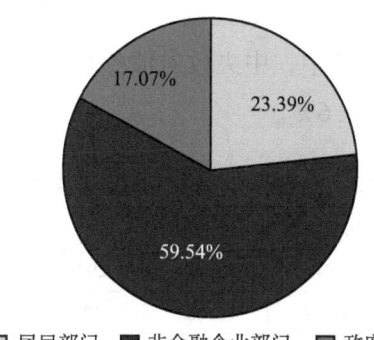

图3-2 我国宏观债务杠杆分部门分布情况（2021年末）
数据来源：国家资产负债表研究中心。

据国家资产负债表研究中心数据，本书绘制了我国宏观杠杆分部门的历年趋势图，如图3-3所示。企业部门债务是我国宏观债务的主要构成部分，也是近年来宏观债务结构失衡的主要来源。企业部门杠杆率具有显著性的增长，于1998年亚洲金融危机期间超过90%的国际警戒线水平，在2008年金融危机爆发后，企业部门杠杆整体敏感系数增高，债务风险增加，并于2022年攀升至160%，保持着较高绝对水平。

政府部门显性债务杠杆率处于较低水平。1994年分税制改革之后，"财权上收，事权下放"，中央政府财政状况显著改善，中央政府债务杠杆率一直位于较低水平。随着2015年新《预算法》实施，以及国务院发布《关于加强地方政府性债务管理的意见》，我国地方政府债务的管理体制发生重大变革，地方政府被赋予适度举债的权限。地方政府举债以政府债券形式，按照公益性事业有无收益分为一般债券和专项债券。由表3-1可知，地方政府显性债务各个维度的统计指标均呈上升趋势，这是地方政府打开"前门"融资的必然结果。同时，自2015年3月开始第一轮地方政府债务置换后，2015—2018三年间，中国各省份共发行了超过12万亿元的用于置换的地方政府债券，补充了地方政府的流动性资金,这也推动了地方政府显性债务的增加。但由于地方政府债券融资规模有限额管理且融资用途做出明确规定,所以地方显性债务可以得到有效控制,也并非地方政府债务的风险积聚所在。在政府部门债务中,中央政府债务与地方政府债务占GDP的比率分别为20.2%与26.6%。

表3-1　　2017—2021年全国地方政府新增债务和债务余额　　单位:亿元

	2017年	2018年	2019年	2020年	2021年
新增债务	11542	19156	29210	43543	48085
债务余额	164706	183862	213072	256615	304700
存量债务/GDP	19.80%	20.00%	21.60%	25.32%	26.64%
存量债务/地方财政收入	180.07%	187.80%	210.79%	256.25%	274.30%

数据来源:《中国统计年鉴》、中华人民共和国财政部网站。

但应当更加关注地方政府隐性债务问题。在中国政治锦标赛竞争压力和预算软约束的制度激励下,地方政府有很强动机大举基础设施建设以拉动任期经济增长从而实现政治晋升,这需要大量长期资金支持并激发了地方政府强烈举债意愿。主要表现形式是,地方政府纷纷成立"壳公司"地方融资平台公司,向银行申请贷款、发行债券和收(受)益权等获得城市建设融资,从而形成了名义上由企业发行(从而计入了非金融企业部门债务)、但实为由地方政府担保和偿还的政府隐性债务。若将地方融资平台债务纳入政府部门,那么政府部门对宏观债务杠杆的影响需要值得关注。

因此,应当谨慎看待非金融企业部门债务和政府部门债务数据。根据国际组织和国内学者估算,我国融资平台有息债务余额在30万亿—60万亿元,占我国GDP的比例高达40%—50%。如国际清算银行(Bank for International Settlements,BIS)数据显示,我国2017年底的政府债务余额为38.8万亿元。国际货币基金组织(International Monetary Fund,IMF)估计,2021年底中国地方政府隐性债务占GDP的比重约为40%。又如,2017年张晓晶团队调研结果显示,"当前地方融资平台债务约30万亿元,约占GDP的40%"。再如,白重恩团队公布的调研结果为,截至2017年6月底,"发行过城投债的企业债务余额"大约是47万亿元。如果考虑上述地方政府隐性债务并重新归类,在地方融资平台债务占GDP比率为45%的假设下,那么截至2021年末,我国非金融企业部门债务占GDP的比率为110%,与新兴市场国家平均水平以及日本比较接近,但显著高于发达国家平均水平;政府部门(显性和隐性)债务为92%,与发达国家平均水平以及美国比较接近,但显著高于新兴市场国家平均水平,更为重要的是远超国际通行的60%警戒线。

居民部门债务呈现在低位水平波动增长态势。1993—2007年,我国居民部门杠杆在低位水平保持缓慢增长态势,由仅8.31%上涨至19.4%。2008年以来,全球金融危机爆发,我国居民杠杆出现了较为强劲的增长势头,杠杆率不断上升,于2020年末升至61.8%,这主要源于举债购房等行为。2020年以来,受疫情等多重因素影响,居民部门杠杆上升态势得到遏制,稳定维持在60%水平线。

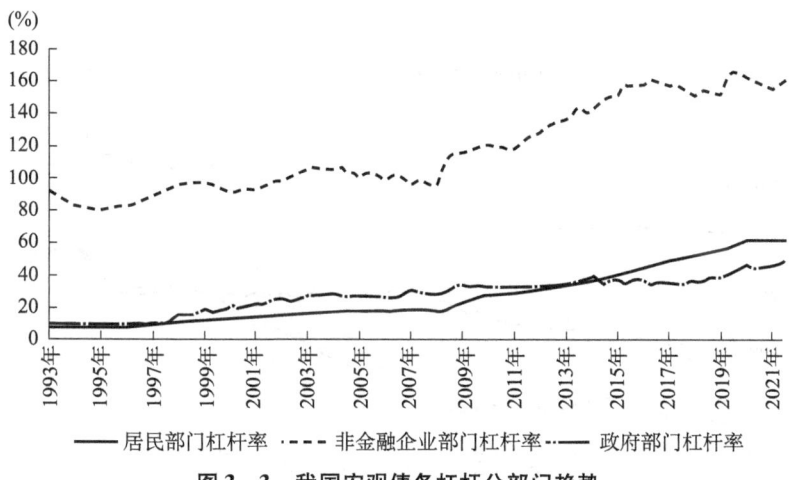

图3-3 我国宏观债务杠杆分部门趋势

3.1.3 债务水平的国别比较

(1) 历史趋势比较

根据国际清算银行(BIS)公布的季度债务数据,本书绘制了主要经济体宏观债务杠杆的历史趋势图,如图3-4所示。总体来看,全球主要国家的宏观债务杠杆经历过两轮大幅攀升,分别是2008年金融危机和2019年全球新冠疫情。日本总体杠杆率远超过所有全球经济体。2008年,为了应对股票市场和房地产市场的暴跌,日本央行相继采取了激进的量化宽松政策和零利率政策,导致日本总体债务规模持续增加。美国、欧盟和韩国的宏观债务杠杆呈现平缓上升趋势,2000—2022年整体上涨100个点左右,年均涨幅约为5个百分点。大多数国家都在金融危机和新冠疫情两个时间点出现杠杆跃升现象,但德国却与其他国家分流,长期保持低水平低浮动状态,由1999年188.4%升为2022第一季度的198.8%,年均涨幅仅0.47%,期间多次出现下降走势。相比之下,中国宏观债务杠杆在21世纪初期处于国际较低水平,但于2008年金融危机后开始快速攀升,并于2014年陆续超过德国、韩国以及美国。目前基本与发达国家平均水平持平,显著高于新兴市场国家平均水平,但仍大幅低于日本。

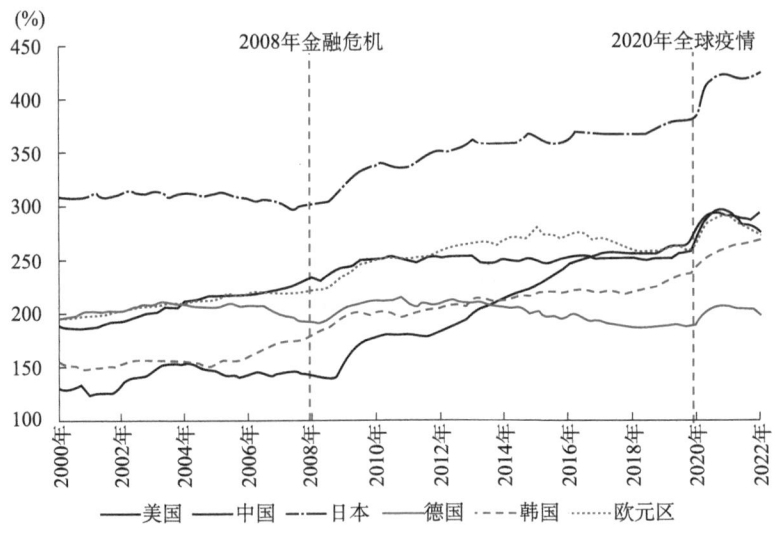

图3-4 各国宏观债务杠杆水平变化趋势

数据来源:国际清算银行(BIS)。

如图3-5所示,我国非金融企业部门的债务杠杆率远超过其他经济体,保持显著的增长走势,是宏观债务的主要增长来源。欧元区、日本、韩国等国家的非金融企业部门债务GDP维持在100%左右,美国和德国保持在80%左右,而国际清算银行公布的关于一国非金融企业部门债务/GDP的警戒线标准为90%。我国企业部门债务杠杆率起伏较大,在2008年受危机影响骤降而低于主要经济体后,一直呈快速攀升态势,近年来在150%—160%波动,历史绝对水平始终位于国际较高水平,并超出90%的国际警戒线。但需要注意的是,在非金融企业部门的债务杠杆数据中,很大部分为以地方融资平台为举债主体的政府部门隐性债务。

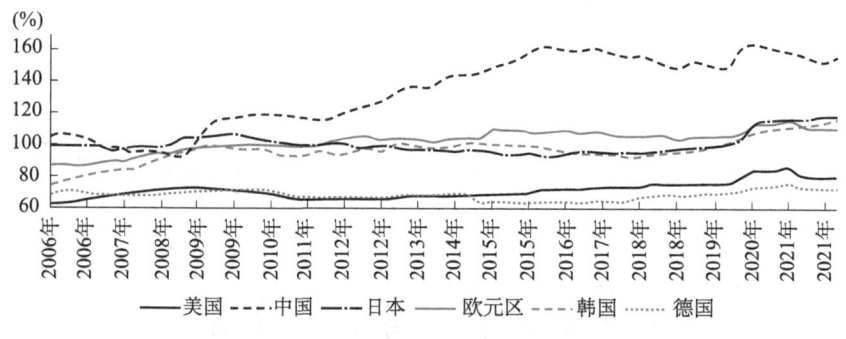

图3-5 各国非金融企业部门债务水平趋势

数据来源:国际清算银行(BIS)。

如图3-6所示,我国政府部门杠杆率与发达国家平均水平比较接近,显著低于日本、高于新兴市场国家平均水平。2015年新《预算法》实施,允许地方政府发行地方政府债券,政府部门债务不断增加,但从绝对水平看,仍处于国际较低水平。但若将地方融资平台债务纳入政府部门,那么政府部门对宏观债务杠杆的影响需要值得关注。如图3-7所示,我国居民部门的债务杠杆规模起点不高,尽管增速高于其他国家,在国际上处于较低水平,与欧元区比较接近。潜在风险较小。

(2)截点静态比较

本书绘制了2022年第二季度36个主要经济体宏观杠杆率静态比较图,如图3-8、图3-9、图3-10所示。日本、希腊、新加坡美国

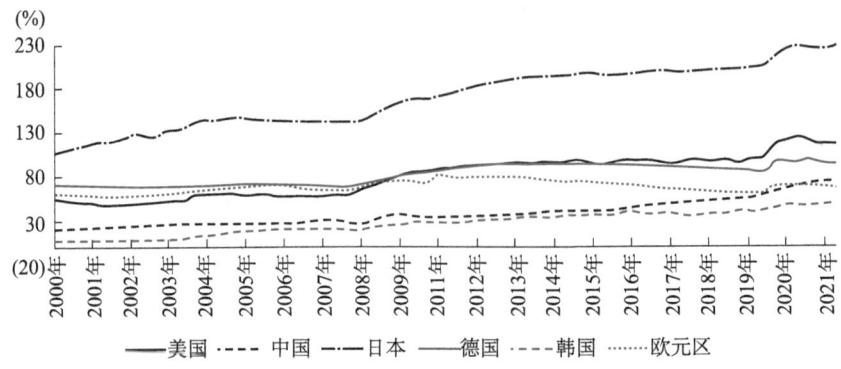

图 3-6 主要国家政府部门债务/GDP 水平趋势

数据来源：国际清算银行（BIS）。

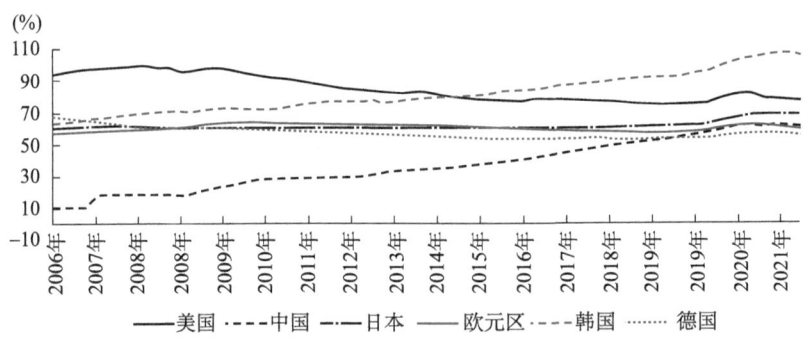

图 3-7 主要国家居民部门债务/GDP 水平趋势

数据来源：国际清算银行（BIS）。

等发达经济体的政府部门杠杆水平较高，分别为 231.3%、189.4%、159.8%、117.9%，其他西欧发达国家如瑞士、挪威、瑞典却在居民部门具有较高的杠杆率，分别为 128.5%、92.9%、92.2%。俄罗斯、印度尼西亚和印度作为发展中国家的代表，政府部门杠杆率分别为 17.2%、40.3%、80.4%，都在 85% 的国际警戒线范围内，并且居民部门杠杆水平均处于较低水平，不超过 40%。

不同于其他发展中经济体，我国政府部门和居民部门杠杆率分别为 73.4%、61.4%，高于其他一些新兴经济体，位列于国际经济体中游水平。企业部门的 156.7% 的杠杆率远远超过了 90% 的国际警戒线，仅次于瑞典的 181.1%、爱尔兰的 164.5% 和法国的 164.4%，成为国

第3章 我国宏观债务特征事实分析

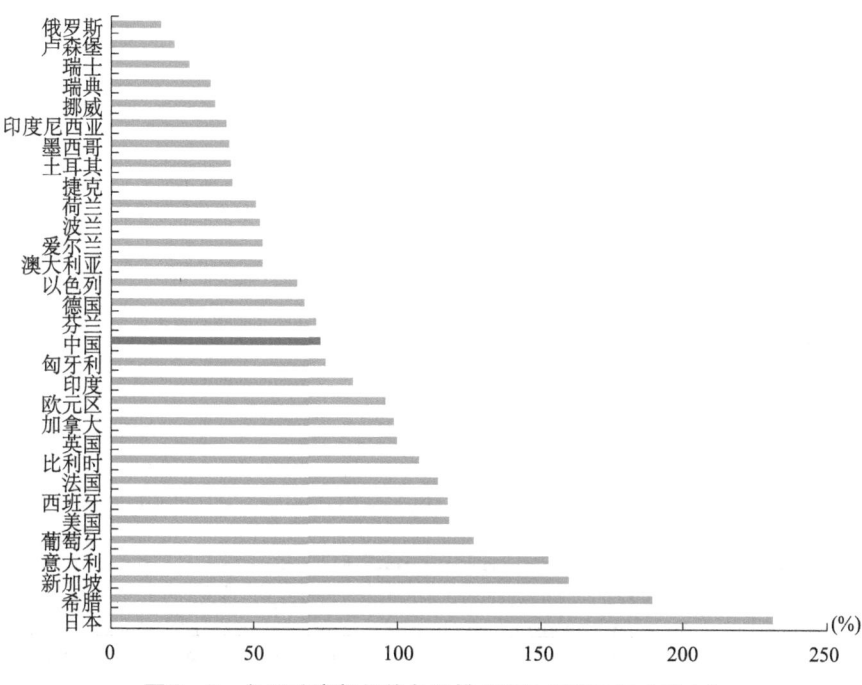

图 3-8 各国政府部门债务规模/GDP（2022年6月末）

数据来源：国际清算银行（BIS）。

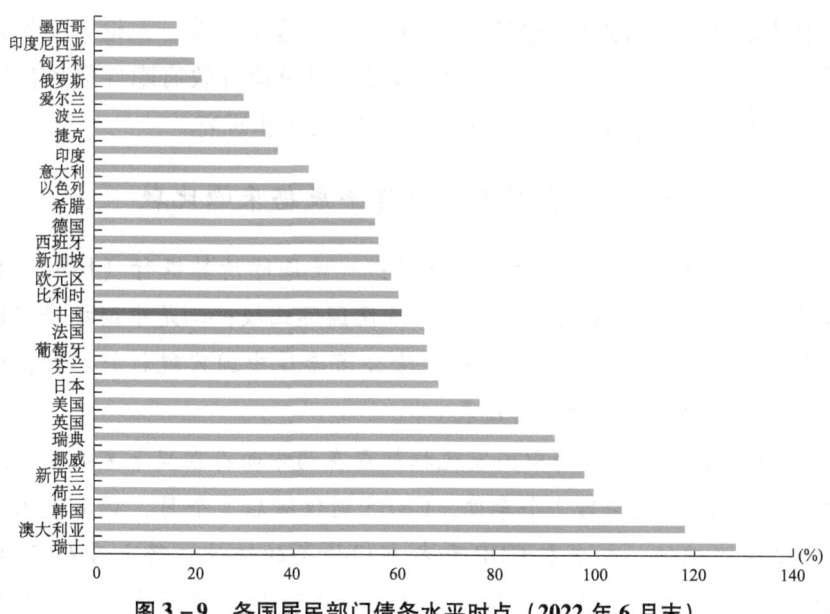

图 3-9 各国居民部门债务水平时点（2022年6月末）

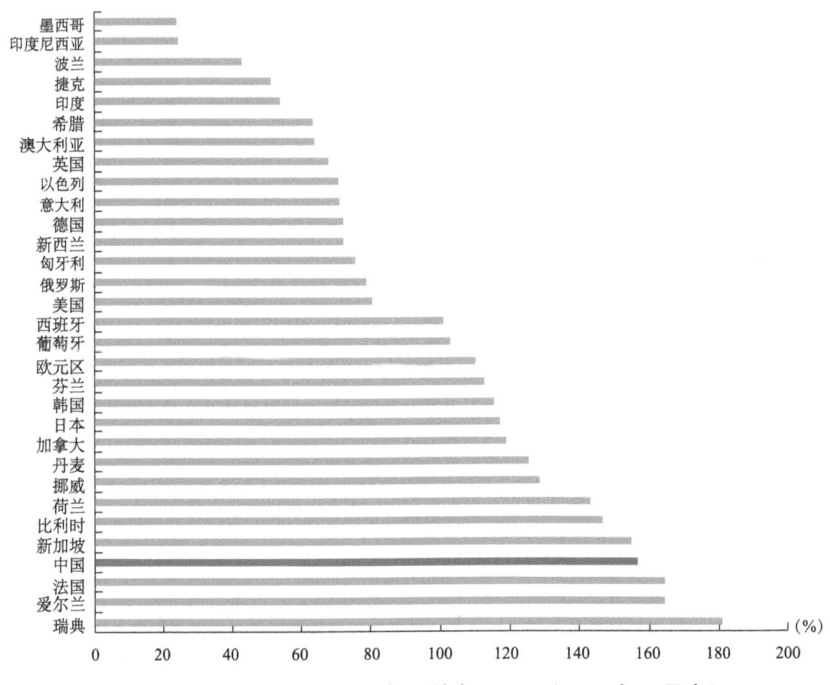

图3-10 各国非金融企业部门债务/GDP（2022年6月末）

数据来源：国际清算银行（BIS）。

际上非金融企业债务水平突出的国家之一。这意味着，无论对于发达经济体还是新兴经济体，我国企业部门（以及地方政府隐性债务）的杠杆率都属于焦点位置，值得投入更多的关注和研究。

专栏1：中国宏观杠杆率数据来源比较

中国宏观杠杆率有两大数据来源：一是国际清算银行（BIS），公布了44个经济体的季度可比数据，方便国际比较；二是中国社科院国家资产负债表研究中心（CNBS），除公布季度中国宏观杠杆率外，还编制了年度中国国家资产负债表。

BIS和CNBS公布的中国宏观杠杆率在两方面存在显著差异：一是时效性，BIS一般滞后2个季度，CNBS则仅滞后2个月，后者更为及时；二是准确性，二者在GDP和各部门债务的统计口径上存在不同，BIS对政府部门的隐性债务和部分显性债务进行了重复计算，从而高

第3章 我国宏观债务特征事实分析

估了非金融部门总杠杆率、非金融企业部门杠杆率和政府部门杠杆率，相较之下 CNBS 的处理要更为科学。

附表 国际清算银行（BIS）和国家资产负债表研究中心（CNBS）中国宏观杠杆率数据比较

	国际清算银行（BIS）	国际资产负债表研究中心（CNBS）	比较
公布时间	一般滞后 2 个季度，例如 2019 年 6 月 4 日公布 2018 年四季度的数	一般滞后 2 个月，例如 2019 年 5 月 28 日公布 2019 年一季度的数据	后者的时效性更强
GDP	季节性调整后的名义 GDP 四个季度滚动加总	名义 GDP 四个季度滚动加总	①二者差别不大，对非金融部门总杠杆率的影响在 -0.4 到 +0.9 个百分点以内，对居民部门和政府部门杠杆率的影响更是基本在 ±0.1 个百分点以内；②对 GDP 进行季节性调整并不能有效消除宏观杠杆率的季节
居民部门债务	存款类金融机构本外币信贷收支表中的住户贷款	金融机构本外币信贷收支表中的住户贷款	后者的统计口径更大一些，但差别不大，对居民部门杠杆率的影响在 0.7 个百分点
非金融企业部门债务	非金融企业贷款 + 社会融资规模存量中的委托贷款、信托贷款、未贴现银行承兑汇票、企业债券 + BIS International Banking Statistics 中的境外贷	金融机构本外币信贷收支表中的非金融企业及机关团体贷款 + 社会融资规模存量中的委托贷款、信托贷款、未贴现银行承兑汇票、企业债券 - 地方政府债务余额中的非政府债券形式存量政府债务 + 境外贷	①前者的非金融企业贷款和境外贷款的统计口径未明确公布，后者的境外贷款为估计值，非金融企业部门外债的准确统计口径应为中国全口径外债情况表中的其他部门：合计 + 直接投资：公司间贷款；②前者在债务统计中未剔除已被纳入政府部门债务的融资平台部分债务（地方政府债务余额中的非政府债券形式存量政府债务），与政府部门债务存在重复
政府部门债务	根据 IMF World Economic Outlook Database 中政府部门债务的年度数据进行线性内插求得季度数	国债余额 + 地方政府债务	①后者与中国官方的政府部门债务统计口径基本一致，但是其中的国债余额不够准确，财政部公布的中央政府债务余额更为全面，不过二者差别不大；②前者的数据为估算值，无法反映实时变化，并且包含隐性债务，与非金融企业部门债务存在重复

续表

	国际清算银行（BIS）	国际资产负债表研究中心（CNBS）	比较
非金融部门债务	居民部门债务＋非金融企业部门债务＋政府部门债务	居民部门债务＋非金融企业部门债务＋政府部门债	二者分部门债务的统计口径存在一些差异，尤其是地方政府的隐性债务和部分显性债务存在重复计算，导致前者的非金融部门总杠杆率高

3.2 我国企业部门债务概述

3.2.1 基本情况

本书通过上市非金融公司财务数据分析我国企业部门的债务情况。从图3-11可知，2007—2021年上市非金融公司的平均资产负债率（总负债/总资产）总体呈现下降趋势，变化程度逐渐趋于平缓，从2007年的50.08%下降到2021年的39.82%，即15年间下降了10.26%，平均每年下降0.68%，具体可分为三个下降阶段。第一阶段，2007年到2012年间，经营性风险、有形资产占比下降、利润率提升等企业特征变化说明企业整体朝着比较有优势的方向发展（钟宁桦，2016），资产负债率下降8.74个百分点。第二阶段始于2015年，我国去杠杆调控政策实施，资产负债率在经过一段时期快速上涨之后从2016年开始下降，2017年平均负债率下降至38.75%，之后负债率再次上升。第三阶段开始于2019年，负债率从40.99%小幅下降至39.82%，该期间中央银行逐渐降低利率，中国从去杠杆转为稳杠杆。此外，还展示了资产负债率的中位数随时间变化趋势，整体与上述分析相同。

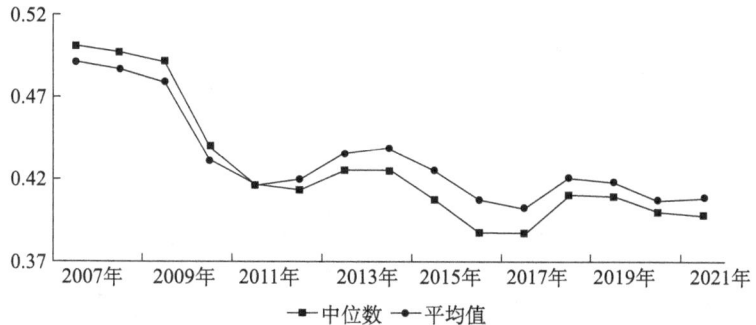

图3-11 我国上市公司的资产负债率（2007—2021年）

数据来源：Wind金融资讯。

3.2.2 结构特征

本书根据所有权属性、所在地区、为分组依据，以剖析我国企业部门债务的结构分布情况，为后续研究奠定基础。

特征1：国有企业平均资产负债率始终高于外资企业，外资企业基本高于民营企业，2009年后趋势分化，地方国有企业上升、民营企业和外资企业持平或下降。

按照企业的登记注册类型对全样本做分组，然后考察各组平均资产负债率变化。图3-12显示，国有企业资产负债率始终高于外资企业，外资企业基本高于民营企业，其中地方国企和中央国企平均资产负债率总体趋势维持在50%左右，均值分别为49.79%、50.07%；外资企业组平均资产负债率从2007年49.81%持续下降至35.55%，整体下降14.26%，下降幅度最大；民营企业平均资产负债率从2007年47.66%大幅下降至2011年33.72%，之后总体呈现上升趋势，2018年平均资产负债率38.27%，达2012年以来最高点，并在2019年之后超过外资企业。

特征2：企业平均资产资产负债率呈现西部＞中部＞东部，期间西部地区下降趋势明显。

按企业所处省份将样本分为东、中、西部三组，图3-13显示了2007—2021年间不同地区平均资产负债率变化趋势。从总体趋势看，

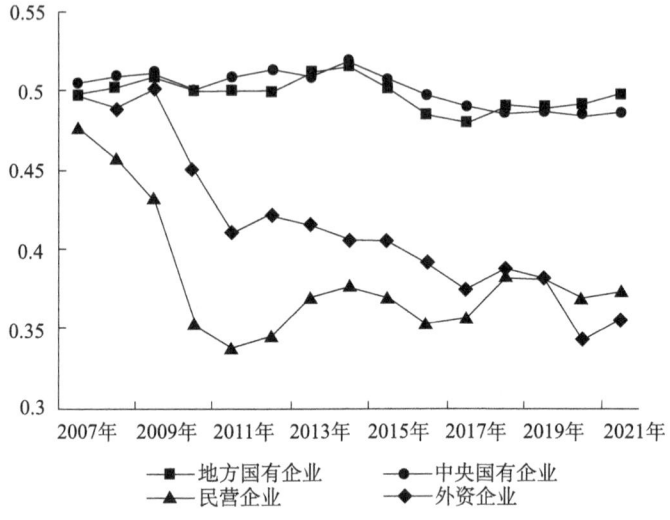

图 3-12 资产负债率：按所有制分组

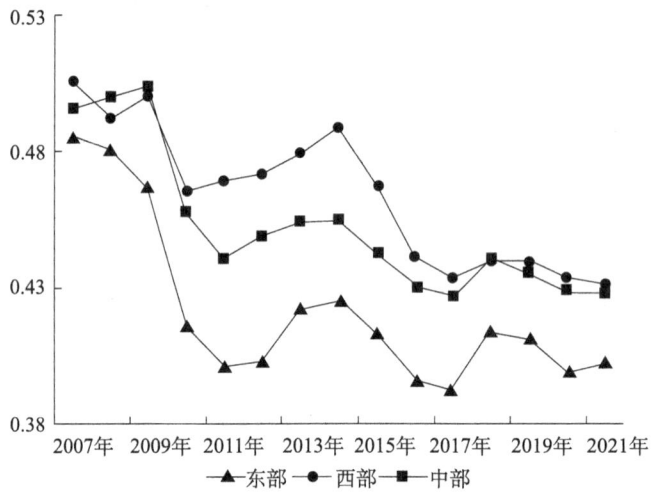

图 3-13 资产负债率：按企业所在地分组

企业平均资产负债率为西部＞中部＞东部。2009 年之前，三个地区平均资产负债率维持在 49% 左右，2009 年之后，三地区平均资产负债率始终按照西、中、东部顺序依次递减。其中，西部和中部地区总体呈现下降趋势，西部地区平均资产负债率从 49.27% 下降至 43.11%，下降了 7.46%，中部地区从 50% 下降至 42.80%，下降了 6.81%。东部地区资产负债率自 2007 年 48.61% 大幅下降至 2011 年 40.10%，此后有两段上升和下降，但变化幅度逐渐趋于平缓，2017年平均资产负债率39.25%，达历史最低。

特征3：大企业资产负债率明显高于中小企业，2009年后趋势分化，大企业资产负债率基本持平，中小企业资产负债率明显下降。

图3-14显示了按照企业规模大小对全样本分组考察的结果，中小企业划分参照2003年国家经贸委、国家计委、财政部、国家统计局研究制订的《中小企业标准暂行规定》。整体来看，大企业平均资产负债率基本高于中小企业，且中小企业资产负债率有明显下降趋势。其中，大企业2007年平均资产负债率约为49.44%，中小企业约为47.26%，到2021年大企业平均资产负债率降至44.79%，中小企业为29.98%，下降了17.29%，下降幅度明显高于大型企业。

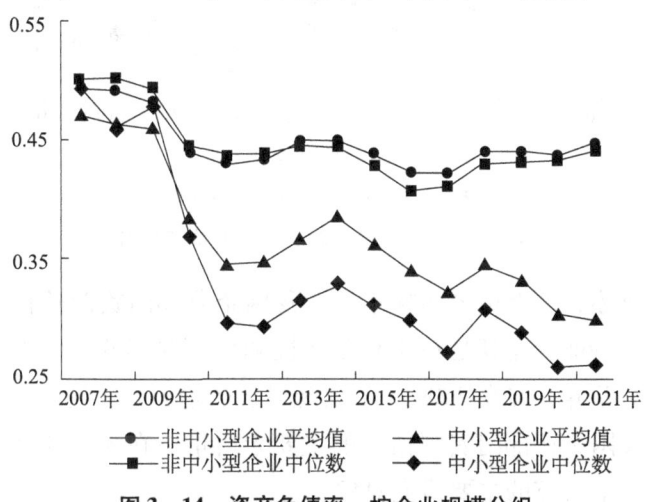

图3-14 资产负债率：按企业规模分组

特征4：工业企业资产负债率明显高于服务业，两类企业的资产负债率变化趋势基本相同。

按照国家标准《国民经济行业分类》，本书将行业代码前两位为06-46的企业归属于工业，服务业包括批发零售、交通运输等14个行业，如图3-15所示，两部门企业的资产负债率整体上呈现分阶段下降趋势。就平均资产负债率来看，2007—2012年，工业企业下降幅度要大很多且下降趋势快于服务业，其中工业从2007年开始，平均资产负债率从48.36%下降至2012年39.70%，下降8.66个百分点，而服务业则从2010年52.52%下降至2012年46.43%，下降了6.08%个百分点。2012年以后，服务业下降幅度超过工业，服务业企业分别下降了4.63%，工业企业下降了2.05%，并且两行业资产负债率变化均趋于平缓。

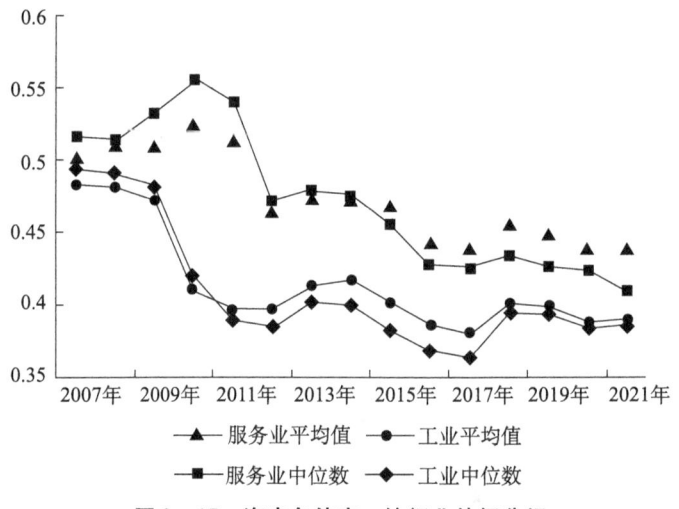

图3-15 资产负债率：按行业特征分组

综上所述，从上市公司样本看，我国企业部门资产负债率呈现出明显的结构特征，尤其是在所有制属性和公司规模两个维度呈现出组别间的绝对差异，并在2009年后出现显著的趋势分化现象，一定程度上揭示出我国企业部门宏观债务的主要矛盾集中在大企业和国有企业部门，也是本研究的主要研究对象。

3.3 地方融资平台债务概述

3.3.1 地方融资平台界定与识别

地方融资平台的识别与界定是本研究的重要基础。政府部门、金融机构和数据服务公司等对其均有不同定义。

第一，政府部门相关定义。其中最具代表性的是，2010年7月30日财政部联合国家发展和改革委员会、中国人民银行和原中国银行业监督管理委员会发布的《关于贯彻国务院关于加强地方融资平台公司管理有关问题的通知相关事项的通知》（财预〔2010〕412号文），它将融资平台定义为"由地方政府及其部门和机构、所属事业单位等通过财政拨款或注入土地、股权等资产设立，具有政府公益性项目投融资功能，并拥有独立企业法人资格的经济实体"。

第二，金融机构相关定义。中央国债登记结算有限责任公司于2014年5月19日推出了"中债城投债收益率曲线"，该曲线的样本公司即中债口径的融资平台公司，其所发行的债券即中债口径的城投债。中国国际金融有限公司固定收益部研究团队从现金流视角判定融资平台公司，即当相关项目投资明显无法产生足够现金流覆盖其债务融资从而显著依赖地方政府偿债的公司，可界定为融资平台公司。

第三，数据服务公司相关定义。Wind口径下融资平台的基本含义是：在募集说明书的发行人业务情况中，"发行人基本情况"中的股东为"当地地方政府或下属机构"，在"公司业务"中提到该公司的业务是当地城市的基础设施服务或公用事业等。但近年来，其口径有所变化。

第四，学者相关定义。也有学者从学术角度提出了界定地方融资平台的判断逻辑，并建立了新名单和城投债数据库（徐军伟等，2020）。不同名单之间存在较大差异，截至2018年末，银监会口径下发行过债券的地方融资平台有1243家，而截至2020年5月，Wind资讯口径达2060家，徐军伟等（2020）为2571家。综上，不同部门对地方融资平台的定义虽有不同，但均坚持了"地方政府出资""为政府公益性项目投融资"等核心特征。

需要注意的区别开的是，地方融资平台是一类特殊的地方国有企业，两者差异主要体现在以下三个方面。第一，经营目的不同。国有企业作为一种生产经营组织形式，经营目的是追求国有资产的保值和增值;与之不同的是,地方融资平台成立和经营的目的是为地方政府开展基础设施、公益性项目、公用事业等承担投融资功能,而不为盈利最大化,因此也被称为城投公司。第二,信用来源不同。国有企业举债依靠的是其国有资产的真实信用;而地方融资平台企业由于大量的财政补贴,其财务数据一般难以反映其实质信用状况,其偿债能力大多是依靠背后的地方政府信用支持。第三,与政府关系不同。国有资产投资或持股超过50%的即为国有企业,政府只是国有企业的最大股东,国企作为独立的风险承受主体存在;地方融资平台实质上是政府成立的SPV公司(Special Purpose Vehicle,特殊目的机构/公司),是地方政府完全控股组建的一个财务指标可以达到融资标准的"壳"和工具,真正的风险承担和兜底主体是地方政府。

本研究借鉴徐军伟等(2020)关于融资平台的判断逻辑和技术路线,按照如下标准界定地方融资平台:"实际控制人是否为地方政府"[1]、"经营范围是否为具有公益属性的政府项目"[2]、"营业收入是否在很大程度上来自政府或其他融资平台"[3],通过手工搜集债券募集说明书和跟踪评级报告获得相关信息,对所有发债的地方国有企业逐一进行判定。最终确认:截至2018年末,发行过债券的地方融资平台共计2493家,与徐军伟的2571家非常接近。

3.3.2 地方融资平台债务演变与现状

地方融资平台是为地方政府提供投融资服务的机构,主要的融资

---

[1] 地方政府入股融资平台的方式不仅包括货币资金入股,还包括土地资产注入(包括储备地、划拨地、出让地等),国有股权划转,公益性资产注资等。

[2] 本研究将企业的经营范围按照公益属性分为三类:纯公益性项目,包括城市基础设施建设、修污水处理站、棚户区改造、保障房、地下管廊管网、园区开发、土地一级整理、市政道路(非收费公路)、桥梁、水利设施、绿化环境、地铁。若企业的主营业务为纯公益类项目,则基本可认定为地方融资平台。半公益性项目,包括铁路、收费公路、公用事业(水务、公交、燃气、供暖)、电力、港口、旅游开发、建筑(施工队)等。若企业的主营业务为半公益性项目,则需要综合其他标准予以判定。盈利性项目,金融、餐饮、食品、服装、汽车、服务等行业。只要企业主营业务属于盈利性业务范围,均予以排除。

[3] 营业收入包括业务收入、政府补贴、政府项目形成的应收账款、其他融资平台的应收账款等。

方式有三类：一是银行贷款，是地方融资平台最重要的融资渠道，约占其融资总量的90%。地方融资平台成立的前期资产主要来自地方政府及其部门的财政拨款、土地使用权和股权转让等，但这些资产流动性差，不足以支撑基础设施建设项目的运行，因此不得不进行大量融资。由于地方政府通常是城商行最大的股东，在城商行进行信贷决策中，地方政府起着关键性作用。因此，基于地方融资平台和地方政府的特殊关系，在政府的支持下，城商行成为融资平台贷款的主要对象。二是债券发行，即地方融资平台通过在交易所市场、银行间债券市场、银行柜台债券市场公开发行债券进行融资，所发行债券被称为"城投债"。因其审核、发行和流通等环节规则统一、债务信息公开，城投债也是平台的重要融资方式。截至2022年2月，城投债存量达13.29万亿，以公司债和中期票据为主，发行期限大多为3—7年。从发行总量上看，存在一定的城投债务风险。因有地方政府的财政兜底，以及公开市场违约"污名效应"，截至2022年末城投债尚未出现一笔债务违约。三是非标准化债权融资，指地方融资平台在除银行间市场和证券交易所市场之外的机构购买债权性资产进行融资。非标资产包括委托贷款、信托贷款、承兑汇票、资产收（受）益权等，其底层资金的供给主要来源于银行。相比于银行贷款，非标融资可以规避常规贷款的政策限制，加快流程、提高效率，结构更灵活。但这类资产不公开发行，流动性较低、风险较高，目前已有近百起非标出现债务违约。

在上述三种债务融资方式中，银行信贷和非标准化债权融资均有"私募"性质，数据不可得，而城投债大多公开发行，需要按照证监会要求进行信息披露，是目前大部分地方隐性债务问题研究所普遍采用的数据。因此，本书以2850家地方融资平台名单为基础，构建了城投债发行与交易数据库，剔除数据缺失样本后得到2532家地方融资平台相关债务数据，以此对地方隐性债务开展特征事实分析如下：

（1）债务总体规模

地方融资平台资产总规模达106.8万亿元，全口径债务规模达64.8万亿元，资产负债率的平均水平为55.92%。在三类债务中，城投债规模约为9.6万亿元，占全口径债务的14.81%；银行贷款和非标准化债权融资占大部分，运用倒扣法估计为55.2万亿元（有息负债扣去城投债规模），占全口径债务的85.19%。

（2）地区分布

从平台家数分布看，地方融资平台主要分布在沿海地区和经济比较发达地区，而西藏等经济较欠发达地区较少。首先，江苏省以485家平台位居全国之首，其次是浙江省（390家）、山东省（232家）、四川省（209家）、湖南省（160家）等地，这五个地区的合计融资平台家数占全国总数的51.8%。其次，除这五个地区外，贵州省（123家）、江西省（122家）、安徽省（117家）和湖北省（117家）的融资平台家数也均超过100家。最后，其他地区的融资平台家数则相对较少，均少于100家，其中有四个地区的融资平台数量少于10家，西藏自治区的融资平台数最少，仅有2家，青海省和海南省的融资平台数次少，均为5家，宁夏回族自治区则为9家。

从地方融资平台债务规模看，沿海地区和经济较发达地区的债务规模较大，经济较薄弱地区的债务规模较小。首先，江苏省仍然位居全国之首，负债规模达9.89万亿元，其次是浙江省（8.28万亿元）、四川省（6.32万亿元）、山东省（3.36万亿元）、湖北省（2.78万亿元）等地，这五个地区的合计债务规模占总数的44.19%。其次，大部分地区的负债规模在1万亿元到2.5万亿元之间。最后，海南省（630.2亿元）、青海省（594.5亿元）、西藏自治区（553.8亿元）的负债规模较小，均未超过1000亿元。地区整体情况与地方融资平台数量方面相差不大。

（3）行政级别

按照平台实际控制人行政级别，将地方融资平台划分为省级、地市级、区县级三个级别。其中，直辖市的地方融资平台归为省级，国家开发区的地方融资平台归为地市级。

如图3-16所示，从全国范围来看，区县级的融资平台占据一半。首先，区县级的融资平台最多，有1404家，占全国总数的49%。其次，地市级的融资平台有1283家，占全国总数的45%，区县级与地市级合计的融资平台家数占全国总数九成以上；最后，省级163家，仅占全国总数的6%。

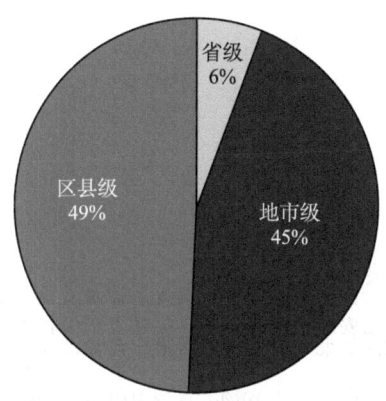

图 3-16 我国地方融资平台行政级别分布

如图 3-17 所示，分地区来看，经济发达地区的区县级平台占比较高，中西部地区以省级平台为主，其余大部分省份和地区的融资平台以地市级为主。首先，江苏省、浙江省、山东省、四川省这四个城投大省的地方融资平台以区县级为主，这些省份经济发达、区县较多，并且区县级的地方融资平台也有一定的经济财政实力。其次，中西部地区的融资平台以省级为主，因这些地区经济较为薄弱，省级融资平台相较于地市级及区县级来说更有能力生存和发展，例如宁夏回族自治区、海南省、青海省、西藏自治区的融资平台省级占比相对较高。最后，其余大部分地区的融资平台以地市级为主，对大部分地区来说，区县级的融资平台因经济原因生存能力较弱，而地市级的融资平台则以经济实力优势占主要地位。

（4）主体评级

如图 3-18 所示，从总体分布趋势来看，地方融资平台主体评级主要分布在高档评级（AAA-级以及以上的等级）[1]，只有少部分分布

---

[1] 实践中，主体或债项信用等级一般划分为五档九级：AAA、AA、A、BBB、BB、B、CCC、CC、C。除 AAA 级，CCC 级（含）以下等级外，每一个信用等级可用"+""-"符号进行微调，表示略高或略低于本等级。本研究将 AAA 划分为高评级，将 AA+、AA、AA-级划分为中档评级，将 A+、A、A-、BBB、BB、B、CCC、CC、C 级划分为低档评级。

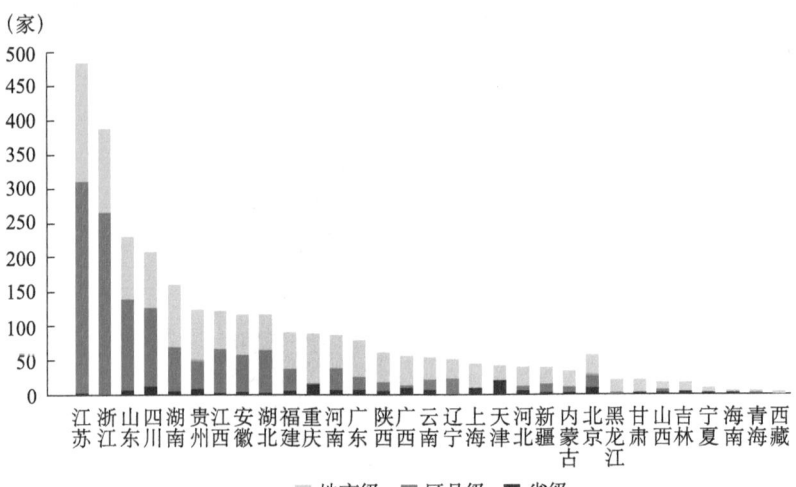

图 3-17　各省地方融资平台行政级别分布

在中档（AA+、AA、AA-级）和低档评级（A+级及以下的等级）。其中，高档评级为99家，占比3.86%；中档评级为2427家，占比94.7%，低档评级为37家，占比1.44%。在所有级别评级中，评级为AA级的地方融资平台个数最多为1625家，占比63.4%。其次为AA+级别和AA-级别，分别为404家和398家，AA+级别占比15.8%，AA-级别占比15.5%。

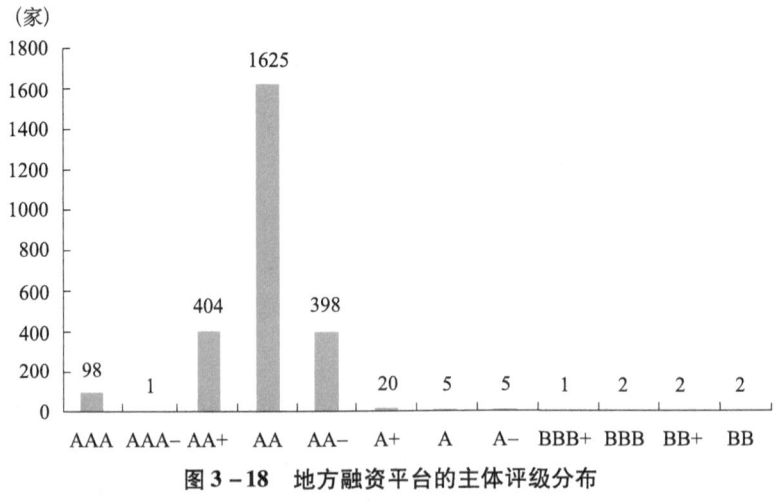

图 3-18　地方融资平台的主体评级分布

(5) 业务类型

按照业务盈利性质不同,本书将地方融资平台划分为公益性平台、半公益性平台、综合类平台。具体而言,公益性平台的主营业务为纯公益类项目,包括城市基础设施建设、污水处理、棚户区改造、保障房、地下管廊管网、园区开发、土地一级整理、市政道路(非收费公路)、桥梁、水利设施、绿化环境等基本无收入的项目。例如,无锡沪宁城铁惠山站区投资开发建设有限公司,它的主营业务为基建、土地开发、保障房建设。基建包括保障房、污水处理系统、市政配套设施。基础设施建设和保障房建设占比81%,土地开发占比19%。我们将其划分为公益性平台。

半公益性平台的主营业务为半公益性项目,包括铁路、收费公路、地铁、公用事业(水务、公交、燃气、供暖)、电力、港口、旅游开发、建筑(施工队)等具有一定商业收入的项目。例如,内蒙古高等级公路建设开发有限责任公司,它的主营业务是公路项目建设,形成通行费收入,占总收入比例为83.66%,施工收入10.24%。我们将其划分为半公益性地方融资平台。

综合类平台:如果一个地方融资平台的主营业务既包括纯公益类项目,又包括半公益性项目和营利性项目,则将其划分为综合类地方融资平台。例如,南京滨江投资发展有限公司主营业务既包括基础设施建设、安置房建设,也包括租赁、场地配套设施服务、物业费、道路养护和自来水业务等,我们将其划分为综合类平台。

根据平台数据库,公益性地方融资平台为1431家,占比76.28%,半公益性地方融资平台为231家,占比12.31%。综合类地方融资平台为214家,占比11.41%。如图3-19所示,从平台的业务类型分布来看,公益性地方融资平台的数量最多,占比超过了四分之三。半公益性地方融资平台以及综合类地方融资平台的占比基本相同,两者合计约占总体的四分之一。

3.3.3 地方融资平台债务突出风险分析

(1) 非标债务违约风险

作为融资平台重要的融资方式,非标融资具有交易结构复杂、信

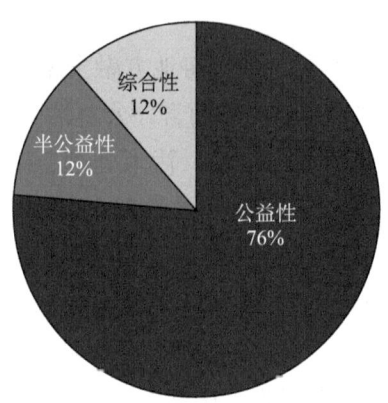

图 3-19 地方融资平台业务类型

息非公开、违约影响最小的特征,因而是三种融资方式中最先发生违约的领域。如图 3-20 所示,据不完全信息统计,自 2018 年到 2020 年,共有 114 起非标债务融资工具违约事件,涉及融资平台 84 家、金额共计 30.1 亿元。其中,2019 年违约数量最多,达到 52 起,但 2020 年违约金额远超前两年,高达 13.52 亿元。从违约时间看,非标产品违约情况主要集中在 2018 年下半年至 2020 年上半年,每六个月统计的违约数量平均都在 20 起以上,其中 2019 年下半年非标产品违约数量最多,高达 29 起。从违约金额看:2018 年至 2020 年非标违约事件的违约金额呈上升趋势,2020 年下半年有四起违约事件的违约金额均超过了 2.5 亿元。三年内违约金额最高的一起是 2018 年 6 月 12 日营口港务集团有限公司的"光大永明—营口港债权投资计划",违约金额共 5.3 亿元。

如图 3-21 所示,从区域分布来看,城投非标违约事件主要分布在经济财政实力较弱、债务率较高的西南地区,如贵州省、四川省、云南省等。其中,贵州省非标违约主体数量最多,达 59 家,占比 51.7%。并且违约集中度最高,出现部分区域性风险共振现象,如遵义市的违约事件达 24 个,涉事主体包括贵州新蒲经济开发投资有限责任公司、遵义市播州区国有资产投资经营(集团)有限责任公司、遵义市红花岗区国有资产投资经营有限责任公司、遵义市汇川区城市建

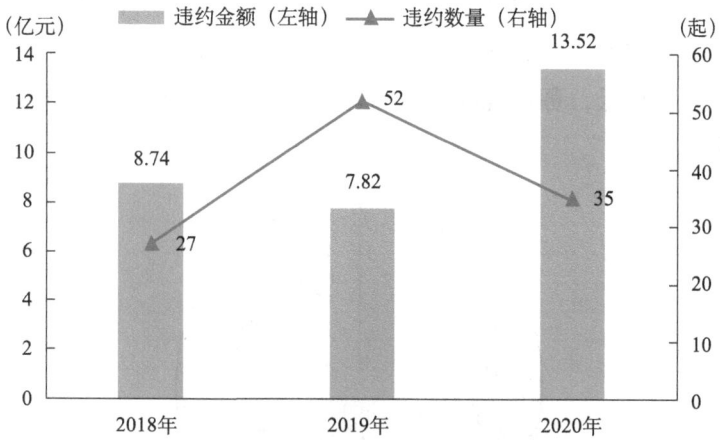

图3-20 地方融资平台非标违约数量及金额

设投资经营有限公司等。其次为内蒙古、四川省和云南省,均为10家,各占比9%。

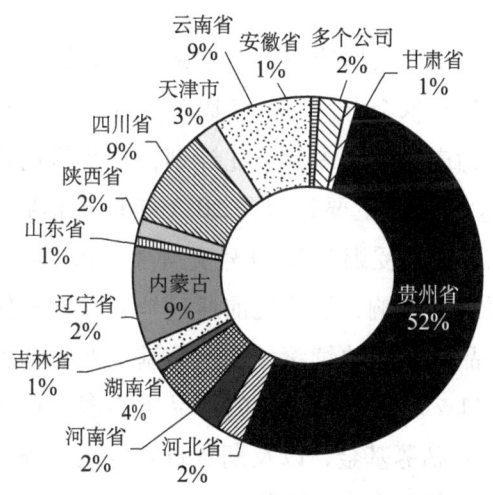

图3-21 非标违约融资平台的区域分布

如图3-22所示,从行政等级来看,发生非标违约的融资平台主要分布在区县级行政区,占总体的83%,市级行政区次之,占比17%。涉及非标违约的平台主体主要集中在省内经济财政实力较弱的区域(如贵州省三都水族自治县、贵州省桃苗族自治县、内蒙古科尔沁区),或者债务率较高的区域(如贵州省遵义市、内蒙古通辽市)。

这些地区往往正是因为处于层级较低的行政区域，所得到的资金相对高级行政区域而言更加短缺，各方面资源较为匮乏，缺少财政支持，市场认可度较低，募集规模相对较小，从而极大地增加了非标产品违约风险。

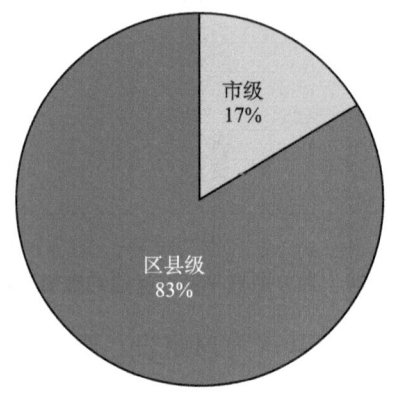

图 3－22　非标违约融资平台的行政级别分布

如图 3－23 所示，从违约产品类型来看，非标准化债务融资工具主要包括信托计划、基金专户、私募基金、期货资管计划、银行理财。从数据来看，违约产品类型多为信托计划，涉及信托计划违约的共有 54 起，占比高达 64%，主要原因是 2017 年以来信托监管政策趋严，尤其是政信类信托产品受财政部 50 号文《关于进一步规范地方政府举债融资行为的通知》影响，部分之前通过地方政府担保或者出具承诺函发行的信托产品到期无法续滚。其次为基金专户和私募基金，各有 9 起，占比均为 11%。2018 年违约的产品类型多为信托计划和基金专户，2019 年蔓延到私募基金，以及期货资管计划、银行理财，但未有产品类型为基金专户的违约事件发生。

当前城投监管政策趋严，非标品违约风险会加大融资压力与担保方的代偿风险，对市场发行及交易有显著的负面影响。非标债务违约公开披露之后，发债主体的资产被司法冻结，债券市场没有再新发行债券，银行授信额度难以新增，再融资渠道受限，会导致违约风险传导至债券市场。此外，城投平台对外担保大多为区域内互保，如果一

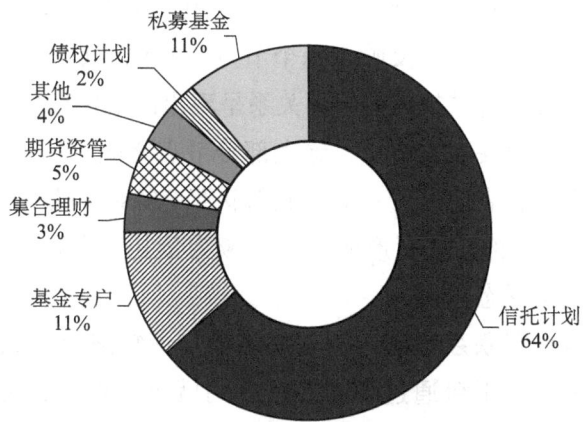

图3-23 非标违约产品类型

家城投平台出现非标违约，可能传导至区域内其他平台，即出现区域风险共振现象。低等级城投企业所在地区经济实力相对较弱，政府支持能力有限，又因可调配资源有限，导致区域流动性风险较大，可能出现由单点向所属区县市级平台传导，再向更高层级平台传导的情况。因此，相关部门除了对城投公司的地区经济实力、经营状况、财务状况等情况进行分析，还应及时对非标占比高、融资能力弱、偿债能力弱的地区给予高度关注，防范系统性金融风险发生。

（2）城投债担保网络风险：以贵州省为例

实践中，融资平台一般会通过第三方担保形式提升城投债评级，以达到监管部门审核债券发行的评级标准。但是，城投债担保大多以多为同地区融资平台间互保或连环担保，以及母平台为子平台担保，本质是"关联担保"，这将使得多家地方融资平台通过担保关系联结在一起，从而形成潜在的风险传染网络，而且由于这些公司普遍面临资金来源单一、风险抵御能力差的困境，其中某家融资平台（或国有企业）的风险会蔓延至网络中的其他融资平台（或国有企业），出现大面积违约现象，甚至诱发区域系统性金融风险。

本研究以贵州省（非标违约最多省份之一）发行的第三方担保城投债为样本，基于复杂网络分析法绘制了贵州省城投债担保网络图。如图3-24所示，每个节点代表一家发债主体或担保主体，边代表所连接的两个节点间存在担保关系,节点面积大小为该节点与其他节点直接相连边数的合计值,反映了每个节点与其他节点直接联系的广泛性。可看出,贵州省城投债的担保关系呈现出网络化特征:

一是几乎不存在孤立节点,绝大部分节点之间可以通过担保产生直接或间接关系,表现出"一对多放射状""多对一放射状""环形""链式"等担保结构,从而形成了以地域为依托、多种结构并存糅合的复杂担保网络形态。

二是节点之间联系紧密,两点之间平均最短路径边数为4.5,意味着任意2家融资平台通过不到5家公司就可以相互连通建立联系;两点之间最长路径边数为9,这意味着相距最远的两个融资平台(贵州花竹山置业有限公司、赤水市国有资产投资发展有限公司),仅通过9个公司就能建立联系。这反映了网络节点联系紧密,局部风险易蔓延至整个网络。

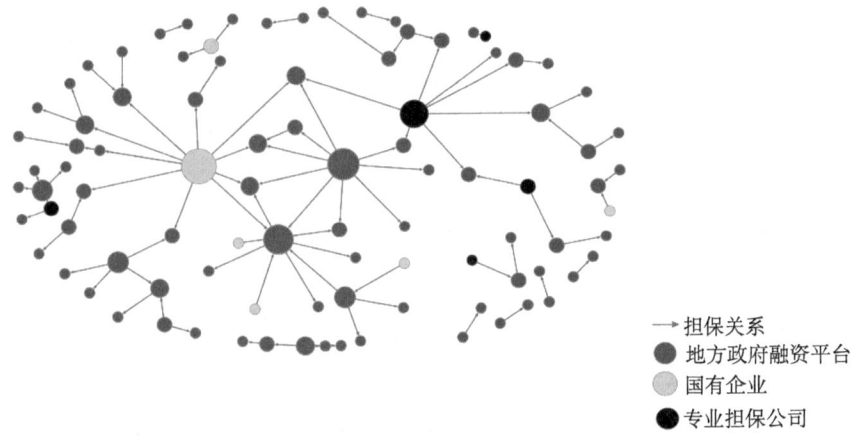

图 3-24　贵州省城投债担保网络

注:节点代表发债主体或担保主体,边代表所连接的两个节点间存在担保关系。点的大小为该节点与网络其他节点直接相连的边数合计值,反映了每个节点与其他节点联系的广泛性。

三是存在少数但拥有大量联系的系统性重要节点,对应融资平台已出现违约苗头。担保网络中,与其他节点联系最广泛的节点为:贵州省国有资本运营有限责任公司、遵义市投资有限责任公司、遵义道桥建设有限公司、仁怀市城市开发建设投资经营有限公司。其中,遵义市是贵州省非标违约最严重的城市之一，例如2020年以来，遵义道桥就数次陷入票据兑付纠纷，据不完全统计，涉及案件资金规模逾2893万元[1]。风险一旦爆发在这些高度关联的节点平台，将极有可能沿担保链条与网络火烧连营般引发系统性风险，最终使得整个区域丧失再融资能力，产生"担保网络的风险传染效应"。

（3）头部房地产企业违约

近年来，恒大等头部地产企业违约事件频发，不仅事关经济体系稳定，更引发市场对于高度依赖土地财政的地方隐性债务的担忧。根据公开信息统计，2018年以来，共计18家地产企业发生违约，涉及信用债187只、违约规模达1200亿元，并不断由小型地方性企业向全国大型企业加速蔓延，甚至涉及恒大集团、融创集团、世贸集团等行业龙头企业。受此影响，地产企业拿地意愿与能力明显下降，土地市场景气度下滑，我国地方政府性基金收入（主要为土地出让收入）增幅呈加速放缓态势，2018—2021年增速分别为22.6%、12%、10.6%和4.8%。长期以来的地价和房价连环上涨，不仅是地方融资平台利用土地向银行等金融机构抵押融资的前提基础，所形成的土地出让收入更是地方财政和融资平台债务偿还的最主要来源。如图3-25所示，地产行业信用风险呈现逐步传导至地方隐性债务风险的迹象，地产行业波动引发了以城投债为代表的平台融资工具出现大幅价格波动，两者存在高度的风险联动性值得深入研究。

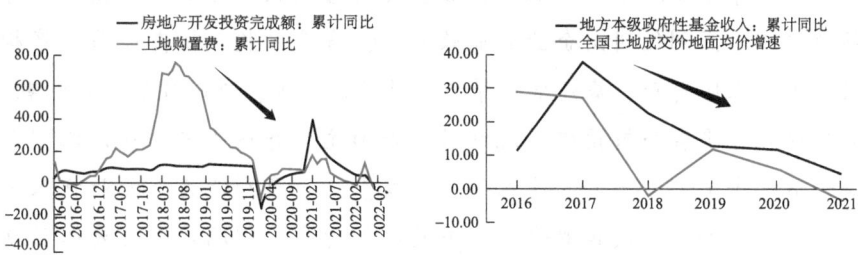

图3-25　我国地产企业土地购置与地方政府基金性收入变化趋势

---

[1]　相关媒体报道可见网易新闻（https://www.163.com/dy/article/GQ7UOLF905199NPP.html）。

专栏2：地方融资平台新名单的具体识别步骤

第一步：获取已发债的4410家地方国有企业中3408家的报告信息。

首先，根据实际控股人情况（是否为当地政府），从Wind数据库中共获取4410家发过债的地方国有企业名单。

其次，从中国货币网、上海证券交易所、深圳证券交易所等公开网站信息披露板块，通过查询证券代码、证券简称（或全称）、债务主体，逐家下载评级报告或年度报告，实际共获得3123家企业的报告信息。

最后，对未找到报告信息的1287（=4410-3123）家企业，从Wind数据库公司公告板块查询企业评级报告或年度报告，共获得285家企业的报告信息。

综上，根据实际能找到债券信息的已发债的地方国有企业名单为准，本书共获取3408（=3123+285）家地方国有企业的报告信息。在所获取的已发布的3408份报告中，2021年的有2506份，2020年的有290份，2019年及之前的有612份。

第二步：根据地方国有企业报告中的主营业务、资产结构、收入结构等信息，从3408家企业中确定2850家融资平台公司。

首先，从所获取的报告中整理核查各企业的主营业务、资产结构、政府补贴等信息。①主营业务：核查公司营业收入与毛利率情况，并按照占比由高到低列出企业营业收入。②资产结构：核查公司资产构成是否以土地资产、基建资产等公益性资产为主，或以政府应收账款、对其他融资平台公司股权等流动性资产为主，并按照占总资产比例由高到低列出全部资产。③收入结构：核查公司盈利能力，营业收入是否以来自政府部门或其他平台公司的收入为主，利润是否主要依赖政府补贴，并列出报告最新年份中财政补贴和利润情况。④其他信息：行业（区域）背景板块是否有地方政府债务管理文件（如43号文）和城投公司等字样，是否大量持有其他平台公司、当地医院、学校等事业单位股份，是否与政府部门、其他平台公司存在担保、互保情况等。

其次，在上述信息的基础上，对某地方国有企业是否为融资平台予以判定。①若企业的主营业务为纯公益类项目（包括城市基础设施建设、污水处理、棚户区改造、保障房、地下管廊管网、园区开发、土地一级整理、市政道路（非收费公路）、桥梁、水利设施、绿化环境），则基本可认定为地方融资平台。②若企业的主营业务为半公益性项目（包括铁路、收费公路、地铁、公用事业（水务、公交、燃气、供暖）、电力、港口、旅游开发、建筑（施工队）等），则需要综合其他标准予以判定，如资产结构（是否以土地资产、基建资产、与政府部门或其他平台公司资金往来款为主）、收入结构（是否以政府部门或其他平台公司的收入、补贴或营业外收入为主）、其他信息（是否处于城投行业环境、是否持有其他平台公司或事业单位股份、是否与政府部门或其他平台公司互相担保等）等，借此来综合判定某企业是否为融资平台公司。

但是，依靠上述的筛选标准只能对大部分企业做出判断，部分国有企业仍需进一步探讨。对这部分企业可分为两类研究，一类"似非而是"，因证监会发布的《公司债券发行与交易管理办法》中规定，公司公开发行债券需满足近三年平均可分配利润足以支付公司债券一年的利息，地方融资平台为达到证监会发债要求，不得不拓展主营业务，做大营收规模，从而导致公益性项目占比被压缩，影响最终判断。而其中最常见的账务处理操作就是"以销定购"，即根据下游客户的需求情况，寻找上游企业进行采购，赚取购销差价，达到做大财务报表的目的。例如鹰潭市国有控股集团有限公司，其主营业务主要为铜（加工）贸易，占比达80.43%，从主营业务性质分析极易将公司划分为非融资平台。但细究这一业务，其实行的是"以销定购"的经营模式，毛利率不足1%，企业并非依靠铜贸易盈利，有很大概率是借此做大财务报表从而达到证监会关于企业公开发行债券的要求，因此该企业为融资平台。诸如此类的还有，齐鲁财金（山东）经济发展有限公司，其主营业务主要为销售大宗商品（煤炭、矿粉等），占比达93.6%，但毛利率仅为1.33%；广西百色开发投资集团有限公司，商品贸易占八成，同样采取"以销定购"的模式，等等，可见这类公司均为融资平台。另一类"似是而非"，公司的主营业务涉及公益性、半公益性项目，看似盈利能力不足，实则利润可观，并非地方融资平台。例如黑龙江省建设投资集团有限公司，其主营业务三成为房屋建筑、两成为公路交通及基础建设、一成为水利水电，均与（半）公益性项目相关，但其毛利率分别达到4.29%、8.79%、7.39%，成为该公司营收的主要来源，可知公司不是融资平台。山西路桥建设集团有限公司，公路施工占九成，而毛利率高达23.36%；中科建设开发总

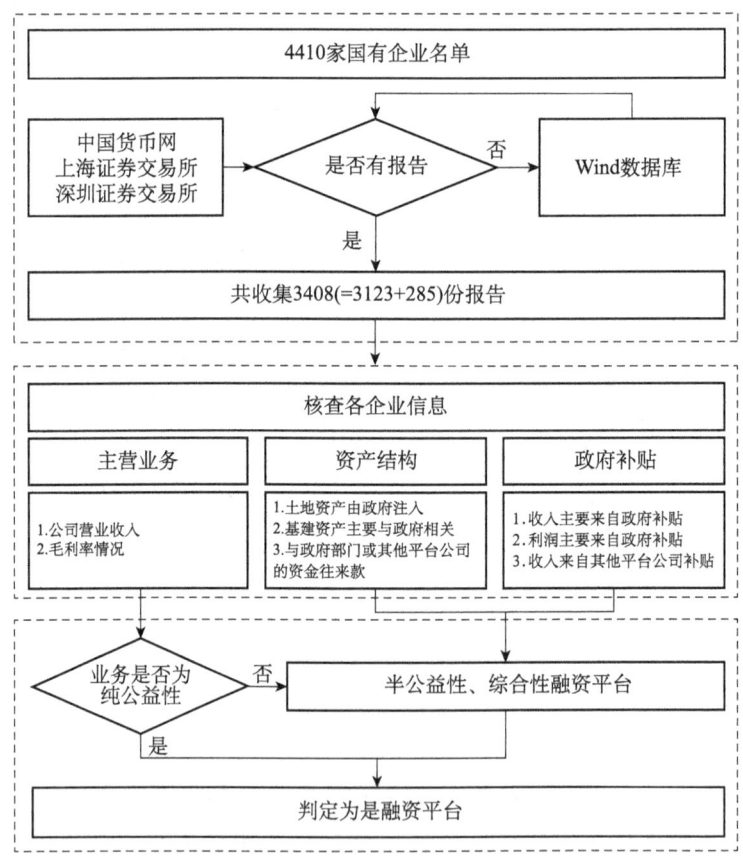

附图　地方融资平台判定流程

公司，房建工程（保障房，商品房，非民用工程）占五成、基础设施建占两成，毛利率分别为13.84%、14.92%，等等，都不是融资平台。综上可知，要想准确地筛选出地方融资平台，需要认真研究各公司的业务信息，避免一叶障目导致漏选错选。

综上，首先从Wind数据库中获取4410家国有企业名单，剔除未找到报告信息的1002家企业。其次，从3408（=4410-1002）家地方国有企业中筛去非融资平台的558家企业。最终，获得2850（=3408-558）家融资平台名单。

本章参考文献

［1］财政部、发展改革委、人民银行、银监会. 关于贯彻国务院关于加强地方融资平台公司管理有关问题的通知相关事项的通知（财预［2010］412号）［EB/OL］. http：//www.gov.cn/zwgk/2010-08/19/content_1683624.htm，2010-07-30.

［2］徐军伟，毛捷，管星华. 地方政府隐性债务再认识——基于融资平台公司的精准界定和金融势能的视角［J］. 管理世界，2020，36（09）：37-59.

［3］新浪财经. 地方融资平台，看这一篇就够了！. https：//baijiahao.baidu.com/s?id=1697563282398207477&wfr=spider&for=pc，2021-04-20.

［4］孟娜娜. 非标资产的演化历程、积极作用与风险防控［J］. 南方金融，2018（11）：59-66.

［5］财政部《关于进一步规范地方政府举债融资行为的通知》http：//www.gov.cn/xinwen/2017-05/03/content_5190675.htm.

第 4 章

基于复杂网络视角的城投债担保风险传染研究

本章以江苏省和贵州省2013—2021年城投债发行担保网为样本，基于复杂网络分析法研究了两个省份的城投债担保网络特征、识别系统性重要机构及风险传染路径。结果发现，两省份城投债担保网络均呈现网络规模大、担保关系复杂、风险关联性强的特征，使得城投债发行担保关系易成为系统性风险隐患。此外，就系统性重要机构而言，江苏省以专业担保公司为主，其风险化解能力强，整体风险较低，而贵州省则以地方政府融资平台为主，其营利能力差，易成为风险加速器。进一步地，聚焦于风险隐患较高的贵州省，其风险传染路径呈现明显的"区域抱团"特征，易引起区域风险积聚。基于研究结论，本章从城投债担保的全新视角为地方政府债务风险的防范与化解提出针对性政策建议，为实现促发展与防风险双重目标提供有益参考。

4.1 引言

党的十九大报告强调要"健全金融监管体系，守住不发生系统性金融风险的底线",将"防范化解重大风险"摆在三大攻坚战的首位。同时,着力防控地方政府债务风险成为打好防范化解重大风险攻坚战工作的重心之一。城投债是我国地方政府筹集城市基建资金的主要融资方式之一,在加快市政基础设施建设、推动城市化发展进程等方面发挥着巨大作用(刘东民,2013)。国务院"43号文"已明确剥离地方政府融资平台的政府融资职能,但近年来,城投债发行规模仍持续扩张,这将促使地方政府债务不断积聚,成为我国经济长期发展的风险隐患(彭冲等,2019)。因此,城投债市场是当前地方政府债务风险防控问题的重要环节,应对其潜在的风险隐患给予高度关注。

特别地,担保是我国城投债发行的一种重要增信手段,2007年10月银监会发布《关于有效防范企业债担保风险的意见》(银监发〔2007〕75号),禁止商业银行为城投债发行提供担保,此后我国城投债发行的担保方式呈现多样化发展趋势,资产抵质押担保和第三方担保逐渐成为城投债发行人使用的主要担保方式(杨靖等,2013)。第三方担保有专业担保和关联担保两种类型,其中,专业担保是指全国性和地方政策性专业担保公司提供的担保,这些公司经济实力较强且拥有专业的风险防控能力,有助于消减城投债违约风险,风险传染概率较低(文学舟等,2012);而关联担保是指地方政府融资平台(或国有企业)之间的相互担保或连环担保,这将使得多家地方政府融资平台(或国有企业)通过担保关系联结在一起,从而形成潜在的风险传染网络,而且,由于这些公司普遍面临资金来源单一、风险抵御能力差的困境,其中某家融资平台(或国有企业)的风险会蔓延至网络中的其他融资平台(或国有企业),出现大面积违约现象,甚至诱发区域系统性金融风险。因此,相比于专业担保,关联担保提高了风险传染概率,易成为地方政府债务新的风险传染渠道(孙万欣,2011)。

截至2021年12月底,根据Wind统计口径,我国城投债存量共有17224支,规模达145886亿元,由第三方担保的城投债有3695支,规模达26607亿元,占存量城投债的21.45%,其中,由地方政府融资平台(或国有企业)提供的关联担保占比为47.87%。可以看出,在第三方担保的城投债中，有将近半数的城投债采用关联担保方式进行增信，这将导致地方政府融资平台（或国有企业）之间联系更为紧密，同时，风险也容易通过城投债发行担保网络这一新渠道向其他地方政府融资平台（或国有企业）扩散与蔓延，酿成区域系统性金融风险。一个有代表性的事件是2021年8月在贵州省发生的黔南州投资有限公司（以下简称"黔南投资"）因关联担保而下调评级的信用风波，由于黔南投资地方政府融资平台的部分关联担保对象（如贵州清水江城投集团有限公司等）存在非标逾期现象，同时多名关联担保对象被列为被执行人（如黔南东升发展有限公司等）等因素，中证鹏元将黔南投资地方政府融资平台评级展望下调为负面，同时，该公司发行的多支债券价格一路下滑，尾部城投风险凸显。因此，多家地方政府融资平台（或国有企业）借助关联担保形成的复杂担保关系，为彼此提供融资便利的同时，也易引发城投债市场产生"多米诺骨牌效应"，波及区域内的相关债券，进一步加剧地方政府债务风险积聚。在此背景下，分析我国典型地区的城投债担保网络特征、识别系统性重要机构及风险传染路径，对促进我国城投债市场健康发展，防范化解地方政府债务风险，进一步实现"促发展"与"防风险"双重目标，具有重要的现实意义。

既有文献在研究城投债问题时，大多关注其发行规模（卢进勇等，2020；张向达等，2020）、发行定价（罗荣华等，2016；曹婧等，2019）、风险成因与防范（曹桂全等，2014；张路，2020）等方面，较少关注城投债发行担保关系以及由此引发的风险传染问题，虽然少数学者将担保关系纳入债务问题的相关研究中（陈超等，2014；钟辉勇等，2016），但多将其作为回归模型的控制变量，而且对专业担保和关联担保的差异性关注不足。因此，本章选取位居我国城投债存量规模首位的江苏省和非标违约事件频发的贵州省，以两省2013—2021年城投债发行担保网为样本，基于复杂网络分析法研究了两个省份的城投债担保网络特征、识别系统性重要机构及风险传染路径。

与以往研究相比，本章可能的贡献在于：第一，基于城投债担保的全新视角研究了地方政府债务风险传染问题，借助复杂网络分析法揭示了江苏省和贵州省城投债发行担保网络的整体结构性特征，有助于从整体上把握其风险传染特性。第二，借助多维度节点中心性指标识别出担保网络中关联度较强、具有风险中介作用的系统性重要机构，借助复杂网络分析法系统且直观的优势，使用最小生成树（MST）方法识别出城投债发行担保网络中风险传染潜在路径。第三，从风险传染角度区分了专业担保和关联担保两种类型的差异，发现专业担保凭借较强的经济实力以及专业的风险控制能力，能够在风险来临时，在担保网络中扮演"风险防火墙"的角色，及时化解风险，从而有效降低风险在网络中扩散的可能性；而关联担保容易将多家地方政府融资平台（或国有企业）联结在一起形成风险传染网络，且其大多资金来源单一、信用资质偏弱，易成为担保网络内的"风险加速器"，使得风险借助担保网络迅速扩散，产生一损俱损的"多米诺骨牌效应"。第四，通过聚焦我国城投债存量规模最大的江苏省以及风险隐患较高的贵州省，分析出两省在网络整体特征方面存在担保关系复杂、风险关联性强的共性，而在系统性重要机构类型方面差异性明显：江苏省以专业担保公司为主，凭借其专业的风险管控能力，能够及时化解风险，因此，整体风险较低，而贵州省则以地方政府融资平台为主，其营利能力较差、风险抵御能力较弱，风险易在其担保网络内积聚、扩散，引起剧烈的连锁反应，因此，风险隐患较高。本章为加强两个省份的城投债风险防控工作提供了针对性的指导建议，同时能够为全国范围内相关防控工作的推广提供可靠的理论依据，进一步促进我国经济长远稳健发展。

4.2 文献综述

4.2.1 城投债风险相关研究

已有学者主要从风险成因、风险危害、防范治理三方面研究城投债风险问题。在城投债风险成因方面,学者主要从融资平台自身和地方政府两个角度进行剖析。吴亮圻等(2013)认为相比于上市公司,城投债的信息披露不统一且不完善,表现在信息披露要求不一致、披露平台不一致以及重大事项不披露等,这为城投债违约风险埋下了隐患。张路(2020)发现地方政府融资平台"财务包装"使得城投债信用评级"名不副实",增加了城投债的违约风险。郭峰等(2019)指出由于城投债背后存在地方政府的隐性担保,故城投债的风险会受到地方政府财政实力的影响。在城投债风险危害方面,吕健(2015)构建了地方债务对经济增长的影响机制,研究发现适度举债可以刺激经济增长,而长期大规模举债将降低地方经济增长。牛霖琳等(2016)认为城投债风险会加剧地方政府债务风险,进一步拖累中央财政,引发系统性风险。在城投债风险防范方面,部分学者开展了有益的探索。一方面,学者建议监管部门要严控城投债发行人的资质水平。如李森焱(2012)指出监管部门需从盈利水平、债券余额以及募集资金投向三个维度审核城投债发行人,只有经过合规审查的地方政府融资平台才能发行城投债。另一方面,学者提出需加强地方政府融资平台的治理与规范,同时鼓励其积极拓宽多元层次化的融资渠道。如曹桂全等(2014)倡议要加强融资平台的法律约束,同时借助社会捐赠、产业投资基金以及项目融资等创新融资渠道的方式降低资金筹集的难度。

4.2.2 城投债发行担保相关研究

近年来,学者们将城投债有无担保作为重要的变量引入城投债相关问题的研究中。罗荣华等(2016)基于无担保城投债和第三方担保城投债的回归模型分析,发现是否有担保未显著影响城投债的发行利差,证明了地方政府对城投债有隐性担保的作用。钟辉勇等(2016)把是否有"名义担保"作为虚拟变量研究城投债"名义担保"和"隐性担保"在信用利差和信用评级的异质性,研究发现,有担保的城投债未显著降低其信用利差但能够提高其信用评级。进一步,陈玉洁

(2021）区分了不同类型的担保方式对城投债的融资成本的影响,发现专业担保公司能够降低其融资成本,而由非专业公司提供的关联担保非但无法降低融资成本,还有可能会加大融资平台间的联合违约概率。在关联担保相关研究中,虽然已有文献大多集中在中小规模企业,针对地方政府融资平台的研究较为缺乏,但两者在背后成因等方面存在诸多相似之处。刘宣祥（2014）就中小规模企业间关联担保的成因进行了若干探讨,可总结为以下三个方面:第一,金融抑制环境的存在致使部分中小规模公司通过对外担保或者借助其他公司的担保才能获取公司发展的资金支持;第二,以银行业为代表的金融部门与中小规模公司之间的信息不对称性促使贷款公司寻求外部公司担保以规避金融部门风险;第三,专业担保体系的发展滞后迫使谋求发展的中小规模公司借助与其他公司建立关联担保关系获取资金扶持。谭智佳（2022）指出起初公司间建立关联担保关系的目的是充分利用关联公司间的信息优势,互相担保互相扶持,但在经济不景气的情况下,流动性风险反而借助复杂的关联担保关系急剧扩散,从而使得整个行业甚至整个地区陷入流动性困境。孙万欣（2011）在分析城投债存在的问题时指出,我国城投债的发行主体和担保主体间存在关联担保现象,这种复杂交织的担保关系使得多家企业联系在一起,极易引发城投债的信用风险。

4.2.3 风险传染与复杂网络理论

国内外学者使用诸多方法对市场主体间的风险传染进行研究,主要包括相关系数法、风险价值模型、GARCH 扩展模型、Copula 函数以及复杂网络分析法等。相关系数法的应用前提是市场间存在线性关系（Sang 等,1993）,且该方法存在内生性（Forbes 等,2010）;风险价值模型无法动态刻画市场间的相关特性（张志波等,2005;Park 等,2014）;GARCH 扩展模型基于残差相关性,容易遗漏部分变量（Bekiros 等,2014）;在面对高维应用时,Copula 函数存在计算复杂问题（Oh 等,2018）。由于现代金融体系间的联系日益紧密且越来越复杂，大批学者借助复杂网络技术洞悉网络结构背后的信息。Allen（1998）认为，风险传染与网络组织的特征结构息息相关，即网络组织的不同的关联方式对风险传染的影响效果不同。Battiston 等（2012）对美联储应急计划数据集进行了复杂网络分析，发现以美联储为中心的星形网络中的许多路径会放大对整个系统的小冲击，从而导致系统性风险。Li 等（2020）使用格兰杰因果关系分位数检验估计金融科技与传统金融机构之间的风险溢出，并构建出熊市、正常以及牛市三个时期的风险溢出网络，研究发现，熊市情况下的网络中的联系最紧密，溢出风险最高。欧阳红兵和刘晓东（2014）使用 MST 模型和 PMFG 模型构建并识别了银行间同业拆借市场的网络拓扑结构以及风险传染机制，并利用了节点中心性度量指标分析出系统重要性机构。吴德胜等（2021）构建了不同省份产业债的双层风险传染网络，借助拓扑分析发现，第一层网络呈现"无标度特征"，该特征使某家债券发行主体的风险可以通过关联广泛的核心企业传染至另一家与之没有直接关联的企业，考虑信息溢出效应的第二层网络在"无标度特征"的基础上又融合了"小世界特征"，且识别出了双层风险网络中若干系统性重要节点，对监管当局贡献了指导性的建议。

4.2.4 文献评述

尽管上述文献取得了诸多研究成果，但基于地方政府融资平台间日益增长的复杂担保关系，并联系当前我国地方政府融资平台发展的新特点，本章认为当前研究尚有三大不足：一是已有文献在分析城投债风险时，较少采用复杂网络分析法，无法从整体角度把握风险传染特性以及从节点中心性角度识别出系统性重要机构；二是已有文献在关注城投债风险时尚未区分专业担保和关联担保两种类型，无法分析出不同担保类型城投债背后的风险差异；三是已有文献在研究地方政府融资平台债务的风险状况及规律时，大多是描述性分析，缺乏实证分析。

4.3 研究方法

4.3.1 城投债担保风险传染网络模型的构建

(1) 全局担保网络

本章以江苏省[①]和贵州省[②] 2013—2021年发行的以第三方担保为增信方式的城投债作为样本,其中,以发债主体和相应的担保主体作为节点,担保关系作为边,构建基于城投债发行担保关系的全局担保网络,两省份全局担保网络的具体信息如表4-1所示。其中,发债主体为地方政府融资平台,担保主体包括地方政府融资平台、国有企业以及专业担保公司三种类型。

表4-1 江苏省和贵州省全局担保网络的节点和边信息

省份	节点个数	地方政府融资平台	国有企业	专业担保公司	边数	担保金额总规模(亿元)
江苏省	433	402	15	16	505	6845.53
贵州省	94	83	6	5	86	1137.13

注:若多支城投债具有相同的发债主体和担保主体,本章将其视为一条边,同时将多支城投债的担保金额进行累加作为此边的权重。

(2) 核心担保子网络

全局担保网络包含多个子网络,本章将全局担保网络中节点数量最多的子网络定义为"核心担保子网络"。考虑到核心担保子网络的节点数量较多、结构复杂,本章使用复杂网络分析法对核心担保子网络进行拓扑刻画,识别核心担保子网络的整体结构特征及风险特性并

---

① Wind数据显示,截至2021年12月,江苏省城投债存量规模位居全国首位,是目前城投债区域的典型代表。

② 2021年我国共发生31起城投非标违约事件,涉及42家城投平台,违约金额超过40亿元,从地域分布上看,贵州省违约城投平台数量最多,达29家、占比近七成,是"违约重灾区",需要重点关注其风险。

利用多维度节点中心性指标挖掘系统性重要机构。

（3）外围担保子网络

本章将"外围担保子网络"定义为除"核心担保子网络"外，全局担保网络中剩余的节点数量偏小的子网络。由于外围担保子网络的节点数量相对较少，在研究其风险特性时，本章从担保结构、区域特征角度进行深入分析。

（4）关联担保网络

为重点关注地方政府融资平台（或国有企业）间关联担保行为的风险特性，本章将仅由城投债关联担保关系构成的网络定义为"关联担保网络"，即在全局担保网络的基础上剔除专业担保关系后的网络。关联担保网络同样包含多个子网络，将节点数量最多的子网络定义为"核心关联担保子网络"。本章将借助最小生成树（MST）模型识别出核心关联担保子网络的传染路径，并分析传染路径的风险特征。

4.3.2 网络风险传染的度量

（1）核心担保子网络拓扑特征刻画

本章将从平均最短路径、聚类系数以及度分布三个方面来刻画核心担保子网络的整体结构特征。

①核心担保子网络的传播效率——平均最短路径长度。

本章借助平均最短路径长度指标刻画网络的传播效率。为此首先引入节点之间的距离 d_{ij}。节点 i 与节点 j 之间的距离 d_{ij} 定义为连接节点 i 与节点 j 之间最短路径中包含的边数，网络中所有节点对间距离 d_{ij} 的最大值以及均值，分别代表网络的直径 D 以及平均最短路径长度 L，在无向图中 $d_{ij} = d_{ji}$，D 和 L 分别由式（1）和（2）计算得出：

$$D = \max d_{ij}(1 \leqslant i,j \leqslant N) \tag{1}$$

$$L = \frac{2}{N(N-1)} \sum_{j \geqslant i} d_{ij} \tag{2}$$

核心担保子网络的直径和平均最短路径长度越短，代表节点联系越紧密,风险在核心担保子网络中传染效率越快,传染范围越广泛。

②核心担保子网络的聚集程度——聚类系数。

为了估计核心担保子网络的聚集程度,本章使用聚类系数指标。假设核心担保子网络中共有 k_i 个节点与节点 i 有直接联系,且该 k_i 个节点间存在 E_i 条边,则节点 i 的聚类系数 C_i 可以表示为:

$$G_i = \frac{2E_i}{k_i(k_i - 1)} \quad (3)$$

核心担保子网络中所有节点的 C_i 的均值可代表此网络的聚类系数 C:

$$C = \frac{1}{N}\sum_{i=1}^{N} C_i \quad (4)$$

核心担保子网络的聚类系数越高,代表网络中聚集程度越显著,风险越容易在网络内大范围传播。

③核心担保子网络的传染渠道分布——度分布。

为了描述核心担保子网络的结构特点,本章引入度分布指标。节点度分布函数 $P_{(k)}$ 可以表示为:

$$P_{(k)} = \frac{N_k}{N} \quad (5)$$

其中,N 代表核心担保子网络中节点总数,N_k 代表网络中有 N_k 个节点的度值为 k。

为识别出核心担保子网络中的系统性重要机构,本章将从节点度以及中介中心性两个维度进行测量。

④核心担保子网络的传染渠道——节点度。

为了衡量核心担保子网络中节点 i 与其他节点联系的广泛性,我们引入度指标来识别系统性重要机构。网络中节点 i 的度 k_i 为节点 i 与网络中其他节点直接相连的边数,包括节点 i 指向其他节点的边数量 k_i^1(即节点 i 的出度)以及其他节点指向节点 i 的边数量 k_i^2(即节点 i 的入度)可以由式(6)计算得出。节点 i 的度越大,代表节点 i 与其他节点联系越紧密,在核心担保子网络中越有影响力。

$$k_i = k_i^1 + k_i^2 \qquad (6)$$

⑤核心担保子网络的传染中介——中介中心性。

然而仅使用节点度指标容易遗漏核心担保子网络中风险中介节点，因此本章引入中介中心性来衡量节点 i 在网络中的中介作用，补充节点度所遗漏的系统性重要机构。节点 i 的中介中心性 $C_B(i)$ 能够衡量网络中的节点 j 在多大程度上借助节点 i，把风险传染给节点 m，计算方式如式（7），其中，q_{jm} 为节点 j 与节点 m 间所有最短路径数，$q_{jm}(i)$ 为节点 j 经过节点 i 到节点 m 的最短路径数。节点 i 的中介中心性越高，代表节点 i 的风险中介作用越大，风险在核心担保子网络中传染时，会更频繁地经过节点 i 将风险传染给网络中的其他节点。

$$C_B(i) = \sum_{i \neq j \neq m} \frac{q_{jm}(i)}{q_{jm}} \qquad (7)$$

（2）网络风险传染路径识别——最小生成树（MST）模型

为识别出核心关联担保子网络的风险传染路径，本章引入最小生成树（MST）模型（欧阳红兵等，2014）。该模型的原理基于贪心法，在一个无回路的网络中，n 个节点通过 $n-1$ 条边建立担保联系，且网络边集合由权重值最小的边构成。本章采用的 MST 算法为 Kruskal，其算法思想流程如图 4-1 所示，从图中可知，核心关联担保子网络的最小生成树可代表网络中所有节点均能建立担保联系的最短路径，故本文将担保网络中节点之间的资金往来，即担保金额规模的倒数作为边权重，此时构建出的最小生成树 MST 能够揭示出核心关联担保子网络中关系最强、最重要的连接路径。且当 MST 唯一时，该路径能够最大程度代表核心关联担保子网络的风险传染路径。

同时借助最小生成树也可以识别出风险传染路径中的系统性重要节点，重点监管这些节点，可以有效预防风险传染在路径中大规模爆发。

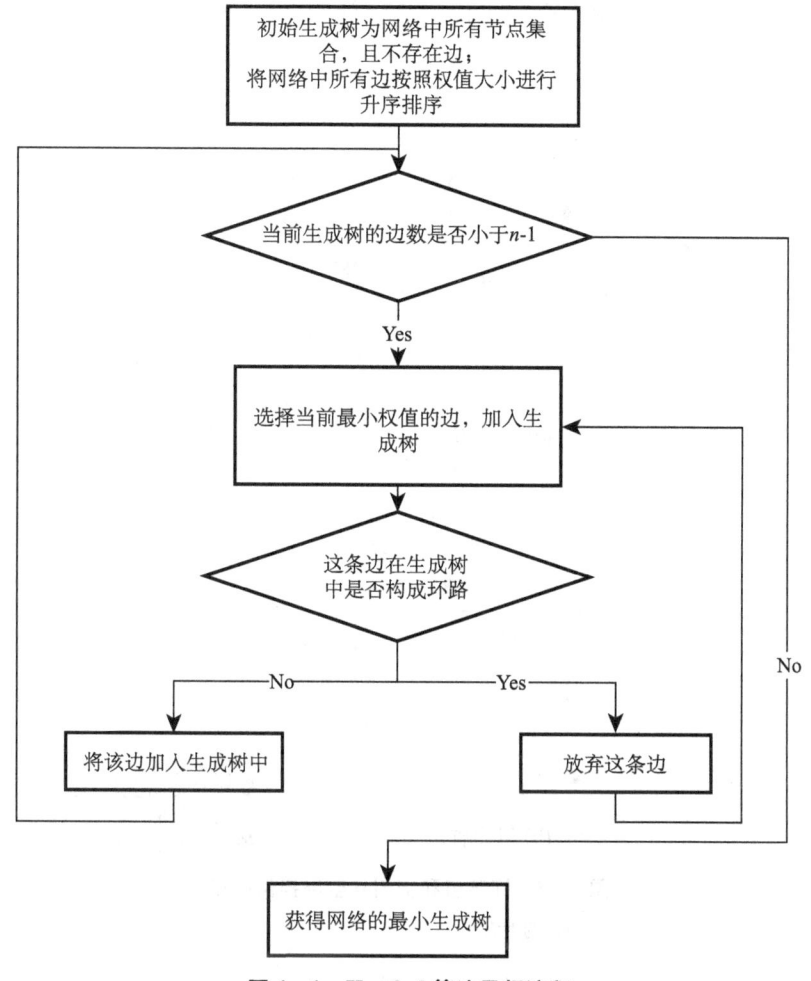

图 4-1 Kruskal 算法思想流程

4.4 城投债担保网络风险传染分析

4.4.1 全局担保网络特征

本章使用城投债担保风险传染网络模型中的全局担保网络构建法，

构建出江苏省和贵州省全局担保网络，如图4-2所示。

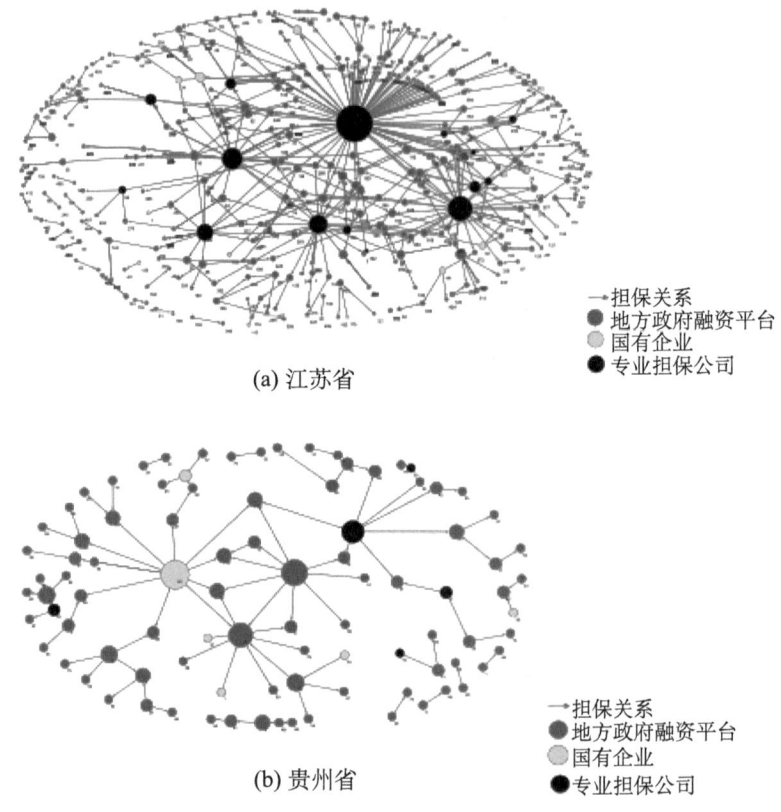

(a) 江苏省

(b) 贵州省

图4-2 江苏省和贵州省全局担保网络

注：点的大小代表每个节点的度大小。

首先，从网络规模来看，不同节点借助复杂交织的担保关系，形成了节点规模较大且担保关系复杂的担保网络，且江苏省的网络规模大于贵州省。其次，从系统性重要机构的节点类型来看，结合图4-2和表4-2发现，在江苏省中，由少数专业担保公司建立的专业担保关系涉及担保规模比重高达51.3%，说明专业担保公司在网络中占据核心位置，而贵州省的关联担保关系涉及担保规模比重高达82%，说明地方政府融资平台及国有企业在贵州担保网络中占据核心位置。再次，从网络结构来看，两省份的全局担保网络均呈现出复杂化、多样化的特征，从图4-2可以看出，两省份的担保网络均包含"一对多放射状""多对一放射状""环形结构""链状结构"的基本担保结构,形成了多种担保结构并存揉合的复杂网络形态。最后,从网络数量来看,两省份的担保网络分别包含多个规模不同的子网络,表 4-3 展示了依据网络连通性划分后,两个省份的若干子网络,每个省份均包含一个核心担保子网络、若干外围担保子网络。江苏省和贵州省的担保网络分别包含 44 个和 17 个子网络,其中核心担保子网络涉及节点分别为 333 个和 58 个。

表4-2 江苏省和贵州省全局担保网络中不同担保主体类型占比

省份	占比	地方政府融资平台	国有企业	专业担保公司
江苏省	边数占比(%)	0.476	0.075	0.449
	担保金额占比(%)	0.429	0.058	0.513
贵州省	边数占比(%)	0.663	0.206	0.131
	担保金额占比(%)	0.629	0.191	0.180

表4-3 江苏省和贵州省全局担保网络的子网络

省份	子网包含的节点个数	子网数量
江苏省	333	1
	6	1
	5	2
	4	4
	3	4
	2	28
贵州省	58	1
	6	1
	5	1
	3	3
	2	8

4.4.2 核心担保子网络的风险分析

图 4-3 展示了江苏省和贵州省的核心担保子网络。

大数据视角下我国宏观债务结构性失衡的成因与协同治理

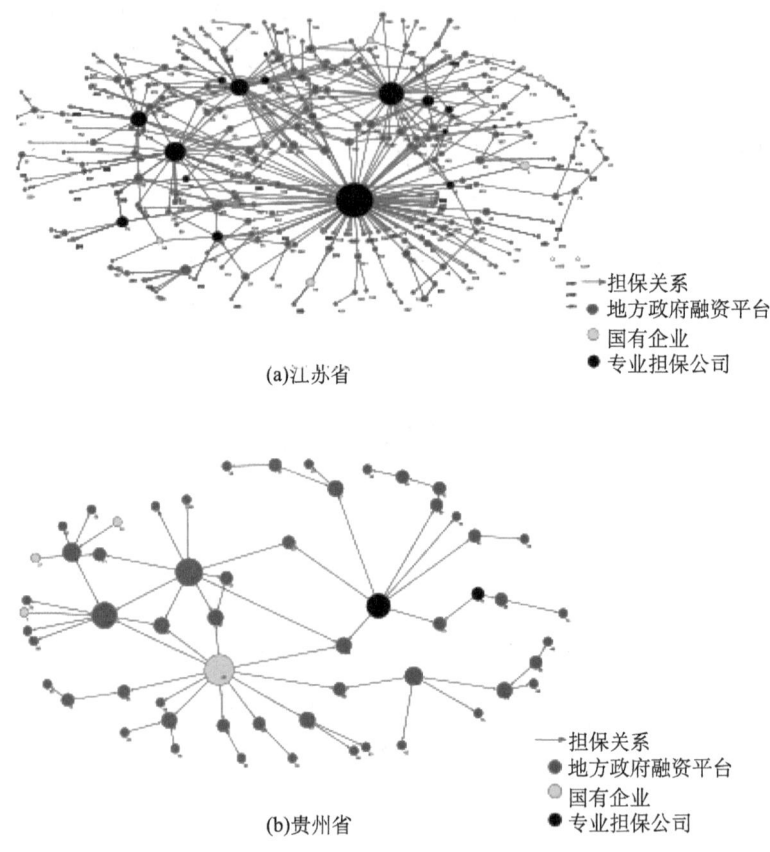

图 4-3 江苏省和贵州省核心担保子网络

注：点的大小代表每个节点的度大小。

（1）网络的整体结构性特征及风险特性

表 4-4 展示了江苏省和贵州省核心担保子网络的整体性结构指标测度值。图 4-4 为江苏省和贵州省核心担保子网络的度分布。

表 4-4　江苏省和贵州省核心担保子网络的整体性结构指标测度值

省份	指标名称	指标值
江苏省	节点数	333
	边数	443
	直径	11
	平均聚类系数	0.047
	平均最短路径长度	4.158

续表

省份	指标名称	指标值
贵州省	节点数	58
	边数	63
	直径	11
	平均聚类系数	0.037
	平均最短路径长度	4.574

注：其中，直径、平均聚类系数、平均路径长度以及同配性均为核心担保子网络对应无向图的测度值。

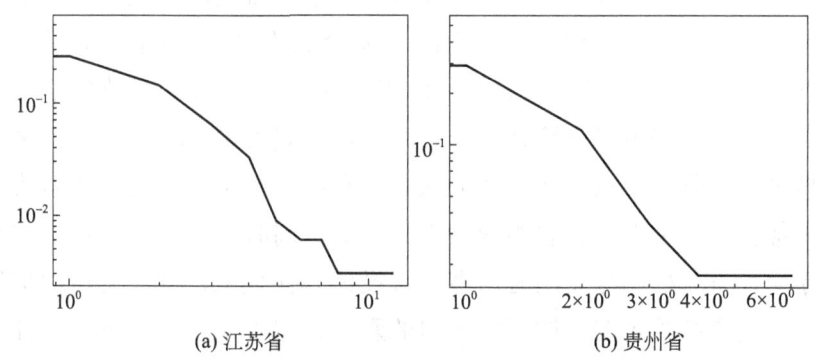

图4-4 江苏省和贵州省核心担保子网络的度分布

首先，从表4-4中平均最短路径长度来看，江苏省和贵州省分别为4.158和4.574，这意味着两个省份的核心担保子网络中，任意2家公司通过不到5家公司就可以相互连通，建立联系。进一步结合网络直径、平均聚类系数发现，两省份的核心担保子网络的聚类系数相对较大，且网络的平均最短路径长度和直径均远低于网络中的节点数，具有"小世界特征"，该特征意味着节点间的联系较为紧密，在网络中节点风险抵抗能力差的情况下，风险极易在网络中大范围传染。再次，从图4-4中核心担保子网络的度分布来看，两省份均服从幂律分布，证明两省份的核心担保子网络具有"无标度特征"，即网络中存在少数的但拥有大量联系的系统性重要节点，风险一旦爆发在这些高度关联的节点，整个网络将会遭遇严重的传染冲击。因此，无标度及小世界的混合特征，使得两省核心担保子网络的风险关联性极强，易成为系统性风险隐患。

(2) 系统性重要性机构的识别

首先使用节点度指标识别关联程度较高的系统性重要机构,结果如表4-5所示。可以看到,江苏省节点度指标的前五名均为专业担保公司,专业担保公司凭借较强的经济实力以及专业的风险控制能力,能够在风险来临时,扮演"风险防火墙"的角色,有效降低风险在网络中扩散的可能性,维护网络的安全稳定。贵州省的度指标排名与江苏省存在较大差异,其中仅包括1家专业担保公司,其他均为地方政府融资平台以及国有企业。地方政府融资平台盈利能力较差、风险抵御能力较弱,易成为担保网络内的"风险加速器",以第3名遵义道桥建设(集团)有限公司为例,自2020年以来,该公司数次陷入票据兑付纠纷,据不完全统计,涉及案件资金规模逾2893万元①。由于这些节点与其他节点存在广泛的联系,它们一旦出现危机,风险将广泛传播至其他节点,引起剧烈的连锁反应。同时,贵州省度指标较高的系统性重要机构存在同时为多个城投债担保现象,这些公司的信用质量将会直接受到多个被担保公司的影响,需警惕发生自身主体评级因受牵连而下调的现象。

表4-5 使用节点度指标筛选的系统性重要机构(前5名)

江苏省			贵州省		
度	节点名称	节点类型	度	节点名称	节点类型
98	江苏省信用再担保集团有限公司	专业担保公司	11	贵州省国有资本运营有限责任公司	国有企业
44	苏州市融资再担保有限公司	专业担保公司	9	遵义市投资(集团)有限责任公司	地方政府融资平台
32	中债信用增进投资股份有限公司	专业担保公司	8	遵义道桥建设(集团)有限公司	地方政府融资平台
24	中国投融资担保股份有限公司	专业担保公司	7	贵州省融资担保有限责任公司	专业担保公司
20	中合中小企业融资担保股份有限公司	专业担保公司	4	仁怀市城市开发建设投资经营有限责任公司	地方政府融资平台

① 相关媒体报道可见网易新闻(https://www.163.com/dy/article/GQ7UOLF905199NPP.html)。

为避免遗漏具有风险中介作用的系统性重要机构，进一步使用中介中心性指标进行测度，结果如表4-6所示。可以看出，大部分公司已经出现在表4-6度指标排名中，但值得注意的是，贵州省的遵义市汇川区娄海情旅游发展投资有限公司虽然没有较高的度，但是其在网络中的风险中介重要程度较高，也是贵州省的系统性重要机构。从节点类型来看，江苏省系统性重要机构依然集中在专业担保公司中，凭借其专业的风险管控能力，能够及时化解风险，保护网络中的其他节点公司；而贵州省仍集中在地方政府融资平台，当风险爆发时，这些中介中心性较高的地方政府融资平台能够充当风险传染桥梁，使更多的节点公司受到风险冲击。

表4-6 使用中介中心性指标筛选的系统性重要机构（前5名）

江苏省			贵州省		
介数中心性	节点名称	节点类型	介数中心性	节点名称	节点类型
0.72	江苏省信用再担保集团有限公司	专业担保公司	0.65	贵州省国有资本运营有限责任公司	国有企业
0.22	苏州市融资再担保有限公司	专业担保公司	0.45	贵州省融资担保有限责任公司	专业担保公司
0.16	中债信用增进投资股份有限公司	专业担保公司	0.36	遵义市汇川区娄海情旅游发展投资有限公司	地方政府融资平台
0.13	中国投融资担保股份有限公司	专业担保公司	0.28	遵义道桥建设（集团）有限公司	地方政府融资平台
0.11	中合中小企业融资担保股份有限公司	专业担保公司	0.25	遵义市投资（集团）有限责任公司	地方政府融资平台

注：考虑到核心担保网络中风险传染是双向的，本文中节点中介中心性为江苏省和贵州省核心担保子网络对应无向图的测度值。

4.4.3 外围担保子网络的风险分析

在核心担保子网络分析基础上，本章也对外围担保子网络进一步分析，外围担保子网络如图4-5所示。表4-7统计了两省外围担保子网络的基本担保结构。

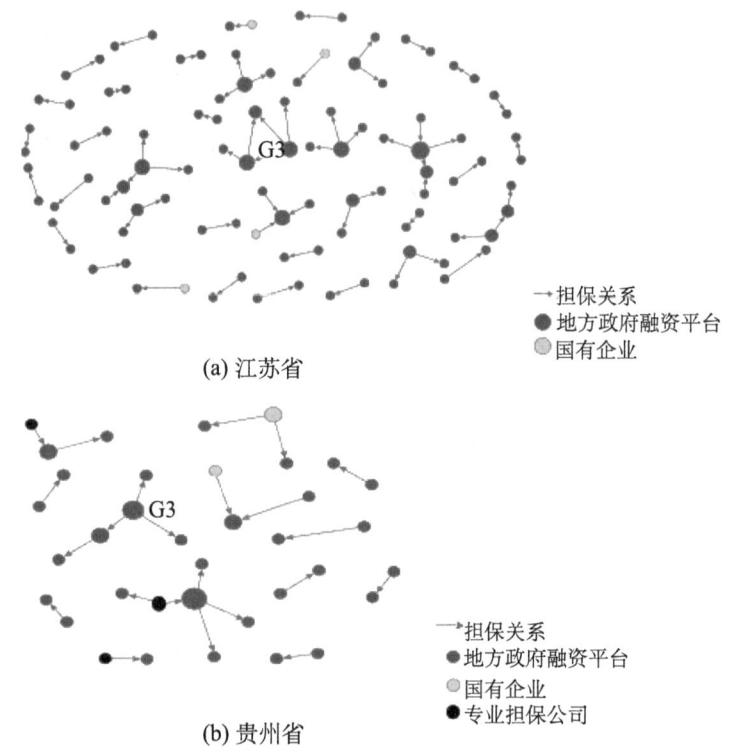

图4-5 江苏省和贵州省外围担保子网络

注：①点的大小代表每个节点的度大小。②仅对需要讨论的外围担保子网络进行标注。

首先，结合图4-5和表4-7，我们发现，江苏省和贵州省外围担保子网络的个数较多且每个子网络规模较小、地方政府融资平台间"一对多"担保现象十分普遍，两省分别有10个外围担保子网络涉及此类担保结构，此现象容易产生较大或有负债。以江苏省G3为例，无锡城建发展集团有限公司（地方政府融资平台）同时为3家融资平台提供担保，对外担保规模高达98亿元。贵州省也有类似的情况，以贵州省G3为例，贵州省梵净山投资控股集团有限公司（地方政府融资平台）同时为3家融资平台提供担保，对外担保规模高达51亿元。

第4章 基于复杂网络视角的城投债担保风险传染研究

表 4-7　江苏省和贵州省外围担保子网络的基本担保结构统计

省份	类型	个数
江苏省	一对一担保关系	28
	一对多担保的放射状	10
	多对一担保的放射状	3
	环形结构	1
	链状结构	3
贵州省	一对一担保关系	8
	一对多担保的放射状	10
	多对一担保的放射状	3
	环形结构	0
	链状结构	3

其次，外围担保子网络呈现明显的"区域抱团"现象，容易对区域经济稳定造成冲击。表4-8统计了两个省份的外围担保子网络所属地级市，可以发现同一地域内的公司间更容易建立担保关系。需辩证看待这种区域"抱团"现象，理性把握其中的"利与弊"：在经济上行时期，同一地区的几家公司组成规模较小的担保网络，能够实现区域内地方政府融资平台的增信，有助于打破地方政府融资平台融资困难的制约；然而在经济发展减速时，若地区内某个公司发生违约，一方面，整个市场会对该地区的信用环境产生恐慌与担忧，特别是对当地政府的救助意愿产生担忧，这将不利于该地区的后续融资进程，另一方面，由于多家公司基于担保关系被捆绑在同一网络中，一家公司的违约风险很有可能借助这些渠道，由点及面的迅速蔓延至同一地区的其他公司，严重损害该地区的经济稳定。

表 4-8　江苏省和贵州省外围担保子网络所属地级市

省份	地级市	网络个数	地级市	网络个数
江苏省	苏州市	7	连云港市	1
	无锡市	6	扬州市	3
	徐州市	2	镇江市	2
	南京市	9	常州市	2

续表

省份	地级市	网络个数	地级市	网络个数
江苏省	盐城市	2	泰州市	1
	南通市	4	安顺市	1
	铜仁市	1		
贵州省	六盘水市	4	遵义市	1
	毕节市	3	黔东南苗族自治州	1
	黔西南布依族苗族自治州	2	贵阳市	3

注：江苏省的外围担保子网络共计39个，贵州省的外围担保子网络共计16个。

4.4.4 关联担保网络的风险分析

在前文分析中，本章发现贵州省的关联担保现象较为严重，进一步选取贵州省城投债发行关联担保网络进行风险分析。表4-9展示了贵州省关联担保网络的具体信息描述，可以看出，贵州省共有17个关联担保网络中，其中规模最大的核心关联担保子网络涉及的节点高达42个，图4-6展示了贵州省核心关联担保子网络的网络图。

表4-9　　　　　　　　　贵州省关联担保网络

省份	子网包含的节点个数	子网数量
贵州省	42	1
	5	1
	4	3
	3	2
	2	10

注：贵州省的关联担保网络共计17个。

图4-7（a）展示了基于最小生成树（MST）模型的贵州省核心关联担保子网络的风险传染路径，首先，从传染路径的整体结构分析，花竹置业和赤水国资相隔最远，即网络中最长传染路径长度为9，远小于网络中节点数42，这说明，在传染路径中，相距最远的两个公司，仅仅通过9个公司，就能建立联系，这反映了风险传染路径中节点联系较为紧密，使得局部风险更容易蔓延至整个传染路径，严重影响区域经济的稳定。其次，从系统性重要机构来看，靠近传染路径中心

第4章 基于复杂网络视角的城投债担保风险传染研究

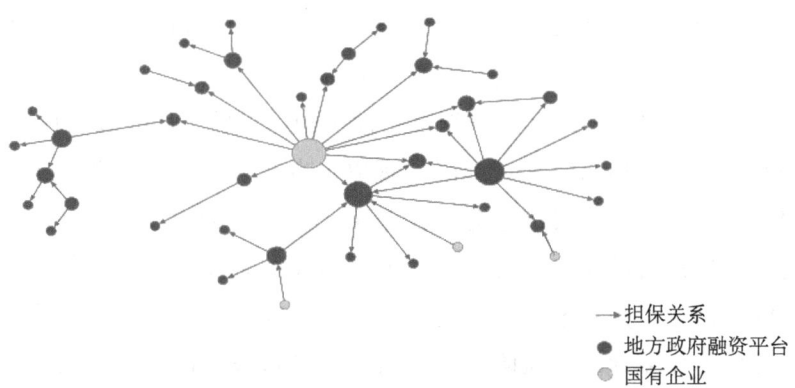

图4-6 贵州省核心关联担保子网络

注：点的大小代表每个节点的度大小。

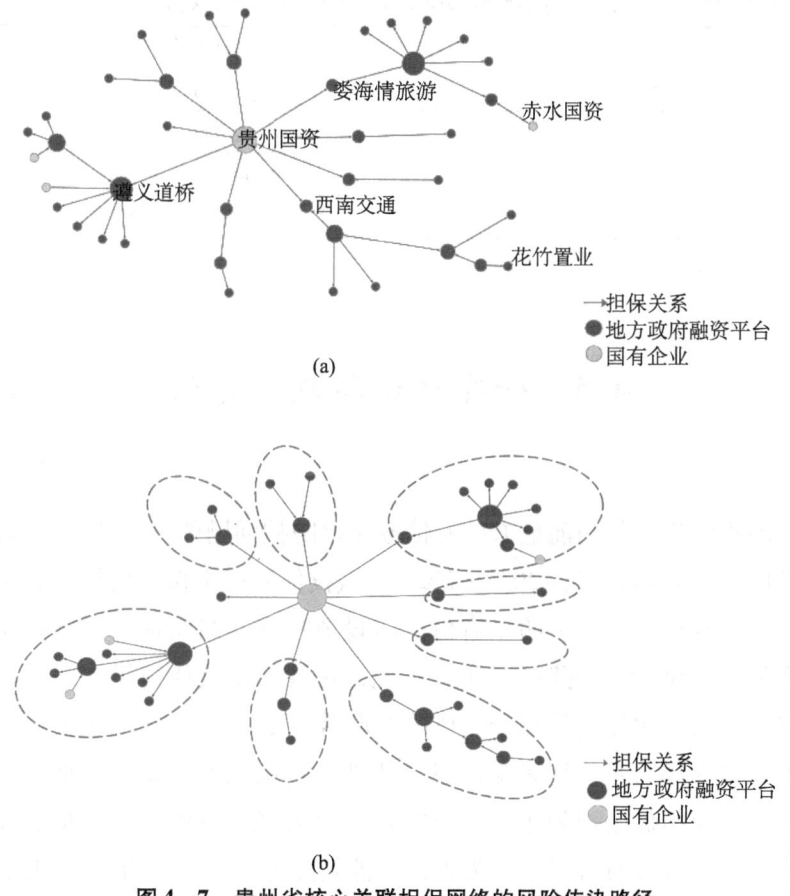

图4-7 贵州省核心关联担保网络的风险传染路径

注：点的大小代表每个节点的度大小。

93

的公司要比传染路径边缘的公司面临更大的风险,如贵州国资、遵义道桥、娄海情旅游、西南交通等显然面临更大的风险,且是风险传染路径中十分关键的一环,为系统重要性机构。最后,从区域分布来看,传染路径同样表现出"区域抱团"现象,本文对上述传染路径中主要的聚集团体进行了地级市划分,如图4-7(b)和表4-10所示,可以看出,贵州省的4个地级市借助关联担保关系联结在同一传染路径中,同时由于贵州省不同区域的经济发展存在较大差异,应该重点关注区域发展较差地区的风险情况,防止该区域发生的违约在贵州省核心关联担保子网络中传播。

表4-10　贵州省核心关联担保网络中不同团体所属区域

团体个数	地级市
2	安顺市
2	遵义市
3	贵阳市
1	黔南布依族苗族自治州

4.5　研究结论与政策建议

城投债市场是当前地方政府债务风险防控问题的重要环节,因此,本章以江苏省和贵州省2013—2021年城投债发行担保网为样本,基于复杂网络分析法研究了两个省份的城投债担保网络特征、识别系统性重要机构及风险传染路径。研究发现,两省份城投债担保网络均呈现网络规模大、担保关系复杂、风险关联性强的特征,使得城投债发行担保关系易成为系统性风险隐患。此外,就系统性重要机构而言,江苏省以专业担保公司为主,其风险化解能力强,整体风险较低,而贵州省则以地方政府融资平台为主,其盈利能力差,易成为风险加速器。进一步地,聚焦于风险隐患较高的贵州省,其风险传染路径呈现明显的"区域抱团"特征,易引起区域风险积聚。

基于以上研究结论,本章提出以下政策建议:第一,在监控地方政府债务风险时,需重点关注地方政府融资平台以及国有企业间的关联担保行为。一方面,应大力督促城投债发行人对担保信息的披露,另一方面,应重点监管对外担保规模过大的地方政府融资平台,必要时采取下调相关地方政府融资平台主体评级等措施,尽量避免关联担保行为产生的连锁传染效应。第二,加快地方政府融资平台的自身转型,同时大力鼓励并支持专业担保公司为城投债提供担保。专业担保公司为城投债担保将对降低地方政府融资平台间的关联担保行为和满足地方政府融资平台的融资需求起到重要作用。加快地方政府融资平台转型,从而提高自身"造血"实力,有助于专业担保机构为其发行的城投债进行担保,从而有效降低关联担保行为,从根本上切断关联担保行为的"捆绑性"风险,维护区域稳定。第三,根据不同地区的实际情况,采取有的放矢的针对性措施。对于经济资质偏弱、非标违约较为频繁的地区,需建立更加严格的管控制度,同时提高该地区城投债的信息披露水平,警惕该地区城投债背后的关联担保行为,防止爆发区域金融风险;对于经济实力雄厚、发债规模较大的地区,尽管专业担保体系相对发达,整体风险可控,但仍需严格把控其发债规模,但使其牢牢处于安全线内,同时也需严格评估城投债发行主体的信用资质,进而维护区域内的金融稳定。

本章参考文献

[1] 刘东民. 中国城投债:特征、风险与监管 [J]. 国际经济评论, 2013 (03): 112 – 122 + 7.

[2] 彭冲, 陆铭. 从新城看治理:增长目标短期化下的建城热潮及后果 [J]. 管理世界, 2019, 35 (08): 44 – 57 + 190 – 191.

[3] 杨靖, 曾小丽. 债券担保增信原理探讨及其启示 [J]. 债券, 2013 (05): 70 – 75.

[4] 文学舟, 梅强. 我国不同模式担保机构的市场定位及协同发展研究——

基于江苏担保机构的实证分析[J]. 预测, 2012, 31 (06): 28-34.

[5] 孙万欣. 城投债风险研究与分析[J]. 财会通讯, 2011 (24): 155-157.

[6] 卢进勇, 李思静. 经济效率、刺激依赖与城投债规模[J]. 经济与管理评论, 2020, 36 (06): 28-35.

[7] 张向达, 杨雪芹, 刘冬冬. 城投债规模对经济增长的影响及阈值效应[J]. 管理现代化, 2020, 40 (01): 1-5.

[8] 曹婧, 毛捷, 薛熠. 城投债为何持续增长: 基于新口径的实证分析[J]. 财贸经济, 2019, 40 (05): 5-22.

[9] 罗荣华, 刘劲劲. 地方政府的隐性担保真的有效吗?——基于城投债发行定价的检验[J]. 金融研究, 2016 (04): 83-98.

[10] 曹桂全, 赵阿敏. 地方政府投融资平台问题研究综述[J]. 经济纵横, 2014 (04): 121-124.

[11] 陈超, 李镕伊. 债券融资成本与债券契约条款设计[J]. 金融研究, 2014 (01): 44-57.

[12] 钟辉勇, 钟宁桦, 朱小能. 城投债的担保可信吗?——来自债券评级和发行定价的证据[J]. 金融研究, 2016 (04): 66-82.

[13] 吴亮圻, 田鹏. 我国城投债的风险分析及对策探讨[J]. 债券, 2013 (08): 39-44.

[14] 张路. 地方债务扩张的政府策略——来自融资平台"城投债"发行的证据[J]. 中国工业经济, 2020 (02): 44-62.

[15] 郭峰, 徐铮辉. 地方政府姿态与城投债的发行数量与风险溢价[J]. 财经研究, 2019, 45 (12): 18-31.

[16] 吕健. 地方债务对经济增长的影响分析——基于流动性的视角[J]. 中国工业经济, 2015 (11): 16-31.

[17] 牛霖琳, 洪智武, 陈国进. 地方政府债务隐忧及其风险传导——基于国债收益率与城投债利差的分析[J]. 经济研究, 2016, 51 (11): 83-95.

[18] 李淼焱. 中国城投债风险防范对策研究[J]. 经济研究参考, 2012 (59): 36-39+53.

[19] 陈玉洁, 王剑锋. 城投债融资成本与担保增信的分类有效性[J]. 海南大学学报(人文社会科学版), 2021, 39 (05): 82-90.

[20] 谭智佳,张启路,朱武祥,等.从金融向实体:流动性风险的微观传染机制与防范手段——基于中小企业融资担保行业的多案例研究[J].管理世界,2022,38(03):35-59.

[21] 张志波,齐中英.基于VAR模型的金融危机传染效应检验方法与实证分析[J].管理工程学报,2005(03):115-120.

[22] 欧阳红兵,刘晓东.中国金融机构的系统重要性及系统性风险传染机制分析——基于复杂网络的视角[J].中国管理科学,2015,23(10):30-37.

[23] 吴德胜,曹渊,汤灿,等.分类管控下的债务风险与风险传染网络研究[J].管理世界,2021,37(04):35-54.

[24] Lee S B, Kim K J. Does the October 1987 crash strengthen the co-movements among national stock markets? [J]. Review of Financial Economics, 1993, 3(1):89-102.

[25] Forbes K, Rigobon R. No Contagion, Only Interdependence: Measuring Stock Market Comovements [J]. The Journal of Finance, 2010, 57(5):2223-2261.

[26] Park C Y, Mercado, R V. Determinants of Financial Stress in Emerging Market Economies [J]. ADB Economics Working Paper Series, 2013, 45(8):199-224.

[27] Bekiros, S. D. Contagion, decoupling and the spillover effects of the US financial crisis: Evidence from the BRIC markets [J]. International Review of Financial Analysis, 2014, 33(5):58-69.

[28] Oh D H, Patton A J. Time-Varying Systemic Risk: Evidence from a Dynamic Copula Model of CDS Spreads [J]. Working Papers, 2013, 36(2).

[29] Allen F, Gale D. Financial Contagion Journal of Political Economy [J]. Center for Financial Institutions Working Papers, 1998.

[30] Battiston S, Puliga M, Kaushik R, et al. DebtRank: Too Central to Fail? Financial Networks, the FED and Systemic Risk [J]. Scientific Reports, 2012.

[31] Li J, Li J, Zhu X, et al. Risk spillovers between FinTech and traditional financial institutions: Evidence from the U.S [J]. International Review of Financial Analysis, 2020, 71:101544.

第二篇
宏观债务结构性失衡的微观形成机制研究

第 5 章

"准财政职能"承担与结构性宏观债务
（地方国企篇）

本章考察财政干预如何影响国有企业的投资行为和企业部门债务累积。利用 2002—2018 年 185 个地级市的官员数据匹配 853 家地方国有企业发债数据，实证分析了地方官员的任期特征如何影响辖区地方国有企业发债成本。研究发现，在市委书记第 4 年任期或 54 岁年龄时，辖区内国有企业的举债动机会显著加大，表现为意愿承担的发债成本会更高、规模更大，此时正是官员仕途门槛期因而存在较强的投资动机，并赋予地方国企强烈的"促增长、保就业"的"准财政职能"。进一步研究表明，地方市场化程度越低、政府股东持股比例越大、国企高管"限薪令"实施，官员晋升激励和"准财政职能"承担对地方国企举债的提升效应会更加显著。本章研究有益于丰富政治晋升和财政干预视角下地方国企债务问题的理解。

5.1 引言

2018 年以来，我国金融市场信用风险事件频发，尤其是"北大方正债务谜团""华晨集团破产重整""永城煤电恶意逃废债"等大型国企违约事件陆续上演，动摇了投资者长久以来的"政府信仰"，引发金融市场波动和各界广泛关注。党中央、国务院高度重视国有企业债务风险管控工作。2021年2月，国资委印发《关于加强地方国有企业债务风险管控工作的指导意见》，要求各地方国资委做好监管企业债务风险的处置和防范应对工作。4月，中共中央政治局召开会议，首次提出"建立地方党政主要领导负责的财政金融风险处置机制"，进一步压实地方官员对当地财政金融风险的主要责任。事实上，在应对国有企业债券违约时，各级政府和地方主政官员深度参与，甚至采取调配信贷资源、政府救助甚至兜底等措施。可以说，我国国有企业债务问题背后隐含着深刻的政治制度逻辑，紧密结合政治因素研究国有企业举债决策、债务风险处置问题势之必然。

改革开放以来，中国经济增长波动与官员任免升迁存在密切关联（周黎安，2007），是理解现阶段我国诸多经济问题的重要政治制度线索。大量文献从不同角度揭示了中国经济表现与官员任职期限之间的关联关系（刘瑞明和白永秀，2007；张军和高远，2007；王贤彬和徐现祥，2008），并且认为地方官员晋升激励是两者吻合的一个重要微观作用机制（谭之博和周黎安，2015）。在目前我国领导干部管理制度下，第4年任期和54岁被普遍认为是地方官员仕途的门槛期，此后晋升机会随着任期拉长和接近退休年龄而开始大幅下降，因而地方官员在此期间存在较强的晋升动机。同时，经济增长作为我国政绩考核的重要内容，地方官员在仕途门槛期有很强动机干预当地资源配置与企业行为以提高GDP增速（马连福和曹春方，2011；钱先航等，2011；陈信元和黄俊，2007；乔坤元等，2014；吴敏和周黎安，2018；张军等，2020）。其中，国有企业作为地方经济增长、就业和财税收入的最主要来源，是官员重点干预的经济部门。大量文献证明了地方国企存在过度投资行为（曹春方等，2014）和大量资金需求，而地方官员亦会为此调配当地政策、土地、税收、信贷等资源予以政治支持（王克敏等，2015；纪志宏等，2014），继而对企业债务决策产生影响。

国有企业在我国债券市场占据举足轻重地位,其债券余额占整个信用债市场的83%,国企债务行为的扭曲不仅会导致经济资源配置的极大损失,也为国企债务风险累积和金融市场稳定埋下隐患。因此,理解地方官员任期制度与地方国企发债行为的关系意义重大。目前大部分关于我国国有企业债务问题的研究主要从银行信贷配置偏好、国企预算软约束、企业产能过剩等角度展开(纪敏等,2017;钟宁桦等,2016;王宇伟等,2018),对制度环境特别是政府官员行为的讨论很少,仅有个别学者在研究政府干预影响企业债务杠杆时讨论了国有企业情况。和本研究直接相关的文献是赵宇(2019)和程仲鸣(2019)的研究。他们发现,官员晋升激励会提高上市公司的债务杠杆率,使企业资产负债率偏离目标水平的程度增大,并且上述现象在国有企业中更加显著。该研究仅关注了地方官员任期及晋升激励对上市企业债务规模的影响,但事实上,官员干预地方国企举债行为,不仅会影响债务规模,也会扭曲融资成本,价格和规模均与国有企业债务风险密切相关,两方面的因素都应予以考察。如罗党论(2020)发现官员变更会影响城投债的发债规模和成本,部分国外研究也表明,政府选举造成的政治不确定性会显著提升企业发债成本,并加剧企业经营风险(Bradley 等,2016;Dai 和 Zhang,2019)。但目前,国内尚未有文献从价格维度考察地方官员任期和晋升激励对国有企业举债行为的影响。

在此背景下,本研究将重点关注与国有企业债务风险息息相关的问题之一:国有企业债务发行定价的决定问题。(1)在仕途的关键任期或年龄点,地方官员是否利用手中的行政与人事权对地方国企施压以促进当地 GDP,进而扭曲了企业举债动机和发债定价?(2)上述扭曲效应受哪些因素影响?应当如何抑制?这些问题的解答对于促进国有企业合理举债、加强国有企业债务风险管控,有十分重要的理论价值和现实意义。

本研究的贡献主要有三点:(1)基于地方国企举债的微观视角,探索政府官员治理如何影响市场运行和经济发展这一宏观问题,并将地方官员任期与晋升激励对企业举债行为的影响由规模拓展到价格层面，有助于进一步正确认识和处理政府与市场的关系。（2）债券价格的决定一直是资产定价理论的重点问题，已有研究主要从行业和公司层面展开。本研究则由地方官员任期特征视角切入，从经验上给出了政治因素影响地方国企发债成本的证据，拓展和丰富了债券资产定价理论在政治制度与官员行为因素方面的研究。（3）在政策含义方面，从完善官员治理机制出发，本研究尝试提供一个推动国有企业债务风险管控与国企市场化改革的新思路。本研究第二部分为文献评述及研究假说；第三部分为实证设计；第四部分为描述性统计以及实证结果；第五部分为结论与政策启示。

5.2 文献、制度与假说

5.2.1 地方官员任期、晋升激励与地方国企发债成本

在"晋升锦标赛"模式下，官员有强烈动机将其政治意愿体现在当地可支配资源中，而这种动机在官员仕途的门槛期更为强烈。在目前我国领导干部管理制度下，仕途门槛期一般为任职第 4 年或者 54 岁，此后晋升机会随着任期拉长、接近退休年龄而开始大幅下降（纪志宏等，2014；吴敏和周黎安，2018；蔡显军等，2020）。在官员干预的经济领域，最典型的就是地方国有企业。一方面，在我国经济结构中，地方国有企业一直充当着地区经济的支柱，是拉动地方经济、就业和财税收入的重要力量和来源，有些大型国有企业甚至掌握地方经济发展命脉。另一方面，相比非国有企业和中央政府控制的国有企业，政府干预地方国有企业的难度最低、成本最小、也更为直接（陈冬华，2002）。

在我国特有的国有企业管理制度下，地方国企存在相当程度的政

治服从压力。根据《企业国有资产管理法》，地方国企高管主要由体现控股股东意志的各级国资委任命。而在中国"一把手"领导负责制下，政府主管部门领导个人，尤其是地方政府权力集中的各级党委和市委书记往往会发挥重要作用（周黎安，2017）。潘越和宁博（2015）就发现，市委书记更替往往会导致当地国企高管随之变动，在晋升激励和人事任免权的制度背景下，官员和地方国企高管有动机形成政治利益合谋。

为了在激烈的晋升竞争中获胜，地方官员倾向于实施投入大、规模大、难度大的"资源密集型"工程（王叙果等，2012；罗党论等，2015），而受官员政绩目标影响，地方国企普遍存在过度投资和投资低效（程仲鸣等，2008），并由此产生了大量的资金需求。现有文献也发现，地方官员晋升激励会显著提高当地上市企业的资产负债率，并且这种现象在国有企业更加显著（赵宇，2019），导致企业创新不足和债务资源配置的扭曲（程仲鸣，金必简和俞中坚，2019）。实践中，《证券法》《公司债券发行与交易管理办法》规定，企业公开发债需经证监会审核，同时债券余额也不得超过企业净资产的40%。有理由认为，在发债次数和规模受监管政策约束情况下，地方国企愿意付出更高的发债成本，以满足投资需求和迎合地方官员政治利益。由此提出本研究的第一个研究假说。

H_1：在地方官员晋升的门槛期，辖区内国有企业的举债动机会显著加大，表现为意愿承担的发债成本提高。

5.2.2 市场化程度、地方官员任期与地方国企融资成本

政府对企业施加干预的程度及影响大小，很大程度上取决于当地所处制度环境（夏立军和方轶强，2005；李文贵和余明桂，2012）。自1978年起，我国开始了从计划经济向市场经济转轨的过程，并取得了巨大成就。但是，这个进程却很不平衡，不同地区的市场化程度有很大差异（樊纲等，2011）。在某些省份，特别是沿海省份，市场化已经取得了决定性进展；而在另外一些省份，经济中非市场因素还占

有非常重要的地位（孙铮等，2005）。

地区市场化进程的提高，意味着行政计划的减少甚至退出，经济资源将更多由市场来分配（李文贵和余明桂，2012）。此时，政府由"干预型"向"服务型"转型，并越倾向于和企业保持适当距离，官员向国有企业施加的政治压力将显著降低，国有企业的经营决策将更多地服从于企业价值目标和长远发展。同时，要素市场流动性的增强，也将促使企业更加关注价格指标，并放弃因发债成本过高导致项目预期净现值为负的融资计划。

此外，官员通过干预企业发债实现政治目的，还需要外部市场机构的"配合"。根据证监会相关规定，企业发行债券需聘请律师、会计师、资信评级等专业机构，对债券评级、发行和配售等事项进行见证并出具意见报告。有研究发现，在市场化水平高的地区，地方国有上市公司倾向选择高质量、全国性的审计机构，比如普华永道、德勤、毕马威、安永等四大会计师事务所。与本土审计机构不同，四大会计师事务所不附属于地方政府，独立性更强，不易受政治压力干预和影响（雷光勇等，2009）。因此，在市场化进程更高的地区，法治环境更加完善，政府行为受约束更大，中介组织也更加独立规范，从而这些地区的晋升激励对地方国企发债成本的影响较小。由前述分析，我们提出本研究的第二个研究假说。

H_2：在市场化程度较高的地区，地方官员任期特征带来的晋升压力对地方国企发债成本的影响会受到抑制。

5.2.3　政府持股、地方官员任期与地方国企融资成本

大量公司治理研究认为，大股东持股比例过高，在利益和权力分配中所占比例更大，其控制公司资源的能力越大，易发生大股东损害公司及其他股东利益的行为。而适度集中但存在制衡的股权结构，可以缓解大小股东之间的代理问题。原因在于，其他持股比例相当的股东可通过行使股东大会投票权，参与公司经营发展和利益分配决策，从而对大股东产生监督作用，抑制大股东侵占小股东利益的行为

(Porta 等，1999；俞红海等，2010；王运通和姜付秀，2017）。

政府股东持股比例对国有企业经营管理的影响，还格外体现在人事管理权上。根据《企业国有资产法》，政府出资比例不同，其对国有企业的人事管理权力不同。对国有独资企业，地方政府具有人事"任免权"，而对国有控股、参股企业，地方政府则有人事"建议任免权"。综上，有理由认为，政府出资比例越高，官员通过股东大会和人事管理权，对地方国企经营决策的干预程度更大，晋升激励下企业对高发债成本的容忍度就会更高。反之，政府出资比例越低，国企高管受到其他股东监督制衡的程度更高，发行高利率债券的非市场化行为难度更大。由前述分析，我们提出本研究的第三个研究假说。

H_3：地方国企的政府股东持股比例越高，地方官员任期带来的晋升压力对其发债成本的影响越大。

5.2.4　高管限薪、地方官员任期与地方国企融资成本

国有企业高管兼具"经济人"与"政治人"身份，面临货币薪酬和政治晋升的双重激励契约。长期以来，为了使政府官员熟悉国有企业运作与管理，很多政府官员直接从国有企业的高管中选拔而来。可以说，政治晋升构成地方国企高管货币薪酬激励的补充，是一种十分有效的隐性激励手段（郑志刚等，2012）。2015 年，国资委颁布实施《中央管理企业负责人薪酬制度改革方案》，严格规范中央企业负责人薪酬制度。随后，地方国资委参照推进下属国企的薪酬改革，在 2015 年至 2016 年陆续出台了辖区内国企薪资改革指导意见，对地方国有企业高管薪酬做出限制。

随着"限薪令"实施和货币激励减少，地方国企高管将更多地关注政治晋升目标的追求（廖冠民和沈红波，2014；周铭山和张倩倩，2016）。此时，地方国企一定程度上成为高管实现政治晋升的跳板，国企高管为了与政府官员形成利益联盟从而获取政治支持，有激励做出包括过度投资、选择快速变现项目、建设形象工程等迎合官员政绩

但牺牲企业长期利益的行为（唐雪松等，2010；周黎安，2007；郑志刚等，2012）。综上，有理由认为，随着"限薪令"的实施和货币激励弱化，地方国企高管为个人政治晋升谋求政治支持，具有承担高债务融资成本以迎合官员政绩表现的动机。

H_4：国企高管"限薪令"实施后，地方官员任期带来的晋升压力对地方国企发债成本的影响更加显著。

5.3 样本描述与研究设计

5.3.1 样本和数据

本研究所用的数据主要包括地方国企债券发行、地方官员的任期与年龄信息、地级市经济和人口层面的相关信息。（1）地方国企债券发行数据来源于 Wind 资讯。我们统计了 853 家市属国有企业 2002 年至 2018 年发行的所有债券数据，并参照债券研究的一般做法（韩鹏飞和胡奕明，2015a；朱玉杰和张上冉，2021），剔除掉次级债、混合资本债、永续债等兼具股权特性的债券，最终统计了 3051 只债券。（2）地方官员个人数据由作者手工逐年逐市搜集整理。根据发债企业所在地确定的城市名单，我们逐年逐市搜集整理了全国 185 个地级市的主政官员数据，包括市委书记年龄、任期，市长年龄、任期，并剔除了官员个人信息缺失严重、城市数据缺失较多的城市和年份。（3）市场化程度变量使用樊纲（2010）、樊纲等（2011）编制的指数，截至 2016 年，如有缺失则取上一年得分数据。"限薪令"数据由作者手工整理，包括全国 31 个省份的地方国企高管薪资改革方案的实施情况。（4）地级市经济数据和人口统计数据来自于中经网统计数据库，企业财务数据来源于 Wind 资讯。最终，我们获得 185 个城市的主要官员、地方国企和城市特征信息，共计 27978 个观察值。

5.3.2 变量定义

（1）被解释变量

本研究被解释变量是地方国企发债成本，鉴于不同债券在发行日期和期限存在较大差异，从而无法直接比较发行利率。因此，本研究选取地方国企债券的发行溢价 $Spread$ 为解释变量，为债券发行利率与同期且相同到期期限的国债收益率之差，均进行了年化收益率处理。

（2）核心解释变量

参考已有研究，本研究核心解释变量是官员个人的任期、年龄特征和城市发展压力指标，用以表征晋升压力。

一是地方官员任期虚拟变量。任期制度是影响官员执政行为和晋升的重要因素。根据中央关于干部任期的规定，"地方官员一届任期是5年，担任同一岗位不能超过两届"。实际调研也表明，5年是官员晋升的关键节点，市委书记任期超过5年后平调或升迁的概率将由71%降为49%（田文佳等，2019）。因此，官员会在有限的任期内为明确的晋升目标努力，并且随着任期接近考核周期，官员晋升压力最大、发展经济动机最强。我们借鉴吴敏和周黎安（2018）做法，采用地方官员任期虚拟变量 $TermDun$ 来刻画晋升激励大小，变量在地方官员任期第4年时取1、其余取0，1代表更强的晋升压力。

二是地方官员年龄虚拟变量。1982年中央出台领导干部强制退休管理制度，1992年进一步提出"省级领导班子成员平均年龄要保持在55周岁左右"，年龄成为影响官员晋升机会的重要因素。实践中，54—55岁是地级市官员"退居二线"的临界年龄，表现为54岁之后晋升概率向下跳跃，同时仕途终结概率显著提升（纪志宏等，2014；吴敏和周黎安，2018）。因此，地级市官员在54岁发展当地经济以争取晋升机会的动机最强。借鉴纪志宏等（2014）、蔡显军等（2020）做法，我们采用官员年龄虚拟变量 $AgeDum$ 来刻画晋升激励，变量在官员54岁时赋值1，其余取0，取1代表更强的晋升激励。

三是官员晋升压力指数。为了确保结论稳健可信，本研究参照钱先航等（2011）、曹春方（2014）、罗党论等（2015）的做法，从 GDP 增长率、财政盈余、失业率三个维度分别赋值构建官员晋升压力指数 *PromInd*，即在相应年度当地区 GDP 增长率和财政盈余小于所在省份加权平均值时赋值 1，否则为 0，而失业率大于省份均值时赋值 1，否则为 0。将三个分值相加得到指标，取值范围为 [0，3]，数值越大官员晋升压力则越大。

（3）控制变量

本研究参照 Gao 等（2013）、Waisman 等（2015）、韩鹏飞和胡奕明（2015）等已有研究做法，选取以下三类影响地方国企发债成本的控制变量：（1）债券特征控制变量：发行规模、债券期限、债券评级、是否有担保。（2）发债国企特征：净资产收益率、违约距离、是否为上市公司。（3）城市特征：GDP 增长率、固定资产投资占 GDP 比重、财政赤字占 GDP 比重、人口增速。变量定义如表 5-1 所示。

此外，本研究还考察地方官员任期对地方国企发债成本的异质性影响。（1）政府股东持股比例，政府股东包括地方政府、地方财政、地方国资委、政府投资公司等。（2）市场化指数，地方国企所处省区环境可能也会影响官员对企业的干预行为，我们用市场化指数来识别这种影响。（3）地方国企高管"限薪令"，全国 31 个省份在 2015 年下半年和 2016 年上半年陆续出台薪资改革方案，对地方国企负责人的薪酬进行限制。本研究设置"限薪令"虚拟变量 *SalaryCap*，债券发行年份在 2016 年及以后，赋值为 1，否则为 0。

表 5-1　　主要变量定义

变量名		变量定义
被解释变量	*Spread*	发行溢价，为企业债券的发行利率与同期限国债收益率之差
核心解释变量 晋升激励	*TenureDum*	债券发行当年地方官员任期，第 4 年取值 1，否则 0
	AgeDum	债券发行当年地方官员年龄，54 岁取值 1，否则 0
	PromInd	晋升压力指数，是关于地区 GDP、财政盈余、失业率相对发展水平的综合指标，取值范围为 [0，3]，数值越大晋升压力越大

续表

变量名		变量定义
债券特征	Amount	发行规模
	Term	债券期限
	Guaran	是否担保,是=1,否=0
	Rating	债券评级,AAA级和AAA-级取值为3,AA+级取值为2,AA-级及以下或无评级取值为1。变量取值越大,信用评级越高
企业特征	ROE	净资产收益率,企业净利润与股东权益之比,反映企业营利能力
	DefDis	违约距离,为企业债务总额/(债务总额+股权市值)。违约距离越大,违约风险越高,发债溢价越大
	Nlist	是否上市,是=1,否=0
	GovShare	政府股东持股比例。政府股东包括地方政府、地方财政、地方国资委、政府投资公司等
城市特征	GDP	城市GDP增长率
	Popu	城市人口增长率
	FixInv	城市固定资产投资/GDP
	Deficit	城市财政赤字占/GDP
	MarIndex	城市所属省份的市场化指数(樊纲等,2010)
	SalaryCap	城市在发债当年是否对国企高管实施了"限薪令",是=1,否=0

5.3.3 实证设计

(1) 地方官员任期影响地方国企发债成本

根据研究假说 H_1,我们设计如下回归模型检验地方官员任期与辖区内国企发债成本的关系:

$$Spread_i = \beta * Promotion_{kt} + \sum Ctr\_bond_i + \sum Ctr\_cmpy_{j,t-1} + \sum Ctr\_city_{k,t-1} + \gamma_k + \gamma_{ind} + \gamma_t + \varepsilon_t \quad (1)$$

在模型(1)中,下标 i 代表债券,j 为发债企业,k 为发债企业所属地级市,t 为发债年份。被解释变量 $Spread_i$ 为地方国企债券 i 的发行溢价。核心解释变量 $Promotion_{kt}$,具体包括 $AgeDum_{kt}$、Tenure-

Dum_{kt} 和 $PromInd_{kt}$，表征了地级市 k 的主政官员在第 t 年的晋升激励。$\sum Ctr\_bond_t$ 表示债券特征变量，$\sum Ctr\_cmpy_{j,t-1}$ 表示发债国企财务特征变量，$\sum Ctr\_city_{k,t-1}$ 表示发债国企所在城市的经济和人口变量，其中企业变量和城市变量滞后一期。上述回归方程为横截面模型，采用 OLS 模型进行估计，γ_k 表示城市效应，γ_{ind} 表示行业效应，γ_t 表示年份效应，所有回归均控制了城市的 cluster 效应。我们主要考察晋升激励变量 $Promotion_{kt}$ 的回归系数 β 是否显著为正。

(2) 地方官员任期特征影响国企发债成本的异质效应

为了检验研究假说 H_2 至 H_4，本研究分别根据地区市场化程度、地方国企政府股东的持股比例、当地是否实施了限薪令，对模型（1）实施交互项回归，考察官员晋升激励是否对地方国企发债成本产生了异质性影响。

$$Spread_i = \beta * Promotion_{kt} + \delta * Promotion_{kt} * Hetero + \theta * Hetero + \sum Ctr\_bond_i + \sum Ctr\_cmpy_{j,t-1} + \sum Ctr\_city_{k,t-1} + \gamma_k + \gamma_{ind} + \gamma_t + \varepsilon_i \quad (2)$$

模型（2）中，$Hetero$ 为异质效应变量，包括市场化指数 $MarIndex_{kt}$、政府股东持股比例 $GovShare_{jt}$、"限薪令"虚拟变量 $SalaryCap_{kt}$，控制变量和个体效应与模型（1）保持一致，所有回归均控制了城市的 cluster 效应。主要考察交乘项 $Promotion_{kt} * Hetero$ 的系数 δ 是否显著，其中市场化指数交互项系数 $\delta_{MarIndex}$ 是否显著为负，政府股东持股比例交互项系数 $\delta_{GovShare}$、"限薪令"虚拟变量交互项系数 $\delta_{SalaryCap}$ 是否显著为正。

5.4 实证分析

5.4.1 统计描述

表 5-2 为主要变量的统计描述结果。（1）被解释变量债券发行

第5章 "准财政职能"承担与结构性宏观债务(地方国企篇)

溢价 Spread 的均值为 2.73%,最大值为 8.397%、最小值为 0.275%,反映了地方国有企业融资成本在地区间差异比较大。(2)地方官员任期变量中,市委书记任期均值为 2.643 年,标准差为 2.332。市长平均任期为 2.233 年,标准差为 1.481。(3)官员年龄变量中,市委书记年龄均值为 53.95 岁,最小值为 44 岁,最大值为 62 岁,标准差为 3.191。市长年龄均值为 52.7 岁,最小值为 42 岁,最大值为 61 岁,标准差为 3.50。官员年龄和任期分布较为分散,11%—12% 的样本位于 54 岁年龄或 4 年任期的晋升门槛期,为后续研究奠定基础。(4)官员晋升压力指数 PromInd 均值约为 1.389,标准差为 0.78,说明不同地区的官员晋升压力差异较大,这可能会影响辖区内地方国企债务融资成本。(5)异质效应方面,政府股东对地方国企的持股比例均值为 72.94%,其中 49.98% 是完全控股。"限薪令"虚拟变量均值为 0.596,42.51% 的样本债券在当地实施"限薪令"后发行。

表 5-2 主要变量描述统计

PanelA 主要变量的描述统计							
	变量名	样本量	均值	中位数	标准误	最小值	最大值
因变量	Spreads	2604	2.730	2.288	1.590	0.275	8.397
官员特征	TenParty	2604	2.643	2	2.332	0	24
	AgeParty	2604	53.95	54	3.191	44	62
	AgeMayor	2604	52.70	53	3.500	42	61
	TenMayor	2604	2.233	2	1.481	0	11
债券特征	Amount	2604	6.829	5	5.864	0	72
	Term	2604	2.374	2	1.802	0.019	15
	Guaran	2604	0.203	0	0.402	0	1
	Rating	2604	1.490	1	0.751	1	3
企业特征	ROE	2604	6.907	5.736	8.322	-112.7	90.19
	DefDis	2604	0.124	0	0.240	0	0.881
	Nlist	2604	0.254	0	0.435	0	1
城市特征	GDP	2604	0.112	0.102	0.053	-0.268	0.383
	Popu	2604	0.013	0.007	0.043	-0.172	1.157
	FixInv	2604	0.631	0.621	0.218	0.119	1.856
	Deficit	2604	0.037	0.0230	0.057	-0.098	1.821

续表

变量名		样本量	均值	中位数	标准误	最小值	最大值
异质效应变量	GovShare	2604	72.94	100	31.84	6.470	100
	MarIndex	2604	8.057	8.310	1.613	1	11.39
	SalaryCap	2604	0.596	1	0.491	0	1

PanelB 官员晋升激励变量						
变量名	样本量	值=0	值=1	值=2	值=3	均值
		市委书记				
TenDum	2604	2613	438	—	—	0.144
AgeDum	2604	2712	339	—	—	0.111
		市长				
TenDum	1969	2661	325	—	—	0.109
AgeDum	1969	2636	350	—	—	0.117
		晋升压力指数				
PromInd	2604	405	1179	1232	167	1.389

5.4.2 实证结果

（1）地方官员任期与地方国企发债成本

本研究通过检验晋升激励变量系数是否显著来检验假说1。根据表5-3列（1）、列（2），当市委书记年龄位于任期内第4年或54岁时，辖区内地方国企的发债成本显著提高，平均高出0.14%—0.146%。上述结果支持了 H_1：当市委书记位于晋升门槛期，要求辖区内地方国企扩大投资以实现政治目标时，地方国企存在一定服从压力，并产生以较高发债成本为代价的债务融资行为。进一步地，列（3）引入了反映晋升压力程度的分级指标，结果表明市委书记的晋升压力越高，对地方国企发债成本的影响力越大，压力高出一个等级将导致发债成本平均升高0.045%。

那么市长的任期特征和晋升激励对地方国企发债成本的影响是否也同样存在呢？根据列（4）—（6），晋升激励变量的回归系数基本正，但是并不显著，表明市长晋升激励不存在上述影响，这可能与我国领导决策制度下的地方官员职责分工有关。在中国"一元化"领导管理模式下,市委书记是地级市的"一把手",主要负责地级市的党务、人事及全面工作,同时决策地方重大社会事务。市长的权力仅次于市委书记,主要负责政府工作和当地经济建设的具体事务。因此,地方国企的高管任免和经营决策,在更大程度上受到市委书记而非市长的影响。

在债券特征控制变量方面,期限越长的债券,其发债利率更高。规模效应能降低发债的边际成本,因此发债规模在1%统计水平上显著为负。此外,具有第三方担保或评级较高的债券利率更低,这些结论均符合我们的预期。在企业控制变量方面,净资产收益率越高的企业和上市的企业,融资成本相对较低。较大的违约距离意味着较高的违约风险,企业发债的风险溢价相对较高。在城市控制变量方面,发展速度较快、固定资产投资规模较大、人口增长率较高、财政缺口较大的城市,其对资金的需求更大,企业发债成本往往较高。

表5-3　　　　　　　地方官员任期与地方国企发债成本

变量名	预计符号	因变量:地方国企债券发行溢价					
		市委书记			市长		
核心变量:晋升激励		(1)	(2)	(3)	(4)	(5)	(6)
官员任期(是否第4年)	+	0.146**			-0.018		
		(2.21)			(-0.32)		0.047
官员年龄(是否54岁)	+		0.140**			(0.40)	
			(2.25)				
晋升压力指数	+			0.045*			0.051
				(1.88)			(1.21)
债券特征							
债券期限	+	0.060***	0.059***	0.060***	0.060***	0.060***	0.061***
		(3.85)	(3.72)	(3.93)	(3.71)	(3.64)	(3.94)
发行金额	-	-0.026***	-0.025***	-0.026***	-0.025***	-0.025***	-0.025***
		(-5.33)	(-5.25)	(-5.20)	(-5.10)	(-5.08)	(-5.00)
是否担保	-	-1.479***	-1.482***	-1.482***	-1.503***	-1.503***	-1.498***
		(-11.73)	(-11.83)	(-12.08)	(-11.88)	(-11.93)	(-12.13)

续表

变量名	预计符号	因变量：地方国企债券发行溢价					
		市委书记			市长		
债项评级	-	-0.565***	-0.561***	-0.567***	-0.556***	-0.555***	-0.560***
		(-8.83)	(-8.94)	(-9.18)	(-9.11)	(-9.12)	(-9.33)
企业特征							
净资产收益率	-	-0.006	-0.006	-0.006	-0.009***	-0.009***	-0.009***
		(-1.63)	(-1.54)	(-1.62)	(-3.02)	(-2.98)	(-3.13)
违约距离	+	1.186***	1.206***	1.184***	1.017***	0.998***	0.990***
		(4.97)	(4.64)	(4.64)	(5.26)	(5.60)	(5.04)
是否上市	-	-0.743***	-0.761***	-0.750***	-0.712***	-0.704***	-0.706***
		(-6.09)	(-6.24)	(-6.00)	(-6.29)	(-5.94)	(-6.03)
城市特征							
GDP增速	+	0.197	0.276	0.373	0.699	0.727	0.932
		(0.19)	(0.27)	(0.33)	(0.68)	(0.70)	(0.84)
人口增速	+	0.716*	0.783*	0.685*	0.690*	0.687*	0.592
		(1.83)	(1.96)	(1.80)	(1.91)	(1.89)	(1.59)
固定资产投资/GDP	+	0.878***	0.870***	0.881***	0.787***	0.791***	0.789***
		(4.41)	(4.39)	(4.60)	(4.52)	(4.62)	(4.74)
财政赤字/GDP	+	0.695	0.685	0.650	0.744	0.757	0.667
		(0.67)	(0.68)	(0.65)	(0.76)	(0.77)	(0.70)
城市效应		控制			控制		
行业效应		控制			控制		
年度效应		控制			控制		
Observations		2604	2604	2604	1969	1969	1969
R-squared		0.619	0.619	0.619	0.628	0.628	0.628

Robust t-statistics in parentheses, ***$p<0.01$, **$p<0.05$, *$p<0.1$

（2）地方官员任期、市场化程度与地方国企发债成本

本研究通过检验市场化指数与地方官员任期等变量的交互项系数是否显著来验证假说2。回归结果如表5-4列（1）—（3）所示，交互项显著为负，从而验证了前文提出的 H_2，即地区市场化程度越高，地方官员任期和晋升激励对地方国企发债成本的影响越小。原因在于，

在市场化程度较高的地区,政府的行为受法律制度和市场机制的约束大,对辖区内企业的干预程度小,因此地方国企经营决策的自主化程度高,发债行为和融资成本受政府干预的影响较小。

表5-4　地方官员任期、市场化程度与地方国企发债成本

项目		因变量:地方国企债券发行溢价					
变量	预计符号	市委书记			市长		
		(1)	(2)	(3)	(4)	(5)	(6)
官员任期(是否第4年)	+	0.806			0.119		
		(1.52)			(0.24)		
官员任期*市场化指数	-	-0.104*			0.002		
		(-1.65)			(0.04)		
官员年龄(是否54岁)	+		1.662**			0.209	
			(2.57)			(0.37)	
官员年龄*市场化指数	-		-0.184**			-0.012	
			(-2.51)			(-0.18)	
晋升压力指数	+			0.036			0.017
				(0.20)			(0.10)
晋升压力指数*市场化指数	-			-0.006			0.005
				(-0.28)			(0.23)
市场化指数	-	-0.009	-0.010	-0.022	-0.009	-0.007	-0.016
		(-0.28)	(-0.29)	(-0.59)	(-0.27)	(-0.22)	(-0.43)
控制变量		是			是		
城市效应		是			是		
行业效应		是			是		
年份效应		是			是		
Observations		2604	2604	2604	1969	1969	1969
R-squared		0.660	0.659	0.658	0.656	0.656	0.655
Robust t-statistics in parentheses, ***$p<0.01$, **$p<0.05$, *$p<0.1$							

(3) 地方官员任期、政府出资比例与地方国企发债成本

本研究通过检验政府持股比例与官员任期等变量的交互项系数是否显著来验证假说3。回归结果如表5-5列(1)—(3)所示,交互项

在5%水平上显著为正,从而支持了H_3,即政府股东持股比例越高,官员处于晋升门槛期就越会提高地方国企的发债成本。原因在于,此时地方国企的股权集中度高,并主要由政府控制,地方官员对企业经营决策的干预力提高,因此晋升激励对发债成本的提高效应随之加大。

表5-5 地方官员任期、政府出资比例与地方国企发债成本

项目		因变量:地方国企债券发行溢价					
		市委书记			市长		
变量	预计符号	(1)	(2)	(3)	(4)	(5)	(6)
官员任期(是否第4年)	+	0.078			-0.099		
		(0.63)			(-0.72)		
官员任期*政府股东持股比例	+	0.003*			0.001		
		(1.95)			(0.65)		
官员年龄(是否54岁)	+		-0.104			0.197	
			(-0.67)			(1.06)	
官员年龄*政府股东持股比例	+		0.003*			-0.002	
			(1.79)			(-0.72)	
晋升压力指数	+			0.056			0.123
				(0.53)			(1.43)
晋升压力指数*政府股东持股比例	+			0.000			-0.001
				(0.08)			(-0.75)
政府股东持股比例	-	-0.003	-0.002	-0.002	-0.002	-0.002	-0.001
		(-1.18)	(-1.13)	(-0.78)	(-1.00)	(-0.81)	(-0.44)
控制变量		是			是		
城市效应		是			是		
行业效应		是			是		
年份效应		是			是		
Observations		2604	2604	2604	1969	1969	1969
R-squared		0.557	0.556	0.556	0.562	0.563	0.563

Robust t-statistics in parentheses,$***p<0.01$,$**p<0.05$,$*p<0.1$

(4)地方官员任期、国企高管"限薪令"与地方国企发债成本

本研究通过检验虚拟变量"限薪令"与官员任期等变量的交互项

系数是否显著来验证假说4。回归结果如表5-5列（1）—（3）所示，交互项在统计上显著为正，国企高管"限薪令"的实施，显著加大了市委书记处于晋升门槛期对地方国企发债成本的影响。这支持了H_4：随着"限薪令"实施，地方国企高管面临的"钱途"激励（货币薪酬）弱化、"仕途"激励（职务晋升）加大，因此对政府官员的政治服从力和基于政绩考察的举债动机变强，发债成本的提升则更加显著。

表5-6 地方官员任期、"国企限薪令"与地方国企发债成本

项目		因变量：地方国企债券发行溢价					
		市委书记			市长		
变量名	预计符号	(1)	(2)	(3)	(4)	(5)	(6)
官员任期（是否第4年）	+	0.061			-0.109		
		(0.61)			(-0.79)		
官员任期*国企限薪令	+	0.312**			0.151		
		(2.09)			(0.75)		
官员年龄（是否54岁）	+		0.244**			0.153	
			(2.35)			(0.74)	
官员年龄*国企限薪令	+		0.582***			-0.141	
			(3.34)			(-0.57)	
晋升压力指数	+			0.024			0.028
				(0.44)			(0.54)
晋升压力指数*国企限薪令	+			0.036			0.040
				(0.58)			(0.66)
国企限薪令	+	0.370**	0.355**	0.345*	0.329**	0.325**	0.277*
		(2.11)	(2.02)	(1.93)	(2.21)	(2.20)	(1.81)
控制变量		是			是		
城市效应		是			是		
行业效应		是			是		
年份效应		是			是		
Observations		2604	2604	2604	1969	1969	1969
R-squared		0.620	0.622	0.619	0.628	0.628	0.628

Robust t-statistics in parentheses, ***$p<0.01$, **$p<0.05$, *$p<0.1$

5.4.3 内生性和稳健性讨论

我国地方官员政绩考核的主要内容是地区经济表现、就业和财政状况，而辖区内国有企业是否发债、发债成本大小基本不会影响官员流动，从而影响官员的年龄和任期。故而，地方国企发债成本对官员晋升激励具有反向因果作用的可能性比较小。在结论的稳健性方面，本研究除了选取对于官员晋升影响比较大的年龄变量，还选取了任期变量，并从城市综合特征构建晋升激励指标，结果保持稳健。

5.5 进一步讨论

上文分析表明，在地方官员晋升门槛期时，辖区内国有企业的举债动机会显著加大，表现为意愿承担的发债成本更高。在这一过程中，地方政府控制的企业人事任免权和政府股东参与股东大会是重要的作用机制。为了进一步考察上述逻辑与影响机制，下面将研究一个与此直接相关的问题，对于当地的由中央政府及非政府控制企业的举债行为，官员位于晋升门槛期是否会产生同样影响？众所周知，中央政府控制的中央企业是国有企业的重要组成部分，而且相比地方国有企业，中央企业的规模更大，非政府控制的民营企业亦是我国经济的绝对力量，两者对当地经济的拉动作用很高，是地方官员完成政治目标的重要潜在经济资源。

为验证上述问题，本研究利用2002—2018年所有中央企业和民营企业发债数据进行回归，模型设定与前文相同。结果如表5-7所示，地方"官员年龄""官员任期"和"晋升压力指数"三个变量，与中央企业和民营企业发债溢价变量的系数为正，但均不显著。这说明，与地方政府控制的地方国有企业不同，地方官员晋升激励对中央政府控制的中央企业、非政府控制的民营企业举债成本的影响较为微弱，

第5章 "准财政职能"承担与结构性宏观债务（地方国企篇）

这些非地方政府控制企业由于当地官员晋升压力而加大举债动机、承担高发债成本的倾向并不强烈。

非地方政府控制企业的举债行为受到当地政府干预的影响较小，这可能是因为：（1）中央企业由中央政府直属管理，由国资委代表国务院履行出资人职责，企业高层管理人员更是由国资委、中组部直接任免，并且行政级别基本为副部级及以上，地级市主政官员难以干预任免过程，也无法对企业高管产生政治压力。（2）中央政府从国家层面出台了系列中央企业监督管理办法，内容覆盖生产运营的全过程和各环节，企业举债行为受地方政府干预的空间不大。包括《中央企业发展战略和规划管理办法》《中央企业领导人员管理规定》《中央企业投资监督管理办法》《中央企业负责人经营业绩考核暂行办法》等。（3）地方政府对非政府控制的民营企业进行干预是有成本的，政府必须通过补贴或其他方式支持非政府控制的公司，使其服务于经济与政治目标。上述分析进一步说明了，企业人事任免权和政府股东持股是地方官员晋升激励影响地方国企债务成本过程中重要的作用机制。

表5-7　地方官员任期与中央企业发债成本

变量名称	因变量：中央企业债券发行溢价					
	市委书记			市长		
核心变量：晋升激励	(1)	(2)	(3)	(4)	(5)	(6)
官员任期（是否第4年）	0.005			0.017		
	(0.54)			(1.63)		
官员年龄（是否54岁）		0.001			0.021***	
		(0.18)			(3.01)	
晋升压力指数			0.011			0.025
			(0.42)			(0.87)
控制变量	是			是		
城市效应	是			是		
行业效应	是			是		
年份效应	是			是		
样本数量	1363	1363	1363	1409	1409	1409
R-squared	0.553	0.557	0.559	0.558	0.561	0.528

续表

变量名称	因变量：非国有企业债券发行溢价					
	市委书记			市长		
核心变量：晋升激励	(7)	(8)	(9)	(10)	(11)	(12)
官员任期（是否第4年）	0.030			0.025		
	(1.20)			(1.33)		
官员年龄（是否54岁）		0.035			-0.006	
		(1.49)			(-0.61)	
晋升压力指数			0.044			0.064
			(1.45)			(1.01)
控制变量	是	是	是	是	是	是
城市效应	是	是	是	是	是	是
行业效应	是	是	是	是	是	是
年份效应	是	是	是	是	是	是
样本数量	4265	4265	4265	4280	4280	4280
R-squared	0.564	0.572	0.519	0.569	0.568	0.564

Robust t-statistics in parentheses, $***p<0.01$, $**p<0.05$, $*p<0.1$

5.6 结论与政策建议

本研究利用中国地级市主政官员数据匹配地方国有企业数据，实证分析了地方官员任期特征如何影响辖区内国有企业发债行为。主要结论是：在市委书记任职第4年或54岁年龄的晋升门槛期，辖区内地方国有企业的举债动机会显著加大，表现为意愿承担的发债成本更高，并且晋升压力越高，对发债成本的影响更大。进一步地，地方市场化程度越低、政府股东持股比例越大、国企高管"限薪令"实施，市委书记任期特征对地方国企发债成本的影响会更加显著。

政府官员治理机制对中国经济发展的贡献毋庸置疑，然而也要看到该体制存在的弊端。本研究的政策启示在于，加强国有企业债务风险管控，防范国有企业重大债务风险，仅从金融财政政策着手难以形成长效机制，必须重视国有企业债务问题背后的政治制度逻辑，必须关注政府官员行为动机对企业经营决策的影响。(1) 不断完善官员激励治理机制，设置科学合理的企业、环境、人文、经济等多维度考核体系，从制度源头扭转地方过度依赖举债投资做大规模的发展理念。(2) 全面推动国企深化改革，构建适度集中、相对制衡的国企股权结构，尽快试行国企高管任免的市场化选聘制度，稳妥推进国企高管薪酬改革，削弱晋升门槛期官员干预经济发展与企业经营的现象，充分发挥市场在资源配置中的决定性作用。(3) 督促指导地方国有企业严格落实主体责任，研究出台地方国企债务的终身问责、倒查责任制度，强化权力行使的约束机制，促进国有企业根据财务承受能力和投资项目回报率科学确定融资规模与成本。

本章参考文献

[1] Bradley D, Pantzalis C, Yuan X. Policy risk, corporate political strategies, and the cost of debt [J]. Journal of Corporate Finance, 2016, 40254-275.

[2] Dai L, Zhang B. Political Uncertainty and Finance: A Survey [J]. Asia-Pacific Journal of Financial Studies, 2019, 48 (3): 307-333.

[3] Gao P, Qi Y. Political Uncertainty and Public Financing Costs: Evidence From U. S. Gubernatorial Elections and Municipal Bond Markets [J]. Journal of Finance, 2013, 4 (2): 55-86.

[4] La Porta R, Lopez-de-Silanes F, Shleifer A. Corporate ownership around the world [J]. The journal of finance, 1999, 54 (2): 471-517.

[5] Waisman M, Ye P, Zhu Y. The effect of political uncertainty on the cost of corporate debt [J]. Journal of Financial Stability, 2015, 16106-117.

[6] 纪敏，严宝玉，李宏瑾. 杠杆率结构、水平和金融稳定——理论分析框架和中国经验 [J]. 金融研究, 2017 (02): 11-25.

[7] 刘瑞明，白永秀. 晋升激励、宏观调控与经济周期：一个政治经济学框架 [J]. 南开经济研究, 2007 (05): 19-31+52.

[8] 谭之博，周黎安. 官员任期与信贷和投资周期 [J]. 金融研究,

2015 (06): 80-93.

[9] 唐雪松,周晓苏,马如静.政府干预、GDP增长与地方国企过度投资[J].金融研究,2010(08):33-48.

[10] 王贤彬,徐现祥.地方官员来源、去向、任期与经济增长——来自中国省长省委书记的证据[J].管理世界,2008(03):16-26.

[11] 张军,高远.官员任期、异地交流与经济增长——来自省级经验的证据[J].经济研究,2007(11):91-103.

[12] 陈冬华.地方政府、公司治理与企业绩效[D].上海:上海财经大学,2022.

[13] 韩鹏飞,胡奕明.政府隐性担保一定能降低债券的融资成本吗?——关于国有企业和地方融资平台债券的实证研究[J].金融研究,2015(03):116-130.

[14] 韩鹏飞,胡奕明.债券增信定价的实证研究——来自中国债券市场的经验证据[J].投资研究,2015,34(02):90-111.

[15] 马连福,曹春方.制度环境、地方政府干预、公司治理与IPO募集资金投向变更[J].管理世界,2011(05):127-139+148+188.

[16] 潘越,宁博,肖金利.地方政治权力转移与政企关系重建——来自地方官员更替与高管变更的证据[J].中国工业经济,2015(06):135-147.

[17] 钱先航,曹廷求,李维安.晋升压力、官员任期与城市商业银行的贷款行为[J].经济研究,2011,46(12):72-85.

[18] 田文佳,余靖雯,龚六堂.晋升激励与工业用地出让价格——基于断点回归方法的研究[J].经济研究,2019,54(10):89-105.

[19] 王克敏,杨国超,刘静,李晓溪.IPO资源争夺、政府补助与公司业绩研究[J].管理世界,2015(09):147-157.

[20] 王运通,姜付秀.多个大股东能否降低公司债务融资成本[J].世界经济,2017,40(10):119-143.

[21] 俞红海,徐龙炳,陈百助.终极控股股东控制权与自由现金流过度投资[J].经济研究,2010,45(08):103-114.

[22] 周黎安.政府治理的转型[J].中国改革,2017(06):92-96.

[23] 蔡显军,吴卫星,徐佳.晋升激励机制对政府和社会资本合作项目的影响[J].中国软科学,2020(03):150-160.

[24] 曹春方, 马连福, 沈小秀. 财政压力、晋升压力、官员任期与地方国企过度投资 [J]. 经济学（季刊）, 2014, 13（04）: 1415-1436.

[25] 陈信元, 黄俊. 政府干预、多元化经营与公司业绩 [J]. 管理世界, 2007（01）: 92-97.

[26] 陈艳艳, 罗党论. 地方官员更替与企业投资 [J]. 经济研究, 2012, 47（S2）: 18-30.

[27] 程仲鸣, 金必简, 俞中坚. 官员晋升激励、债务杠杆与企业技术创新 [J]. 科学决策, 2019（07）: 1-33.

[28] 程仲鸣, 夏新平, 余明桂. 政府干预、金字塔结构与地方国有上市公司投资 [J]. 管理世界, 2008（09）: 37-47.

[29] 樊纲, 王小鲁, 马光荣. 中国市场化进程对经济增长的贡献 [J]. 经济研究, 2011, 46（09）: 4-16.

[30] 纪志宏, 周黎安, 王鹏, 等. 地方官员晋升激励与银行信贷——来自中国城市商业银行的经验证据 [J]. 金融研究, 2014（01）: 1-15.

[31] 雷光勇, 李书锋, 王秀娟. 政治关联、审计师选择与公司价值 [J]. 管理世界, 2009（07）: 145-155.

[32] 李文贵, 余明桂. 所有权性质、市场化进程与企业风险承担 [J]. 中国工业经济, 2012（12）: 115-127.

[33] 廖冠民, 沈红波. 国有企业的政策性负担：动因、后果及治理 [J]. 中国工业经济, 2014（06）: 96-108.

[34] 罗党论, 佘国满, 陈杰. 经济增长业绩与地方官员晋升的关联性再审视——新理论和基于地级市数据的新证据 [J]. 经济学（季刊）, 2015, 14（03）: 1145-1172.

[35] 乔坤元, 周黎安, 刘冲. 中期排名、晋升激励与当期绩效：关于官员动态锦标赛的一项实证研究 [J]. 经济学报, 2014, 1（03）: 84-106.

[36] 孙铮, 刘凤委, 李增泉. 市场化程度、政府干预与企业债务期限结构——来自我国上市公司的经验证据 [J]. 经济研究, 2005（05）: 52-63.

[37] 王叙果, 张广婷, 沈红波. 财政分权、晋升激励与预算软约束——地方政府过度负债的一个分析框架 [J]. 财政研究, 2012（03）: 10-15.

[38] 王宇伟, 盛天翔, 周耿. 宏观政策、金融资源配置与企业部门高杠杆率 [J]. 金融研究, 2018（01）: 36-52.

[39] 吴敏, 周黎安. 晋升激励与城市建设: 公共品可视性的视角 [J]. 经济研究, 2018, 53 (12): 97-111.

[40] 夏立军, 方轶强. 政府控制、治理环境与公司价值——来自中国证券市场的经验证据 [J]. 经济研究, 2005 (05): 40-51.

[41] 张军, 樊海潮, 许志伟, 等. GDP 增速的结构性下调: 官员考核机制的视角 [J]. 经济研究, 2020, 55 (05): 31-48.

[42] 赵宇. 官员晋升激励与企业负债——地级市层面的经验分析 [J]. 经济管理, 2019, 41 (04): 93-110.

[43] 郑志刚, 李东旭, 许荣, 等. 国企高管的政治晋升与形象工程——基于 N 省 A 公司的案例研究 [J]. 管理世界, 2012 (10): 146-156+188.

[44] 钟宁桦, 刘志阔, 何嘉鑫, 等. 我国企业债务的结构性问题 [J]. 经济研究, 2016, 51 (07): 102-117.

[45] 周黎安. 中国地方官员的晋升锦标赛模式研究 [J]. 经济研究, 2007 (07): 36-50.

[46] 周铭山, 张倩倩. "面子工程"还是"真才实干"?——基于政治晋升激励下的国有企业创新研究 [J]. 管理世界, 2016 (12): 116-132+187-188.

[47] 朱玉杰, 张上冉. 不同发审机制下的承销商声誉与债券融资成本 [J]. 经济学报, 2021, 8 (01): 109-128.

第 6 章

"准财政职能"承担与结构性宏观债务
（融资平台篇）

本章考察财政干预如何影响地方融资平台这一类特殊国有企业融资和地方隐性债务积累。我们基于2014—2019年城投债发行数据，以地方官员晋升激励刻画当地融资平台面临的财政干预和"准财政职能"承担程度，实证其对城投债发行行为的影响。研究发现，"准财政职能"承担会压降城投债融资成本、增加债券发行规模，从而促进地方隐性债务累积，并且上述效应在市场化程度较低、经济增长压力较大的城市更为明显。机制研究发现，在发行债券之前，面临晋升激励的地方官员具有强烈的拉动投资动机，并通过转让国有股权、提供财政补贴、注入土地资产等方式为向地方融资平台增信，从而干预城投债的发行成本和债务累积。这一研究丰富了政治晋升和财政干预视角下地方政府隐性债务成因的认识。

6.1 引言

为应对2008年金融危机，我国中央政府启动了前所未有的四万亿财政刺激计划。然而,中央政府只为这项计划贡献了 1.18 万亿元人民币,而地方政府则承担了其余的部分(Lu 和 Sun,2013),此举对随后十年的中国经济产生深远影响了。其中最重要的影响之一与地方经济发展模式有关,该模式依赖于地方融资平台(LGFVs)来发行城投债(UIBs),以及由此产生的地方政府隐性债务问题(Bai 等,2019;Chen 等,2020)。截至 2021 年末,城投债市场规模达到 13.09 万亿元①。规模巨大的地方政府债务阻碍了公共财政的可持续性(Ghosh 等,2013),也排挤了私营公司的融资(Liang 等,2017)和投资(Huang 等,2020)。此外,还有可能引发系统性金融风险(Reinhart 和 Rogoff,2011)并阻碍长期经济增长(Bai 等,2019;Woo 和 Kumar,2015)。大量文献从不同角度研究了城投债扩张的原因。本书认为,其原因与地方政府官员的晋升激励有关。

我国地方政府不能直接向银行借款,然而可以建立地方融资平台,并通过资产转让方式(通常是国有股权和土地)为其增信,从而借助地方融资平台从银行贷款或发行城投债融资(Clarke,2016)。作为"名义"债券发行人,地方融资平台主要将资金用于城市基础设施建设以及提供医疗和其他公共设施。由于这些项目建设周期长、收益率低,地方融资平台产生的利润通常不足以满足债务偿还要求。一旦债券面临违约风险,地方政府(作为"实际控制人")可能被迫用其控制的资源为地方融资平台发行的城投债提供担保和"兜底"。因此,城投债的发行受到地方政府"担保意愿"的影响。

中央政府设定了可衡量的指标来评估地方政府官员表现,包括国内生产总值增长率和财政收入,为寻求晋升的地方官员提供了强烈激励,促使其将地方经济发展列为核心目标(Li 和 Zhou,2005 年),并通过成立地方融资平台发行城投债等方式寻求金融资源,以推动固定资产投资、促进地方经济增长、拉动当地就业,此时赋予地方融资平台强烈的"准财政职能"。因此,地方官员晋升压力和融资平台"准

---

① 资料来源万得(Wind)数据库。

第6章 "准财政职能"承担与结构性宏观债务（融资平台篇）

财政职能"承担，很大程度影响着地方政府对融资平台的资源注入力度和"担保意愿"，并对城投债的发行产生直接影响。

本章研究为地方官员晋升激励影响地方融资平台举债的理论假设提供微观层面的证据。首先，我们手动收集了2014年至2019年中国城投债和地方政府官员的个人特征数据，并使用官员任期构建指标以反映晋升激励和融资平台"准财政职能"承担。在此基础上，我们建立实证模型，以城投债的发行数量和成本为因变量，研究地方官员晋升激励对债券发行的影响。实证研究发现，地方官员的晋升激励会影响地方融资平台债务积累，主要是通过推升城投债发行规模和降低城投债成本实现的。此外，我们使用多个子样本来评估这些影响是否是异质，结果表明：市场化程度较低、经济增长压力较大的城市，这种效应更为明显。此外，我们发现在发行债券之前，具有强烈晋升激励的地方官员通过转让国有股权、提供财政补贴以及向地方融资平台注入土地资产等方式干预城投债的发行。

本章研究深化了我国地方政府隐性债务成因的认识。现有地方政府隐性债务研究表明，地方政府往往在城投债的发行中发挥负面作用，市场投资者通过观察地方财政状况来评估地方政府的"担保意愿"，从而计算债券的违约风险（Ang等，2016；Chen 和 Wang，2015；Zhong 等，2016）。在金融市场发行债券并非地方融资平台的"免费午餐"。自2014年9月发布《国务院关于加强地方政府债务管理的意见》（国务院令第43号）以来①，投资者已经开始对城投债背后的政府"隐性担保"失去信心。例如，一些地方政府部门撤回了先前发布的承诺书，其中描述了将债权纳入政府债务。在此背景下，地方官员采取更为"积极"的支持措施，通过改善地方融资平台财务状况和外部信用评级干预城投债发行，以争夺有限财政金融资源和促进地方经济增长。

本章研究组织如下。第二部分介绍了数据来源和计量模型。第三

---

① 该法令明确规定，中国地方政府债务不能通过企业借入，中国地方政府不能担保公司债券。

部分介绍了主要发现、异质性分析和一些稳健性检验。第四部分进行机制分析。最后，第五部分对本章进行了总结。

6.2 数据来源和计量模型

6.2.1 数据来源

我们从万得（Wind）数据库中提取有关城投债发行数据，该数据库提供有关中国金融市场的信息，包括城投债规模、发行利率、到期日和评级信息。我们收集了2014—2019年中国地方融资平台发行的所有城投债的数据，并根据债券研究的一般实践合并了在多个交易市场同一交易日上市的发行记录。最终，我们得到样本为273个城市（包括地级市和县级市）的1379家地方融资平台发行的4677只城投债，其中地级市的地方融资平台占70.9%，县级市的地方融资平台占29.1%。

6.2.2 被解释变量

本研究的因变量是地方融资平台发行的城投债规模和成本。因为不同债券的发行日期及到期日存在差异，无法直接比较发行利率。遵循公司债券研究中使用的一般方法，我们使用发行溢价（城投债发行利率与同期且相同到期期限的国债的到期收益率之间的差额）来衡量城投债的发行成本（Sengupta，1998；Waisman 等，2015；Bradley 等，2016；Ge 等，2020）。我们使用总发行规模来衡量城投债的规模（Tolliver 等，2020）。

6.2.3 核心解释变量

本研究的核心解释变量是地方官员晋升激励，我们用官员任期来衡量。在我国，"任期制"是影响地方官员执政行为和晋升的重要因素（Cao 等，2014）。根据中国中央政府的规定，"地方官员一届任期是 5 年，担任同一岗位不能超过两届"。因此，5 年为地方官员晋升的关键节点；一旦其任期超过 5 年，该市市委书记的晋升概率从 71% 降至 49%（Tian 等，2019）。因此，地方官员的晋升激励在任期的第 4 年最为强烈。通过官方新闻网站，我们手动收集了有关中国市委书记个人特征的数据，包括姓名、年龄和任期等信息。与 Wu 和 Zhou（2018）一致，我们选择变量 TermDum 来衡量地方官员的晋升激励，当地方官员在他们任期的第 4 年时，该变量等于 1，否则等于 0。

6.2.4 控制变量

借鉴相关研究的一般方法（Gao 等，2021；Waisman 等，2015），我们还增加了三类与城投债发行相关的控制变量。第一类控制变量是债券层面，包括 Maturity（到期日）、Rating（评级）、Guarantee（债券是否有担保）和 Collateral（债券是否有抵押品）。第二类控制变量是公司层面，包括 Size（总资产）、Leverage（资产负债比）、ROA（总资产回报率）和 Current_ratio（流动资产周转率）。第三类控制变量包括以下城市层面：GDP（GDP 增长率）、Pop（人口增长率）、Budget_gap（预算缺口）和 Fixbygdp（固定资产投资与 GDP 之比）。我们从 WIND 数据库中提取债券层面和公司层面数据，并从中国城市统计年鉴中提取城市层面数据。然后，我们根据公司的位置，将公司层面的数据与城市层面的数据进行匹配。所有的连续变量都进行了 1% 的缩尾处理，以防止异常值影响估计结果。

描述性统计显示，在样本期内，城投债的发行规模（Amount）在 0.1 至 82 之间，平均为 8.23。此外，城投债的成本（利差）在 0.99% 至 4.24% 之间，平均为 2.52%。由于样本包括地级和县级地方融资平台，债券的规模和成本差异很大；因此，有必要在估计基本回归结果之后进行异质性分析。其他描述性统计数据如下：地方官员在第 4 年任职的百分比（TermDum）为 18%，54 岁的地方官员的百分比

(AgeDum)为11%。我们还提供债券层面的控制变量(Maturity、Rating、Guarantee、Collateral)、公司级层面的控制变量(Size、Leverage、ROA、Current_ratio)和城市层面的控制变量(GDP、Pop、Budget_gap、Fixbygdp)的汇总统计信息,如表6-1所示。

表6-1 描述性统计量

变量	样本量	均值	标准差	中值	最小值	最大值
Outcomes						
Spread	4677	2.52	0.93	2.48	0.99	4.24
Amount	4677	8.23	5.43	7.00	0.10	82.00
Treatments						
TermDum	4677	0.18	0.27	0.00	0.00	1.00
AageDum	4677	0.11	0.31	0.00	0.00	1.00
Controls						
Bondcharacteristics						
Maturity	4677	4.45	2.07	5.00	1.00	7.00
Guarantee	4677	0.12	0.33	0.00	0.00	1.00
Collateral	4677	0.02	0.14	0.00	0.00	1.00
Rating	4545	3.64	0.97	3.00	1.00	7.00
Companycharacteristics						
Size	4630	385.71	503.81	242.10	0.05	5541.76
Leverage	4627	53.88	13.64	55.70	26.43	76.07
ROA	4628	2.35	1.59	1.89	0.52	6.32
Current_ratio	4620	0.27	0.35	0.12	0.03	1.32
Capital	4603	82.67	96.61	54.39	-13.24	1028.25
Subsidy	4531	2.02	3.20	1.01	0.00	34.13
Land	4070	24.50	81.52	3.45	0.00	1233.40
Citycharacteristics						
GDP	4677	8.09	0.83	8.11	6.65	9.54
Pop	4457	6.27	0.47	6.21	5.33	6.98
Budget_gap	4642	-0.06	0.06	-0.05	-0.21	0.00
Fixbygdp	4614	0.77	0.21	0.75	0.37	1.17
Policy	4677	0.65	0.48	1.00	0.00	1.00

6.2.5 基准模型

为了研究地方官员的晋升激励对城投债发行成本的影响,我们建立了如下模型（1）：

$$Spread_{i,j,k,t} = \beta_0 + \beta_1 TermDum_{k,t} + \beta_2 Ctr_{bond_{i,t}} + \beta_3 Ctr_{cmpy_{j,t-1}} + \beta_4 Ctr_{city_{k,t-1}} + \sum City + \sum Year + \varepsilon_{i,j,k,t} \quad (1)$$

其中，被解释变量 $Spread_{i,j,k,t}$ 表示时间 t 时 j 公司在 k 市发行债券 i 的成本。主要解释变量 $TermDum_{k,t}$ 是任期的虚拟变量，我们用它来捕捉地方官员的晋升激励；对于任期第四年的官员，它等于1，否则等于0。$Ctr_{bond_{i,t}}$ 代表债券层面的控制变量，包括 Maturity、Rating、Guarantee、Collateral。$Ctr_{cmpy_{j,t}}$ 代表公司层面控制变量，包括 Size、Leverage、ROA、Current_ratio。$Ctr_{city_{k,t}}$ 代表城市层面控制变量，包括 GDP、Pop、Budget_gap 和 Fixbygdp。同时，$\varepsilon_{i,j,k,t}$ 是扰动项。此外，$\sum City$ 和 $\sum Year$ 分别是城市效应和年份效应，我们用它们来控制城市和时间的不可观察到的固定效应。β_1 是我们主要关心的参数。

同样，为了调查地方官员的晋升激励措施对城投债发行规模的影响，我们设置了模型（2）如下：

$$Amount_{i,j,k,t} = \alpha_0 + \alpha_1 TermDum_{k,t} + \alpha_2 Ctr\_bond_{i,t} + \alpha_3 Ctr\_cmpy_{j,t-1} + \alpha_4 Ctr\_city_{k,t-1} + \sum City + \sum Year + \varepsilon_{i,j,k,t} \quad (2)$$

其中，被解释变量 $Amount_{i,j,k,t}$ 表示时间 t 时 j 公司在 k 市发行的债券 i 的数量。其余变量保留它们在模型（1）中的含义。α_1 是我们主要关心的参数。所有回归均使用具有异方差稳健标准误的普通最小二乘（OLS）回归方法进行估计。

6.3 实证结果

6.3.1 基准回归

表6-2汇报了模型（1）的估计结果。第（1）列显示了地方官

员的晋升激励与城投债的发行成本之间的回归结果。TermDum（β_1）的回归系数为负值，在1%水平上显著。这意味着，平均而言，地方官员的晋升激励越大，城投债的发行成本就越低。第（2）列添加债券层面、城市固定效应和年份固定效应的控制变量，在此，β_1的符号在10%水平显著为负。就债券层面的控制变量而言，规模效应降低了债券发行的边际成本，因此Amount的回归系数在1%的统计水平上显著为负。Maturity回归系数为正，表明债券到期日越长，债券的发行成本越大。

此外，Guarantee、Collateral、Rating的回归系数均为负值，表明具有担保品和抵押品或较高评级的债券具有较低的发行成本，与我们的预期相符。在第（3）列中，β_1的符号和意义与第（2）列中相同。从公司层面的控制变量来看，Size、ROA、Current_ratio的回归系数均为负值，表明规模更大、营利能力更强、流动性风险更低的公司面临的债券发行成本更低。Leverage的回归系数为正，表明公司债务越大，债券的发行成本越大。根据第（3）栏和第（4）栏，β_1同样为负值，在5%水平上显著。从城市层面的控制变量来看，GDP和Pop的回归系数均为负值，表明发展较快、人口增长率较高的城市经济发展前景较好，与偿债相关的风险较低，发债成本较低。Budget_gap和Fixbyg-dp的回归系数均为正，表明财政缺口较大、固定资产投资较大的城市对资本的需求较大，债务发行成本往往较高。

总之，结果表明，地方官员的晋升激励可以增加地方融资平台发行城投债的可能性，并显著降低发行成本。

表6-2　　　　　　　　地方官员晋升激励与城投债的发行成本

Variable	(1)	(2)	(3)	(4)
	Spread			
TermDum	-0.116*** (-2.71)	-0.071* (-1.77)	-0.070* (-1.78)	-0.087** (-2.15)
Amount		-0.338*** (-15.95)	-0.248*** (-11.06)	-0.256*** (-11.06)
Maturity		0.088*** (14.91)	0.081*** (13.69)	0.081*** (13.34)

续表

	(1)	(2)	(3)	(4)
Guarantee		-0.063* (-1.84)	-0.171*** (-4.94)	-0.181*** (-5.06)
Collateral		-0.182** (-2.43)	-0.076 (-1.03)	-0.073 (-0.92)
Rating		-0.168*** (-12.99)	-0.084*** (-5.88)	-0.094*** (-6.45)
Size			-0.213*** (-11.68)	-0.195*** (-10.43)
Leverage			0.008*** (8.22)	0.007*** (7.04)
ROA			-0.018** (-2.01)	-0.016* (-1.82)
Gurrent_ratio			-0.212*** (-4.83)	-0.242*** (-5.45)
GDP				-0.439* (-1.92)
Fixbygdp				0.551*** (2.85)
Pop				-0.033 (-0.15)
Budget_gap				0.104 (0.07)
CityFE	No	Yes	Yes	Yes
YearFE	No	Yes	Yes	Yes
Obs.	4677	4545	4528	4234
R-squared	0.465	0.545	0.564	0.559

注：Robust t-statistics in parentheses，***p<0.01，**p<0.05，*p<0.1，本章下同。

表6-3给出了模型（2）的估计结果。第（1）列显示了地方官员的晋升激励与城投债发行规模之间的回归结果。TermDum（α_1）的回归系数为正，在5%水平上显著。这意味着平均而言，地方官员的晋升激励越大，城投债的发行规模就越大。列（2）添加了债券层面、城市固定效应和年份固定效应的控制变量。α_1在10%水平上显著为正。就债券层面的控制变量而言，Maturity的回归系数为负值，且在1%的水平上显著，表明较长期限债券的发行规模也较低。Guarantee、Collateral和Rating的回归系数为正，表明带有担保品和抵押品或更高

评级的债券发行规模通常会更大。第（2）栏和第（3）栏进一步控制公司特征，此处，α_1 的符号和意义与（1）和（2）列中的符号和意义相同。就公司层面的控制变量而言，Size、Leverage、Current_ratio 的回归系数为正，表明规模越大，杠杆率越高，流动性风险越低，债券发行规模越大。ROA 的回归系数为负，表明公司盈利越多，债券发行规模越小。最后，第（4）列进一步控制城市特征，同样，α_1 在 5% 水平上显著为正。从城市层面的控制变量来看，GDP、Pop、Budget_gap、Fixbygdp 的回归系数均为正，表明发展较快、人口增长率较高、财政缺口较大、固定资产投资较大的城市对资本的需求较大，债券发行规模较大。总之，结果表明，地方官员的晋升激励可以增加地方融资平台发行城投债的可能性，并显著提高发行规模。

表6-3　　　　　　地方官员晋升激励与城投债发行规模

Variable	(1)	(2)	(3)	(4)
	Amount			
TermDum	0.071**	0.051*	0.052**	0.068**
	(2.32)	(1.80)	(1.97)	(2.50)
Maturity		-0.167***	-0.113***	-0.116***
		(-15.95)	(-11.06)	(-11.06)
Guarantee		0.094***	0.089***	0.087***
		(23.62)	(22.98)	(22.10)
Collateral		0.089***	0.051**	0.065***
		(3.73)	(2.16)	(2.70)
Rating		0.059	0.170***	0.173***
		(1.12)	(3.39)	(3.22)
Size			0.005	0.002
			(0.49)	(0.19)
Leverage			0.269***	0.273***
			(22.84)	(22.67)
ROA			-0.004***	-0.003***
			(-5.12)	(-4.84)
Current_ratio			0.038***	0.038***
			(6.39)	(6.32)
GDP				0.181***
				(6.05)
Fixbygdp				0.040
				(0.26)

续表

	(1)	(2)	(3)	(4)
Pop				0.172
				(1.32)
Budget_gap				0.012
				(0.08)
CityFE	No	Yes	Yes	Yes
YearFE	No	Yes	Yes	Yes
Obs.	4677	4545	4528	4234
R-squared	0.157	0.309	0.389	0.390

6.3.2 稳健性检验

(1) 晋升激励的替代指标

除了任期之外，官员的年龄也是影响其晋升机会的一个重要因素。1982年，中国中央政府实行了高级政府官员强制退休制度。1992年，政府进一步提出省级政府高级官员的平均年龄应为55岁，这使得55岁以上的地方政府官员晋升为省级政府高级官员的可能性非常低。事实上，54岁是地方政府官员倾向于"退居二线"的年龄，表现为54岁之后晋升概率向下跳跃，同时仕途终结概率显著提升（Ji等，2014；Wu和Zhou，2018）。因此，地级市官员在54岁发展当地经济以争取晋升机会的动机最强。作为地方官员晋升激励的另一个衡量标准，本书引入年龄虚拟变量AgeDum，当官员为54岁时等于1，否则等于0。我们使用新的替代变量重复模型（1）和（2）的估计，并在表6-4的第（1）列和第（4）列中列示结果。

在表6-4的第（1）列中，AgeDum的回归系数在1%的水平上显著为负，而第（4）列中的AgeDum的回归系数在10%的水平上显著为正。这些结果证实了我们的估计与基准回归模型的稳健性。

(2) 债券发行成本替代指标

基准回归在衡量债券发行成本时，使用债券发行利率与同期且相同到期期限的国债收益率之差来消除债券到期和市场环境的影响。这里，我们使用地方融资平台发行城投债的发行利率来衡量发行成本，并重复模型（1）的估计。在表6-4第（2）列中，TermDum的回归系数为负值，在5%的水平上显著，表明核心结论是稳健的。

6.3.3 内生性检验

就内生性问题而言，基准模型（1）及（2）引入控制反映城市经济发展的变量（如GDP及固定资产投资），并加入城市虚拟变量，以进一步控制不可观察的城市固定效应。尽管这些努力可能在一定程度上消除了内生性的问题，但我们仍然担心，一些遗漏变量和计量差误可能会导致内生性问题。因此，我们将2014年至2019年间国务院发布实施的与地方融资平台相关政策作为外生冲击，以缓解内生性问题。

2014年9月，为解决地方政府债务问题，国务院发布《国务院关于加强地方政府债务管理的意见》（国务院令第43号）。该法令明确规定，地方政府不能通过企业举债融资，地方政府不能为企业债券提供担保。随后，投资者开始重新认识城投债背后的政府"隐性担保"。这导致具有强烈晋升激励的地方官员通过更积极的支持措施干预城投债的发行，以吸引投资者并争夺有限的金融资源。因此，我们建立模型（3）和（4）如下：

$$\text{Spread}_{i,j,k,t} = \lambda_0 + \lambda_1 \text{TermDum}_{k,t} * \text{Policy}_t + \lambda_2 \text{TermDum}_{k,t} + \lambda_3 \text{Policy}_t + \lambda_4 I + \lambda_5 \text{Ctr}_{cmpy_{j,t-1}} + \lambda_6 \text{Ctr}_{city_{k,t-1}} + \sum \text{City} + \sum \text{Year} + I_{i,j,k,t} \quad (3)$$

$$\text{Amoult}_{i,j,k,t} = \varphi_0 + \varphi_1 \text{TermDum}_{k,t} * \text{Policy}_t + \varphi_2 \text{TermDum}_{k,t} + \varphi_3 \text{Policy}_t + \varphi_4 \text{Ctr}_{bold_{i,t}} + \varphi_5 \text{Ctr}_{cmpy_{j,t-1}} + \varphi_6 \text{Ctr}_{city_{k,t-1}} + \sum \text{City} + I + \varepsilon_{i,j,k,t} \quad (4)$$

其中，Policy_t为政策虚拟变量，城投债发行年份为2015年及以后，则等于1，否则为0。其余变量保留其在模型（1）和（2）中的含义。φ_1和λ_1为我们所关心的参数。所有回归均使用具有异方差稳健标准误的OLS回归方法进行估计。表6-4的第（3）列和第（5）列报告了结果。

具体地，第（3）列的Policy系数为正，在5%的水平上显著，表明第 43 号法令增加了城投债的发行成本。然而，TermDum 和 TermDum * Policy 的系数仍然显著为负，表明具有较强晋升激励的地方官员采取了更积极的支持措施来干预城投债的发行，从而降低了这些债券的发行成本。第（5）列中的 Policy 系数为负值，在 1% 的水平上显著，表明第 43 号法令减少了城投债的发行规模。然而，TermDum 和 TermDum * Policy 的系数仍然显著为正，表明具有强烈晋升激励的地方官员采取了更积极的支持措施来干预城投债的发行，从而增加了债券的发行规模。

表 6 – 4　　　　　　稳健性与内生性检验结果

Variable	(1) Spread	(2) Spread	(3) Spread	(4) Amount	(5) Amount
AgeDum	-0.121*** (-3.41)			0.039* (1.74)	
TermDum		-0.080* (-1.92)	-0.004* (-2.12)		0.116*** (2.84)
Policy			0.170** (2.04)		-0.197*** (-3.43)
TermDum * Policy			-0.206** (-2.31)		0.110* (1.79)
Bondcharacteristics	Yes	Yes	Yes	Yes	Yes
Companycharacteristics	Yes	Yes	Yes	Yes	Yes
Citycharacteristics	Yes	Yes	Yes	Yes	Yes
CityFE	Yes	Yes	Yes	Yes	Yes
YearFE	Yes	Yes	Yes	Yes	Yes
Obs.	4234	4234	4234	4234	4234
R-squared	0.560	0.560	0.548	0.370	0.396

6.3.4　异质性检验

（1）市场化程度

尽管我们的结果证实地方官员干预地方融资平台的债券发行，但其干预程度仍受该地区市场化水平的限制。当一个地区的市场化水平较低时，地方官员的干预程度可能越大，地方官员的晋升激励对地融资平台债券发行的影响可能越大。我们基于地方融资平台的管理水平考察了这种异质性。与地级市相比，县级市的市场化水平始终较低（Fan，2011）。因此，我们根据地方融资平台的管理水平将整个样本分为两个子样本：地级市和县级市。然后我们重复模型（1）和（2）的估计。表6-5报告了这些估计结果。

比较（1）和（2）列中TermDum系数的绝对值，我们发现市场化程度较低的地区（县级市）地方官员晋升激励对债券发行成本的影响较大。在（3）和（4）列中，地方官员的晋升激励对债券发行规模的影响同样较大，进一步证实了（1）和（2）列中的发现。

表6-5　　　　　　　　　异质性检验：市场化程度

Variable	(1)	(2)	(3)	(4)
	Spread		Amount	
	County	City	County	City
TermDum	-0.164**	-0.068	0.050***	0.013
	(-2.21)	(-1.19)	(2.88)	(0.37)
Bondcharacteristics	Yes	Yes	Yes	Yes
Companycharacteristics	Yes	Yes	Yes	Yes
Citycharacteristics	Yes	Yes	Yes	Yes
CityFE	Yes	Yes	Yes	Yes
YearFE	Yes	Yes	Yes	Yes
Obs.	1256	2243	1256	2243
R-squared	0.605	0.566	0.430	0.419

（2）经济增长面临不同程度的压力

另一种类型的异质性可能是由于不同地区GDP增长压力不同。GDP增长的压力越高，地方官员的晋升激励可能就越大，进而地方官员的晋升激励对地方融资平台债券发行的影响可能更大。我们基于城市的相对GDP增长率来检验这种异质性。具体地，如果一个城市的GDP增长率低于该城市所在省份的平均增长率，则GDP增长的压力水平相对较高。因此，我们将整个样本分为两个子样本——高GDP增长压力城市和低GDP增长压力城市，并重复模型（1）和（2）的估计。

表6-6列示了上述估计结果。

比较（1）和（2）列中 TermDum 系数的绝对值，我们发现地方官员的晋升激励对债券发行成本的影响在 GDP 增长压力较大的城市更为显著。在（3）和（4）列中，地方官员的晋升激励对债券发行规模的影响在 GDP 增长压力较大的城市也较大，进一步证实了（1）和（2）列中的发现。

表6-6　　　　　　异质性检验：经济增长压力

	(1)	(2)	(3)	(4)
	\multicolumn{2}{c}{Spread}		\multicolumn{2}{c}{Amount}	
Variable	High	Low	High	Low
TermDum	-0.138**	-0.018	0.099**	0.020
	(-1.96)	(-0.28)	(2.02)	(0.45)
Bondcharacteristics	Yes	Yes	Yes	Yes
Companycharacteristics	Yes	Yes	Yes	Yes
Citycharacteristics	Yes	Yes	Yes	Yes
CityFE	Yes	Yes	Yes	Yes
YearFE	Yes	Yes	Yes	Yes
Obs.	2013	2221	2013	2221
R-squared	0.595	0.576	0.395	0.405

6.4　机制检验

前一节研究了地方官员的晋升激励对地方融资平台债券发行的影响。在本节中，我们试图解释这些效应的作用机制。换句话说，我们的目的是讨论地方政府官员在晋升激励措施的影响下，如何干预地方融资平台的债券发行。

首先，作为一种直接融资方式，地方政府通过地方融资平台（LGFVs）发行的债券必须公开发售给未指明投资者。在作出决定时，这些投资者通常依赖债券发行人和外部评级报告披露的财务信息。在此背景下，具有强大晋升激励的地方官员也有动机采取各种形式的"财政支持"措施，将其所控制资源（如当地国有企业股权、公用事业收费权等）注入地方融资平台，从而迅速扩大地方融资平台的总资产和净资产，使其能够争夺有限的金融资源。这种"股权支持"的主要形式是，在短期内迅速增加地方融资平台的"资本储备"账户。因此，我们认为，地方融资平台在发行债券前会从地方政府获得更多资金，而具有强烈晋升激励的地方政府官员，会向地方融资平台注入更多资金以吸引投资者。因此，提出研究假设如下：

假设1：地方政府官员的晋升激励与地方融资平台发行债券前的资本规模存在正相关关系。

土地是地方政府控制的最重要的资产。许多研究指出，地方政府以各种方式向地方融资平台注入土地资产，从而为随后的基础设施项目融资提供必要的抵押品。这些基础设施的改善最终会通过"资本化"过程推高土地价格，这一过程也被称为中国独特的"土地融资"模式（Liang 等，2017）。然而，自2004年以来，中央政府一直规定，所有商业用地都必须通过拍卖方式出售，这意味着地方政府在向地方融资平台注入土地资产时往往会产生土地购置成本。

实际上，地方政府通常在通过"拍卖"取得土地后，以各种方式（例如以财政补贴的形式）返还其支付的土地出让金。因此，尽管无法直接观察到地方政府向地方融资平台注入土地资产，但我们预计地方融资平台将在发行债券前在土地转让市场获得更多土地。这种"土地支持"的主要形式是地方融资平台"无形资产"账户的短期快速增长。因此，我们认为，地方融资平台在发行债券前会从土地转让市场获得更多土地，而拥有强大晋升激励的地方官员也有激励措施将更多土地资产转让给地方融资平台，以吸引投资者。因此，我们的预测如下：

假设2：官员晋升激励与地方融资平台债券发行前的土地资产存在正相关关系。

除了增加发行人的资产，地方官员还必须帮助地方融资平台达到

第6章 "准财政职能"承担与结构性宏观债务(融资平台篇)

资本市场的债券发行门槛。为确保债券市场健康发展,控制金融风险,证监会为公司债券发行设立了一系列门槛条件。例如,公司的净资产不能低于一定金额,前三年净利润必须足以支付公司债券一年的利息。由于地方融资平台主要承担的是低利润甚至零利润的公共服务项目,自身盈利能力较差,而其债券发行规模较大,根本无法满足门槛条件。因此,地方政府的资产注入和补贴等财政支持对地方融资平台至关重要。这种"财政支持"的主要形式是地方融资平台"非经营收入"账户的短期快速增长以扩充资产和做大收入。因此我们认为,具有强烈晋升激励的地方官员有动机向地方融资平台提供更多的财政补贴以吸引投资者,从而致使地方融资平台在发行债券前会从地方政府获得更多的财政补贴。因此,我们的预测如下:

假设3:地方政府官员的晋升激励与地方融资平台在发行债券前获得的财政补贴之间存在正相关。

为了检验上述三个假设,我们设置模型(5)、(6)和(7)如下:

$$Capital_{i,j,k,t-1} = \gamma_0 + \gamma_1 TermDum_{k,t} + \gamma_2 Ctr\_bond_{i,t} + \gamma_3 Ctr\_cmpy_{j,t-1} + \gamma_4 Ctr\_city_{k,t-1} + \sum_c City + \sum_y Year + \varepsilon_{i,j,k,t} \quad (5)$$

$$Land_{i,j,k,t-1} = \pi_0 + \pi_1 TermDum_{k,t} + \pi_2 Ctr\_bond_{i,t} + \pi_3 Ctr\_cmpy_{j,t-1} + \pi_4 Ctr\_city_{k,t-1} + \sum_c City + \sum_y Year + \varepsilon_{i,j,k,t} \quad (6)$$

$$Subsidy_{i,j,k,t-1} = \theta_0 + \theta_1 TermDum_{k,t} + \theta_2 Ctr\_bond_{i,t} + \theta_3 Ctr\_cmpy_{j,t-1} + \theta_4 Ctr\_city_{k,t-1} + \sum_c City + \sum_y Year + \varepsilon_{i,j,k,t} \quad (7)$$

式(5)中的 $Capital_{i,j,k,t-1}$ 代表地方融资平台"资本储备"账户中的金额,式(6)中的 $Land_{i,j,k,t-1}$ 代表地方融资平台"无形资产"账户中的金额,而式(7)中的 $Subsidy_{i,j,k,t-1}$ 代表地方融资平台"非经营收入"账户中的金额。由于这些地方政府金融支持措施必须在地方融资平台发行债券之前到位,因此我们使用滞后一期的因变量,其余变量保留其在模型（1）中的含义和设置。γ_1、θ_1 和 π_1 是我们所关心的参数。表 6-7 列示了通过 OLS 回归方法估计模型（5）、（6）和（7）的回归结果。

第（1）列中的 TermDum 系数为正，且在 5% 水平上显著。当我们进一步引入三类控制变量时，第（2）列中的 TermDum 系数仍为正，并且在 10% 的水平上显著。这些结果支持假设了 1，即地方官员在晋升激励下，在地方融资平台发行债券之前显著增加了国有股权向地方融资平台的转让。第（3）列中的 TermDum 系数为正，在 10% 的水平上显著。当我们进一步引入三类控制变量时，第（4）列中的 TermDum 系数仍为正，并且在 10% 的水平上显著。这些结果支持了假设 2，即具有面临晋升激励的地方官员在地方融资平台发行债券之前显著增加了给予地方融资平台的财政补贴。第（5）列中的 TermDum 系数也为正，在 10% 的水平上显著。当我们进一步引入三类控制变量时，第（6）列中的 TermDum 系数仍为正，并且在 10% 的水平上显著。这些结果支持了假设 3，即面临晋升激励的地方官员，在地方融资平台发行债券之前显著增加了对地方融资平台的土地资产注入。

总之，上述结果表明，具有强烈晋升激励的地方官员确实通过国有股权转让、财政补贴和土地资产注入进行了干预，以提升地方融资平台短期内发行债券的能力。

表 6-7　机制检验

Variable	(1)	(2)	(3)	(4)	(5)	(6)
	Capital	Capital	Subsidy	Subsidy	Land	Land
TermDum	0.155**	0.039*	0.307*	0.263*	0.007*	0.007*
	(2.17)	(2.00)	(1.92)	(1.66)	(1.72)	(1.80)
Bondcharacteristics	No	Yes	No	Yes	No	Yes
Companycharacteristics	No	Yes	No	Yes	No	Yes
Citycharacteristics	No	Yes	No	Yes	No	Yes
CityFE	No	Yes	No	Yes	No	Yes
YearFE	No	Yes	No	Yes	No	Yes
Obs.	2554	3536	2715	2565	3289	3090
R-squared	0.370	0.735	0.398	0.454	0.386	0.396

第6章 "准财政职能"承担与结构性宏观债务（融资平台篇）

6.5 结论与政策建议

近年来，我国地方政府隐性债务规模不断扩大，给债务治理带来新的挑战。本书以市政债券为切入点，考察了地方官员晋升激励对城投债发行的影响。基于2014—2019年手动收集的城投债发行数据和地方政府官员的个人特征信息，我们实证发现地方官员的晋升激励通过增加城投债的规模和降低城投债的成本来影响当地融资平台举债行为。同时，在市场化水平较低、经济增长压力较大的城市，上述影响更大。机制研究发现，具有强烈晋升动机的地方官员在地方融资平台发行债券前，通过转让国有股权、提供财政补贴以及向地方融资平台注入土地资产等方式干预地方融资平台债券的发行。

基于以上结论，我们提出以下三点政策建议。第一，中央政府对地方官员的评估应该包括多个指标。如果这些评价将短期经济发展作为地方官员晋升的唯一标准，就会激励地方官员对企业进行过度干预，从而对长期经济发展产生不利影响。第二，地方政府与地方融资平台的关系应逐步明晰。推动地方政府发行标准政府融资债券，确保债券定价和评级反映其实际风险状况至关重要。第三，更多地关注市场化水平较低、经济增长压力较大的城市的债务问题。

本章参考文献

[1] Ang A, Bai J, Zhou H. The great wall of debt: real estate, political risk, and Chinese local government financing cost [J]. Georgetown McDonough School of Business Research Paper, 2018 (2603022): 15-02.

[2] Bai C E, Hsieh C T, Song Z M. The long shadow of a fiscal expansion

[R]. National Bureau of Economic Research, 2016.

[3] C, Ma L, Shen X. Fiscal pressure, promotion pressure, tenure of office and local state-owned companies overinvestment [J]. China Economic Quarterly, 2014, 13 (04): 1415 – 36.

[4] Chen S, Wang L. Will political connections be accounted for in the interest rates of Chinese urban development investment bonds? [J]. Emerging Markets Finance and Trade, 2015, 51 (1): 108 – 129.

[5] Chen Z, He Z, Liu C. The financing of local government in China: Stimulus loan wanes and shadow banking waxes [J]. Journal of financial economics, 2020, 137 (1): 42 – 71.

[6] Clarke D C, Fang L. The law of China's Local Government Debt crisis: local government financing vehicles and their bonds. GWU Law School Public Law Research Paper No. 2016 – 31 [EB/OL].

[7] Fan G, Wang X, Zhu H. NERI index of marketization of China's provinces [J]. National Economic Research Institute, Beijing, 2011.

[8] Gao P, Murphy D, Qi Y. Political uncertainty and public financing costs: Evidence from US gubernatorial elections and municipal bond markets [J]. Available at SSRN 1992200, 2019.

[9] Gao H, Ru H, Tang D Y. Subnational debt of China: The politics-finance nexus [J]. Journal of Financial Economics, 2021, 141 (3): 881 – 895.

[10] Huang Y, Pagano M, Panizza U. Local crowding-out in China [J]. The Journal of Finance, 2020, 75 (6): 2855 – 2898.

[11] Ji Z, Zhou L A, Wang P, et al. Promotion incentives of local officials and bank lending: Evidence from China's city commercial banks [J]. Journal of Financial Research, 2014, 1: 1 – 15.

[12] Li H, Zhou L A. Political turnover and economic performance: the incentive role of personnel control in China [J]. Journal of public economics, 2005, 89 (9 – 10): 1743 – 1762.

[13] Liang Y, Shi K, Wang L, et al. Local government debt and firm leverage: Evidence from China [J]. Asian Economic Policy Review, 2017, 12 (2): 210 – 232.

[14] Tian W, Yu J, Gong L. Promotion incentives and industrial land leasing prices: A regression discontinuity design [J]. Econ. Res. J, 2019 (54): 89 – 105.

[15] Waisman M, Ye P, Zhu Y. The effect of political uncertainty on the cost of corporate debt [J]. Journal of Financial Stability, 2015 (16): 106 – 117.

[16] Wu M, Zhou L A. Political incentives and city construction: the visibility of public projects [J]. Econ Res J, 2018, 53 (12): 97 – 111.

[17] Zhong H Y, Zhong N H, Zhu X N. Are the urban construction investment bonds' guarantees credible? Evidence from credit ratings and bond pricings [J]. Journal of Financial Research, 2016 (4): 66 – 82.

第 7 章

"信贷潮汐"与结构性宏观债务

本章研究金融偏好如何结构性地影响企业部门的融资行为与宏观债务形成。根据 2005—2021 年中国上市公司的季度数据，运用 SVAR 模型实证货币政策变化如何结构性地影响我国企业部门的信贷资源分配与债务杠杆构成。我们发现，货币政策宽松时，新增信贷资源会更早、更大规模地流入国有企业，致使国有企业部门的信贷与杠杆增加幅度高于非国有企业部门；货币政策紧缩时，信贷资源会更早、更大规模地流出非国有企业部门，致使国有企业部门的信贷与杠杆的减小幅度低于非国有企业。我们将上述货币政策调整引致的两企业部门信贷资源的非对称性变化称为"信贷潮汐"现象，并指出"信贷潮汐"现象进一步加剧了我国企业部门债务杠杆的部门分化与结构失衡。

7.1 引言

货币政策是国家宏观经济政策的重要组成部分，它在促进经济发展、稳定物价、调节经济波动等方面发挥着重要作用。调控货币政策时，除了考虑GDP、就业率、通胀等常规宏观要素外，还需要考虑企业部门杠杆的变化。随着中国经济的快速发展，国有企业部门和非国有企业部门之间的杠杆失衡问题逐渐凸显，这给货币政策的制定和实施带来了新的挑战。自2008年全球金融危机以来，中国宏观杠杆率大幅上升，并表现出显著的部门结构特征。在我国经济中，国有企业和非国有企业是两个不同的部门，两者在市场竞争、资源配置、资本结构等方面存在差异，其融资行为与杠杆率也存在差异。在当前中国经济形势下，国企部门的债务占比高，而非国有企业部门的债务占比低，导致国有企业和非国有企业部门之间的杠杆失衡问题逐渐凸显，对中国经济的稳定和健康发展潜在较大威胁。

为了应对结构性杠杆高企问题，近年来国家不断出台政策。在2015年12月的中央经济工作会议中，习近平总书记将"去杠杆"列为实现供给侧结构性改革的重要政策目标之一。2016年，国务院印发的《关于积极稳妥降低企业杠杆率的意见》明确指出，要通过完善现代企业制度强化自我约束、盘活存量资产、优化债务结构等方式降低企业杠杆率，为经济的持续健康发展打下坚实基础。此后，中国人民银行、中国银保监会等部委也相继出台多项政策制度，加强金融机构表外和同业业务等影子银行的监管。货币政策是国家调节宏观经济的重要手段，探究货币政策与企业杠杆率之间的关系成为一项重要议题。

为此，本章深入研究货币政策对国有企业和非国有企业部门杠杆的影响，为我国债务风险防范背景下的货币政策制定和实施提供科学依据。创新之处有三点：一是现有文献对企业杠杆率成因的研究主要集中在资源错配、要素生产率、财政支出等，本研究补充了货币政策与信贷配置视角下企业部门结构性杠杆成因领域的研究。二是现有研究仅关注货币政策单向变化对企业杠杆的影响，而本研究对货币政策宽松和紧缩两个时期的企业部门杠杆变化进行全面分析，揭示了货币政策宽松和紧缩时期下两企业部门杠杆的非对称性变化，由此提出了"信贷潮汐"假说。三是现有文献或仅关注货币政策与银行信贷配置的相关关系，或仅研究银行信贷配置与企业部门杠杆率的相关关系，本章系统论证了货币政策通过影响企业信贷资源配置最终影响企业部门杠杆率的作用机制。

7.2 文献综述

7.2.1 结构性杠杆成因研究

伴随中国经济逐渐迈入"新常态"，改革开放以来40多年经济高速增长带来的结构性问题凸显，国有企业与非国有企业的结构性杠杆现象成为众多学者的关注热点。刘莉亚等（2019）发现僵尸企业与正常企业之间存在结构性分化，僵尸企业的杠杆率明显高于正常企业。马骏和王红林（2014）发现，国有企业由于政府的隐形担保而存在预算软约束，可以得到利率较低的贷款，贷款数量也会增加。钟宁桦等（2016）对中国有企业的杠杆率进行了系统梳理，发现大部分工业企业已经显著地"去杠杆"，而国有和大型上市企业是非金融类企业杠杆率居高不下的重要原因。以此为背景，学术界对企业部门结构性杠杆成因有诸多探讨。

部分学者从资源配置角度予以解释。比如，王宇伟等（2018）认为企业部门杠杆率的增加、存在结构性问题的深层次机制是金融资源的产权错配和行业错配。杨国超等（2020）认为四万亿经济刺激政策使大量银行信贷流入国有企业中盈利能力最差、甚至是无法按期偿还贷款本息的企业，并没有改善企业的处境，更没有达到经济刺激政策的目的。Huang等（2020）认为，四万亿财政刺激方案资金主要通过发行地方政府债券筹集，集中在公共投资上，而正是投资激增造成了中国结构性杠杆问题：国有制造企业的杠杆率从2008年第一季度（危机前）的57.5%上升到2010年第一季度的61.5%，而私营制造企业的杠杆率则从59%下降到57%。刘莉亚等（2019）发现，当僵尸企业以优惠利率从银行获得贷款时，为弥补资金成本，银行会提高正常企业的贷款利率，导致正常企业更难获得贷款。

也有学者从地方财政支出与债务角度展开研究。王朝才等（2016）发现，地方财政支出会正向影响国有企业的目标杠杆率，但非国有企业不被影响。吕炜等（2016）发现，政府投资建设性支出的扩张，会造成产业链上游的国有企业的杠杆率水平快速大幅上升，产业链下游的非国有企业的杠杆率水平大幅下降。熊琛和金昊（2021）发现，地方政府债务上升会挤出企业信贷资源，加强信贷的国有企业偏好，资金更容易流向国有企业。郭敏等（2020）认为，优化发展当地经济和提高企业效率，是防范化解地方政府降负债危机的关键。

7.2.2 货币政策与企业融资研究

货币政策是各国政府调控宏观经济的主要手段之一，会对企业部门造成显著影响，许多文献讨论了货币政策对企业信贷资源的影响。比如，陆正飞等（2009）、饶品贵和姜国华（2013）、战明华（2015）发现，银根宽松时，非国有企业上市公司不会面临融资难问题，但银根紧缩时，非国有上市公司的信贷渠道将会受到明显限制，即银行信贷歧视主要表现在货币政策紧缩期，此时信贷资源在不同类型企业间的结构性错配效应显著增强。银行刘莉亚等（2019）进一步认为，货币政策紧缩时，相较于国有企业，非国有企业则往往融资渠道单一，对资金成本更加敏感，成为货币政策紧缩时剧烈降杠杆的承担者。Lu等（2012）发现，由于非国有企业更有可能因为政治原因而遭受银行歧视，它们倾向于通过持有银行所有权来解决其融资劣势。也有学者提出相反观点，例如，汪勇等（2018）提出，中央银行提高政策利率会降低国有企业杠杆率，但同时会造成非国有企业杠杆率上升。

那么，为什么货币政策的变动会结构性地影响国有企业和非国有企业融资呢？部分学者认为，这与国有企业战略职能的承担有关。如叶康涛和祝继高（2009）发现，在银根紧缩阶段，信贷资源配置更有可能向国有企业和劳动密集型企业倾斜，服从于照顾国有企业、稳定就业等目标，而非经济效率目标。曾海舰等（2022）认为，一方面，在各种行政命令的敦促下，银行对国有企业的偏好更为突出；另一方面，国有企业为承担更重的危机时期战略任务而需求的非市场化融资也更多，这就造就了金融危机时期信贷资源的非市场化配置比例相对较高。另一部分学者认为，与银行贷款标准有关。Brandt 和 Li（2003）发现，在其他条件相同的情况下，非国有企业获得贷款的可能性明显更低，获得的贷款数额更小，并受制于更高的贷款标准。Firth 等（2008）发现，国有银行往往对低增长和业绩不佳上市公司以及国有持股比例高的公司的资本支出投资限制较少。但是，上述以非市场化配置信贷资源，对将来出现违约风险埋下了隐患（曾海舰等，2022）。

7.2.3 结构性杠杆失衡治理研究

许多学者就如何应对结构性高杠杆提出建议。张斌等（2018）认为，应对中国式高杠杆，宏观层面重点是避免通缩，结构层面重点是放松服务业管制、平衡中央和地方关系并推动相关投融资机制改革，以及其他释放经济增长活力的改革措施避免政府被动加杠杆。马勇等（2016）提出，金融杠杆波动程度的加大不仅会危害经济增长，同时还会对金融体系的稳定性产生负面影响。危机后"被动去杠杆化"的过程中，应尽可能地采取循序渐进的策略，充分考虑政策实施过程中应有的平滑操作，最大限度地避免金融杠杆急速下降所导致的经济衰退和金融不稳定。胡志鹏（2014）认为，最优货币增速本身受到多方面因素制衡，单纯依靠货币当局使用货币政策工具来降低杠杆率的效果并不理想，且货币当局政策效果缺乏稳定性。因此，当前有必要减轻货币当局控杠杆的压力，通过包括结构性改革在内的多种措施来化解高杠杆率。

7.2.4 文献评述

总的来看，现有文献对货币政策、企业融资和杠杆问题进行了深入研究，但仍有以下方面可以拓展。一方面，现有文献将结构性杠杆成因主要归结于资源错配、企业预算软约束、地方政府财政支出、地方政府债务等方面，然而，在货币政策对结构性杠杆影响上的研究相对缺乏。另一方面，现有文献对不同时期货币政策对企业杠杆的影响的研究主要集中在货币紧缩期，对货币政策"松""紧"时期的企业杠杆变化缺少整体性系统化的探讨，大部分研究孤立地提出货币政策或信贷资源配置对国有企业和非国有企业杠杆水平的影响，却鲜有学者将货币政策、信贷配置、国有企业和非国有企业杠杆水平三者相互联系起来。

为此，本研究对不同货币政策时期的企业杠杆变动进行整体性讨论，以补充货币政策对企业杠杆影响的相关文献，整体把握不同时期货币政策与企业杠杆率的相关关系，并探究信贷配置是否为背后的传导机制，最后得出结论并从货币政策角度提出调整宏观杠杆的相关建议。

7.3 研究假说提出

7.3.1 货币政策对企业部门杠杆的影响

货币政策是各国政府调控宏观经济的主要手段之一，它的波动会对企业部门造成显著影响。对中央而言，相较于地方政府因素，货币政策显然是调控企业部门结构性杠杆问题更便捷的渠道，所以对货币政策与企业结构性杠杆关系的研究十分重要，故本研究对货币政策与企业部门债务杠杆的关系做了如下假设：

假设一：货币政策对企业部门债务杠杆造成非对称影响。具体地，货币政策宽松时，企业部门债务杠杆率上升，且国有企业杠杆率上升程度高于非国有企业杠杆率上升程度；货币政策紧缩时，企业部门债务杠杆率下降,且国有企业杠杆率下降程度低于非国有企业杠杆率下降程度。

7.3.2 所有制偏好与"信贷潮汐"

货币政策变动造成企业部门杠杆发生结构性变化,机制在于银行信贷资源在国非国有企业间的非对称性分配:在货币政策扩张时期,银行信贷资源增加,国有企业优先获得信贷资源,致使国有企业杠杆率较非国有企业杠杆率更快上升;而在货币政策紧缩期,银行信贷资源减少,但由于政策干预或政策倾斜原因等,银行优先减少非国有企业的信贷资源,保留国有企业信贷资源,致使非国有企业杠杆率先于国有企业减少。

本研究将上述机制归结为"信贷潮汐"效应,如图7-1所示。当货币政策宽松时,市场信贷资源增加,"潮水上涨"并首先浸没"近水岸"的国有企业(见箭头1),即国有企业部门会更早、更大规模地获取信贷资源,此后潮水再浸没非国有企业部门(见箭头2)。这导致货币政策宽松时期,国有企业杠杆水平较非国有企业上涨地速度更快、幅度更大。当货币政策紧缩时,市场信贷资源减少,"潮水退去"并首先抽离非国有企业部门(见箭头3),意味着非国有企业会更快、更大规模地减少信贷资源,此后潮水再抽离国有企业部门。这导致货币政策紧缩期,非国有企业杠杆水平较非国有企业下降速度更快、幅度更大。

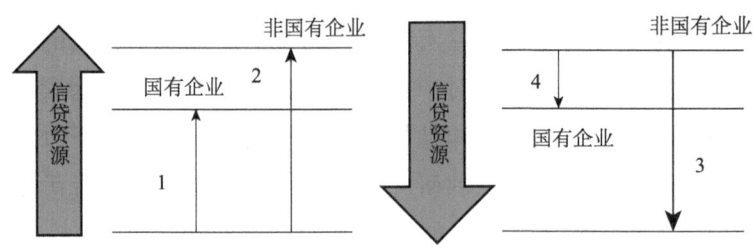

图7-1 "信贷潮汐"现象示意

据此,本研究做出如下假设:

假设二:货币政策宽松时,企业部门信贷资源增加,且国有企业信贷资源的增加幅度高于非国有企业杠杆率增加幅度；货币政策紧缩时，企业部门信贷资源增加，且国有企业杠杆率下降程度低于非国有企业杠杆率下降程度。

7.4 数据来源与实证设计

7.4.1 研究方法与模型设定说明

本研究选用 AB 型的 SVAR 作为计量模型，其中矩阵 A、B 分别为简约式 VAR 和结构式 SVAR 模型对应的 VMA（∞）滞后算子。根据 Christiano 等（1999）和 Enders（2014），简约式 VAR 模型如下：

$$\begin{bmatrix} d\ln M2_t \\ d\ln R_t \\ d\ln Lev\_SOE_{t-1} \\ d\ln Lev\_NSOE_{t-1} \end{bmatrix} = \varphi_1 \begin{bmatrix} d\ln M2_{t-1} \\ d\ln R_{t-1} \\ d\ln Lev\_SOE_{t-1} \\ d\ln Lev\_NSOE_{t-1} \end{bmatrix} + \cdots + \varphi_p \begin{bmatrix} d\ln M2_{t-i} \\ d\ln R_{t-i} \\ d\ln Lev\_SOE_{t-i} \\ d\ln Lev\_NSOE_{t-i} \end{bmatrix} + CZ_{jt} + \begin{bmatrix} \varepsilon_1 \\ \varepsilon_2 \\ \varepsilon_3 \\ \varepsilon_4 \end{bmatrix}, t = 1,2\cdots T$$

(1)

其中 $\varphi_1\cdots\varphi_p$ 是系数矩阵，ε_t 是随机扰动向量，p 是滞后阶数，$M2$ 为广义货币，R_t 为第 t 期的十年期国债利率，Lev_SOE 为国有企业部门的资产负债率，是样本国有企业资产负债率按资产的加权平均值，Lev_NSOE 为非国有企业部门的资产负债率，是样本非国有企业资产负债率按资产的加权平均值。借鉴 Amisano 和 Giannini（1991），Z_{jt} 是外生变量矩阵，是外生变量的个数，方程中所有引进的外生变量都是控制变量。本研究使用 AB 型 SVAR 模型，其满足式（4）。由式（1）推出的 SVAR 模型如下：

$$A\begin{bmatrix} M2_t \\ R_t \\ Lev\_SOE_{t-1} \\ Lev\_NSOE_{t-1} \end{bmatrix} = \Gamma_1 \begin{bmatrix} M2_{t-1} \\ R_{t-1} \\ Lev\_SOE_{t-1} \\ Lev\_NSOE_{t-1} \end{bmatrix} + \cdots +$$

$$\Gamma_p \begin{bmatrix} M2_{t-i} \\ R_{t-i} \\ Lev\_SOE_{t-i} \\ Lev\_NSOE_{t-i} \end{bmatrix} + ACZ_{jt} + \begin{bmatrix} u_1 \\ u_2 \\ u_3 \\ u_4 \end{bmatrix}, t = 1,2\cdots T$$

(2)

$$A\varepsilon_t = Bu_t, E(u_t) = 0_k, E(u_t, u'_t) = I_k \quad (3)$$

根据式（3）得到：

$$A\sum A' = BB' \quad (4)$$

为了识别式（3），我们基于文献选择了短期识别约束方法（Bernanke 和 Mihov，1998；Afrin，2017；Walsh，2017）对 A 和 B 矩阵进行约束。根据乔利斯基分解对 A 和 B 矩阵进行约束，本研究对矩阵 A 和 B 约束条件如下：

$$A = \begin{bmatrix} 1 & 0 & 0 & 0 \\ a_{21} & 1 & 0 & 0 \\ a_{31} & a_{32} & 1 & 0 \\ a_{41} & a_{42} & a_{43} & 1 \end{bmatrix}, B = \begin{bmatrix} b_{11} & 0 & 0 & 0 \\ 0 & b_{22} & 0 & 0 \\ 0 & 0 & b_{33} & 0 \\ 0 & 0 & 0 & b_{44} \end{bmatrix} \quad (5)$$

7.4.2 样本数据与描述性统计

本研究选取 2007—2020 年上市公司作为研究样本，数据频率为季度。上市公司的各项财务指标相对完整，且覆盖不同行业的企业，有利于全面观察宏观政策对不同企业部门和微观企业资产负债率的影响。2005—2006 年是股权分置改革实施的高峰期，因此选择 2007 年作为样本起始年，兼顾了数据可比性以及样本长度。本研究按照以下原则进行样本筛选：（1）剔除观测值缺失的样本；（2）删除金融行业样本；（3）剔除观测区间内处于ST、*ST等非正常交易状态的上市公司数据；（4）剔除了明显有误或出现异常值的样本。

表7-1　　　　　　　　　　变量定义

研究指标	表征变量	计算方法
十年期国债收益率的对数差分	$dlnR$	Wind统计原始，然后取对数差分
广义货币量的对数差分	$dlnM2$	Wind统计，然后取对数差分
国有企业信贷规模的对数差分	$dlnLoan\_SOE$	国有上市公司总负债－国有上市公司债券余额，然后取对数差分
非国有企业信贷规模的对数差分	$dlnLoan\_NSOE$	非国有上市公司总负债－非国有上市公司债券余额，然后取对数差分
国有企业平均资产负债率的对数差分	$dlnLev\_SOE$	国有企业资产负债率按资产加权平均，然后取对数差分
非国有企业平均资产负债率的对数差分	$dlnLev\_NSOE$	非国有企业资产负债率按资产加权平均，然后取对数差分

筛选后的样本按照所有权属性分为国有企业与非国有企业。本研究与Wind数据库分类方法一致，根据公司股权结构关系披露的实际控制人性质，判定公司属性：企业实控人为国资委、中央国有企业、中央国家机关、地方国资委、地方政府、地方国有企业时，企业所有制属性归类为国有企业，反之则归类为非国有企业。$Loan\_SOE$是国有企业部门信贷规模，$Loan\_NSOE$是非国有企业部门信贷规模，为企业总负债减去企业未到期债券余额。Lev_SOE是国有企业杠杆水平，Lev_NSOE是非国有企业杠杆水平，为企业资产负债率的按资产的加权平均值。R为十年期国债利率，$M2$为广义货币，取季度平均值衡量当季货币政策取向，数据来源于中国债券信息网。本研究首先用X12—ARIMA对以上变量进行季节性处理，再取自然对数和差分，以上变量均通过ADF平稳性检验。上市公司数据来源于Wind数据库。2007—2020年十年期国债利率作为货币政策的表征，数据频率为日，数据来源于中国债券信息网。表7-1和表7-2分别展示了变量定义和数据

描述性统计。

表 7-2　　　　　　　　　　数据统计

变量	样本数	平均值	标准差	最小值	最大值
$d\ln R$	63	-0.0036	0.0642	-0.171	0.124
$d\ln M2$	63	0.0331	0.0146	0.0053	0.0812
$d\ln Loan\_SOE$	63	0.0437	0.0424	-0.015	0.294
$d\ln Loan\_NSOE$	63	0.0611	0.0505	-0.029	0.327
$d\ln Lev\_SOE$	63	0.0026	0.0117	-0.059	0.0422
$d\ln Lev\_NSOE$	63	-0.0000913	0.0196	-0.036	0.0963

7.5　实证结果及分析

7.5.1　货币政策冲击下企业部门杠杆水平的变动

本研究分析紧缩和宽松货币政策冲击下，不同企业部门杠杆水平的脉冲响应轨迹在整个样本期的时间变化特征。本研究分别用广义货币量 $M2$ 和十年期国债利率 R 表征货币政策取向，当 $M2$ 受到 1 单位标准差正向冲击，代表宽松货币政策冲击，当 R 受到 1 单位标准差正向冲击，代表着紧缩货币冲击。本研究分析国有企业部门杠杆水平和非国有企业部门杠杆水平的脉冲响应函数，以探究不同所有制企业部门在货币政策冲击下的效应差异。

首先，我们关注宽松货币政策冲击下不同企业部门杠杆水平的变动情况（图 7-2 左）。从脉冲响应方向看，国有企业部门和非国有企业部门的响应路径基本一致。不论是国有企业杠杆还是非国有企业杠杆，在宽松货币政策冲击发生后（从第一期开始），均产生一定正向效应，且在第一期正向效应达到峰值后呈逐步衰减趋势。这说明，当

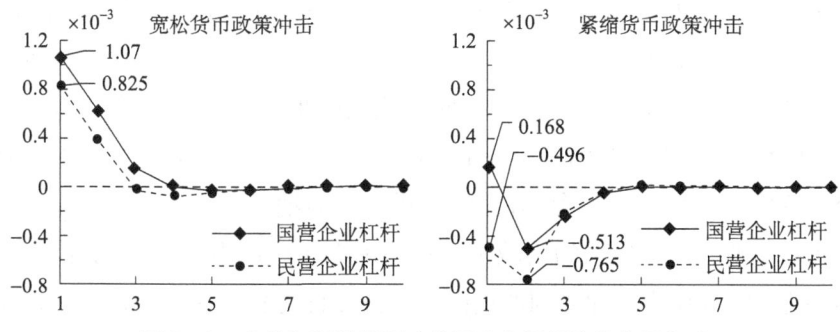

图7-2 宽松和紧缩货币政策下企业部门信贷水平变动

中央银行实行宽松的货币政策时,不论所有制性质是国有或者非国有,企业都会获得更多融资机会,形成更高的杠杆,且效果随着时间的推移逐渐衰弱。从脉冲响应幅度看,一方面,国有企业杠杆水平的上升幅度更大。在宽松货币政策冲击发生后,两企业部门杠杆水平的正向效应均在第1期达到峰值,但国有企业杠杆产生的正向效应为 1.07×10^{-3},显著高于非国有企业的 0.825×10^{-3},且在1—4期内,国有企业杠杆水平的正向效应始终高于非国有企业,直至第5期两者均收敛于0。这说明,国有企业在面对宽松货币政策冲击时,拥有更多的融资机会,且随着时间推移,这种融资优势会一直持续,直至两者均趋近于0。另一方面,国有企业杠杆受到的正向效应持续性更长。在冲击发生后,国有企业杠杆水平均保持着持续衰减的正向效应,但非国有企业杠杆的正向效应在第3期便衰减为0,而国有企业在第4期才衰减为0,较非国有企业持续性更长。这意味着宽松货币政策冲击下,国有企业杠杆水平的上升的效果较非国有企业更长远。

其次,我们关注紧缩货币政策下不同企业部门的杠杆水平变动(图7-2右)。从脉冲响应方向看,两者的响应路径也基本一致。不论是国有企业杠杆还是非国有企业杠杆,在冲击发生后(从第1期开始),均产生一定的负向效应,且负向效应在第2期达到峰值后均呈逐步衰减趋势,这说明当中央银行实行紧缩的货币政策时,不论所有制性质是国有或者非国有,企业的融资机会均会减少,从而造成企业部门更低的杠杆,且随着时间的推移,这种效果逐渐衰弱。从响应的幅度上看，一方面，非国有企业杠杆水平的负向效应明显高于国有企业。在冲击发生后，非国有企业杠杆的负向效应达到 -0.496×10^{-3}，而国有企业几乎无反应，第 2 期两者同时达到峰值，但国有企业负向效应为 -0.513×10^{-3}，非国有企业的负向效应为 -0.765×10^{-3}，约为国有企业峰值的 1.5 倍。这说明在紧缩货币政策时期，无论是国有企业还是非国有企业，融资机会均会减少，且非国有企业的融资减少幅度更大。另一方面，非国有企业受到的负向效应持续性更长。在冲击发生后，非国有企业杠杆水平迅速产生反应，在第 1 期便达到 -0.496×10^{-3}，与国有企业部门峰值几乎持平，在第 2 期达到峰值 -0.765×10^{-3}，约为国有企业峰值的 1.5 倍。这说明在紧缩货币政策时期，非国有企业对紧缩货币政策反应更迅速，且幅度较大，较为"敏感"，相反，国有企业在期初几乎无反应，且幅度较小，较为"顿感"。

最后，对比宽松货币政策冲击和紧缩货币政策冲击，我们发现：（1）从冲击的脉冲响应轨迹看，1 单位标准差宽松（紧缩）货币政策冲击发生 1 期后，企业部门杠杆水平预期上升（减小）后逐步收敛于 0。（2）从冲击响应的持续性看，宽松货币政策冲击下，国有企业和非国有企业杠杆水平分别在 3、4 期便收敛为 0，而紧缩货币政策冲击下的国非国有企业杠杆水平均在第 5 期才收敛于 0。这说明紧缩货币政策冲击对企业部门杠杆水平影响持续性更强。（3）从冲击响应的峰值看，在宽松货币政策冲击下，企业部门杠杆的正向效应均在第一期达到峰值，而紧缩货币政策冲击下，峰值均发生在第 2 期，这说明，企业杠杆在宽松货币政策冲击下更敏感，而在紧缩货币政策下反应更为缓慢。

7.5.2 机制分析——"信贷潮汐"效应

从上文分析可知，在不同货币政策冲击下，国有企业与非国有企业杠杆水平存在不同的脉冲响应。接下来，我们将解释该现象背后的作用机制。本书用 M2 和 R 分别表征宽松和紧缩货币政策冲击，以总负债减去债券余额表示企业信贷规模，考察国有企业和非国有企业部门信贷水平的脉冲响应,以此解释货币政策冲击下的企业部门杠杆水平表现。下图为不同货币政策冲击下,国有企业和非国有企业部门的信贷水平响应情况,结果支持了货币政策冲击下信贷"潮汐效应",具体表现为以下三个特征:

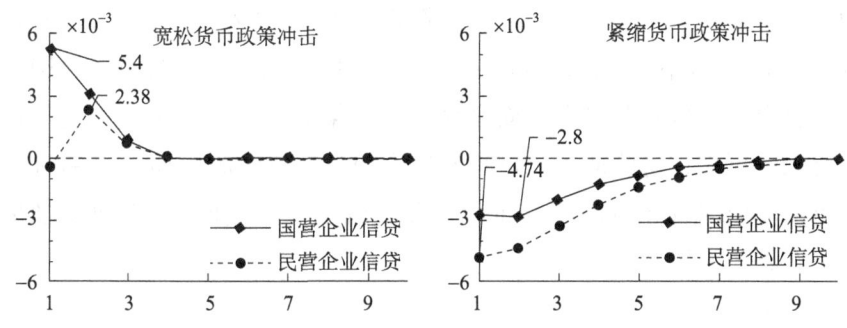

图7-3 不同货币政策冲击下企业部门信贷变化的脉冲响应

特征一:货币政策冲击下,企业部门整体信贷水平和杠杆水平响应的方向相同。从图7-3可看出,宽松货币政策冲击下,即潮水上涨时,企业部门信贷水平整体正向变动,相反紧缩货币政策冲击下,即潮水下降时,企业部门信贷水平整体负向变动,这与上文货币政策冲击下的杠杆水平变动情况一致。这意味着,货币政策宽松时,国有企业和非国有企业均会获取更多的信贷资源,信贷的增加导致企业杠杆增加,而货币政策紧缩时,企业部门的信贷资源紧张,企业杠杆随之减少。这支持了信贷潮汐效应中,信贷资源增加(涨潮时)或信贷资源减少(退潮时),企业杠杆也相应地上升或降低。

特征二:货币政策冲击下,信贷资源配置的变化顺序有部门区别。从图7-3可看出,宽松货币政策冲击下,国有企业的杠杆与信贷水平在第1期便达到峰值,而非国有企业第2期才达到峰值,这说明国有企业对宽松货币政策冲击更敏感。相反,紧缩货币政策冲击下,非国有企业的信贷资源在第1期达到最低点,而国有企业第2期才到最低点,这说明非国有企业对紧缩货币政策冲击更为敏感。这验证了信贷潮汐效应中,信贷资源增加(涨潮时),会优先流向国有企业部门,相反信贷资源减少(退潮时),会更快抽离非国有企业部门。

特征三：货币政策冲击下，信贷资源配置的变化幅度有部门区别。如图 7-3 所示，宽松货币政策冲击时，国有企业信贷水平峰值为 5.4×10^{-3}，而非国有企业峰值为 2.38×10^{-3}，即国有企业信贷增加的幅度高于非国有企业；紧缩货币政策冲击时，非国有企业的信贷水平最低点为 -4.84×10^{-3}，国有企业信贷水平最低点为 -2.8×10^{-3}，即国有企业信贷减少的幅度低于非国有企业。这意味着宽松货币政策时，国有企业获得的信贷资源更多，而紧缩货币政策时，非国有企业失去的信贷资源的更多，这验证了信贷潮汐效应中，信贷资源增加（涨潮时），会更多流向国有企业部门，而信贷资源减少（退潮时），会更多抽离非国有企业部门。

7.6 研究结论与政策建议

本章研究金融偏好如何结构性地影响企业部门的融资行为与宏观债务形成。根据 2005—2021 年中国上市公司的季度数据，运用 SVAR 模型实证货币政策变化如何结构性地影响我国企业部门的信贷资源分配与债务杠杆构成。我们发现，货币政策宽松时，新增信贷资源会更早、更大规模地流入国有企业，致使国有企业部门的信贷与杠杆增加幅度高于非国有企业部门；货币政策紧缩时，信贷资源会更早、更大规模地流出非国有企业部门，致使国有企业部门的信贷与杠杆的减小幅度低于非国有企业。我们将上述货币政策调整引致的两企业部门信贷资源的非对称性变化称为"信贷潮汐"现象，认为金融部门在隐性担保下的所有权偏好是形成上述现象的原因，并揭示出"信贷潮汐"现象进一步加剧了我国企业部门债务杠杆的部门分化与结构失衡。

政策建议：第一，加强对非国有企业的信贷支持。政府可以通过设立专项基金，扩大担保范围等方式，增加对非国有企业的信贷支持力度，促进其发展壮大。第二，提高国营企业的市场化程度。政府可以通过减少政府隐性担保，取消对国营企业的优惠政策等方式，促进国营企业的市场化改革，增加其与非国有企业的竞争力。第三，改善金融环境，减少银行对非国有企业的偏好。政府可以制定相关政策，加强对银行的监管力度，规范银行的信贷行为，减少对非国有企业的歧视，提高非国有企业的融资渠道多样性和资金成本的可控性。第四，加强货币政策的协调性。政府可以通过加强与央行的协调，合理制定货币政策，减少货币政策对不同企业类型的影响差异，促进经济平稳健康发展。第五，提高企业自身风险管理能力。政府可以通过加强对企业的风险教育，推广风险管理知识等方式，提高企业自身风险管理能力，降低企业的杠杆风险，促进企业的可持续发展。

本章参考文献

[1] 钟宁桦，刘志阔，何嘉鑫，等. 我国企业债务的结构性问题 [J]. 经济研究，2016，51（07）：102-117.

[2] 马骏，王红林. 政策利率传导机制的理论模型 [J]. 金融研究，2014（12）：1-22.

[3] 刘莉亚，刘冲，陈垠帆，等. 僵尸企业与货币政策降杠杆 [J]. 经济研究，2019，54（09）：73-89.

[4] 王宇伟，盛天翔，周耿. 宏观政策、金融资源配置与企业部门高杠杆率 [J]. 金融研究，2018（01）：36-52.

[5] 王朝才，汪超，曾令涛. 财政政策、企业性质与资本结构动态调整——基于A股上市公司的实证研究 [J]. 财政研究，2016（09）：52-63.

[6] 吕炜，高帅雄，周潮. 投资建设性支出还是保障性支出——去杠杆背景下的财政政策实施研究 [J]. 中国工业经济，2016（08）：5-22.

[7] 熊琛，金昊. 地方政府债务的宏观经济效应——基于信贷错配视角的研究 [J]. 经济学（季刊），2021，21（05）：1545-1570.

[8] 战明华. 金融摩擦、货币政策银行信贷渠道与信贷资源的产业间错配 [J]. 金融研究，2015（05）：1-17.

［9］饶品贵，姜国华. 货币政策、信贷资源配置与企业业绩［J］. 管理世界，2013（03）：12-22+47+187.

［10］汪勇，马新彬，周俊仰. 货币政策与异质性企业杠杆率——基于纵向产业结构的视角［J］. 金融研究，2018（05）：47-64.

［11］叶康涛，祝继高. 银根紧缩与信贷资源配置［J］. 管理世界，2009（01）：22-28+188.

［12］陆正飞，祝继高，樊铮. 银根紧缩、信贷歧视与民营上市公司投资者利益损失［J］. 金融研究，2009（08）：124-136.

［13］郭敏，段艺璇，黄亦炫. 国企政策功能与我国地方政府隐性债：形成机制、度量与经济影响［J］. 管理世界，2020，36（12）：36-54.

［14］曾海舰，罗蓝君，林灵. 信贷扩张与违约风险——来自"四万亿"经济刺激计划的经验证据［J］. 经济学（季刊），2022，22（05）：1577-1596.

［15］杨国超，李晓溪，龚强. 长痛还是短痛？——金融危机期间经济刺激政策的长短期效应研究［J］. 经济学（季刊），2020，19（03）：1123-1144.

［16］Li H, Ni J, Xu Y, et al. Monetary policy and its transmission channels: Evidence from China［J］. Pacific-Basin Finance Journal, 2021, 68: 101621.

［17］Brandt L, Li H. Bank discrimination in transition economies: ideology, information, or incentives? ［J］. Journal of comparative economics, 2003, 31 (3): 387-413.

［18］Lu Z, Zhu J, Zhang W. Bank discrimination, holding bank ownership, and economic consequences: Evidence from China［J］. Journal of Banking & Finance, 2012, 36 (2): 341-354.

［19］Firth M, Lin C, Wong S M L. Leverage and investment under a state-owned bank lending environment: Evidence from China［J］. Journal of corporate finance, 2008, 14 (5): 642-653.

［20］Huang Y, Pagano M, Panizza U. Local crowding-out in China［J］. The Journal of Finance, 2020, 75 (6): 2855-2898.

［21］Wen Y, Wu J. Withstanding the great recession like China［J］. The Manchester School, 2019, 87 (2): 138-182.

［22］张斌，何晓贝，邓欢. 不一样的杠杆——从国际比较看杠杆上升的现象、原因与影响［J］. 金融研究，2018（02）：15-29.

[23] 马勇, 田拓, 阮卓阳, 等. 金融杠杆、经济增长与金融稳定 [J]. 金融研究, 2016 (06): 37-51.

[24] 胡志鹏. "稳增长"与"控杠杆"双重目标下的货币当局最优政策设定 [J]. 经济研究, 2014, 49 (12): 60-71+184.

[25] Bernanke B S, Mihov I. Measuring monetary policy [J]. The quarterly journal of economics, 1998, 113 (3): 869-902.

[26] Afrin S. Monetary policy transmission in Bangladesh: Exploring the lending channel [J]. Journal of Asian Economics, 2017, 49: 60-80.

[27] Walsh C E. Monetary theory and policy [M]. MIT press, 2017.

第三篇
宏观债务结构性失衡的协同治理研究

第 8 章

分类推进地方融资平台市场化转型

分类推进地方融资平台市场化转型,剥离政府非经营性项目投融资的"准财政职能",是公共领域正确处理政府和企业关系、从源头化解地方隐性债务风险的重要举措。本章结合业界访谈从业务模式、营业收入和资产结构三个维度构建市场化转型迹象、成效和持续性的评价体系,并手工检索摘录 1813 家融资平台债券评级报告和财务报告相关信息 13051 条,绘制出现阶段我国地方融资平台市场化转型实践全景图。进一步地,基于扎根理论展开多案例研究,尤其聚焦市县级融资平台转型实践,提炼出四种市场化转型模式:公益资产主导模式、特有资源协同模式、产业投资控股模式、商业经营运作模式。最后,通过回溯不同模式赖以形成的历史条件、运行机制和转型结果,为不同融资平台转型模式选择、因地制宜建立转型政策框架提供政策参考。

8.1 引言

党的二十大报告对金融工作提出明确要求,"深化金融体制改革,

大数据视角下我国宏观债务结构性失衡的成因与协同治理

强化金融稳定保障体系,守住不发生系统性风险底线",防范化解地方政府隐性债务是坚决打好防范化解重大风险的重要任务,"十四五"规划更是将稳妥化解地方政府隐性债务风险提升至国家金融安全战略层面。2008年金融危机后,地方政府债务在促进城市基础设施建设、应对阶段性下行压力、保障经济平稳增长方面发挥重要作用,但地方融资平台由此通过向银行贷款、发行城投债或借道影子银行融资,积累了规模庞大、风险关联复杂的地方政府隐性债务。根据国际组织和国内学者估算,我国融资平台有息债务余额在30万亿—60万亿元,占我国GDP的比例高达40%—50%①。近年来,"永城煤电""吉林交投""春华水务"等地方国企和融资平台违约事件层出不穷,金融市场融资环境持续收紧,叠加新冠疫情冲击下地方财政"紧平衡",地方融资平台债务风险不断凸显,为当地金融体系平稳运行和地方财政稳定带来巨大风险隐患。中央政府高度重视,防范化解包含地方政府债务风险在内的重大系统性风险被党的十九大报告列为打好三大攻坚战的首位,"十四五"规划更是将稳妥化解地方政府隐性债务风险提升至国家金融安全战略层面。

2014年以来,国务院相继出台了有关债务甄别、财政资金偿还、债务置换、地方政府专项债等"化债组合拳",对缓释短期偿债风险和满足合理融资需求发挥了重要作用。一方面,"修明渠"鼓励地方政府通过发行地方政府债、政府和社会资本合作(PPP)以满足合理基础设施建设需求,逐渐剥离融资平台政府融资职能;另一方面,"债务置换"将存量债务中的短期限、高利率贷款、非标等置换为长期限、低利率债券。前者旨在满足增量地方债务融资需求,后者实质上是以"时间换空间"解决到期存量债务兑付的"燃眉之急",但现有政策并未降低存量债务体量,未来融资平台仍需最终面临存量债务的实质偿还问题。在当前政府刚兑逐步打破时代背景下,推动实现融

---

① 国际清算银行的数据显示我国2017年底的政府债务余额为38.8万亿元;2017年张晓晶团队调研结果显示,"当前地方融资平台债务约30万亿元,约占GDP的40%";白重恩团队公布的调研结果为,截至2017年6月底,"发行过城投债的企业债务余额"大约是47万亿元。

资平台市场化转型,促使其成为能够自主经营、自负盈亏、偿还债务的市场化企业,可能是从制度源头化解上述存量债务的重要"治本"途径,这不仅是融资平台适应市场经济、寻求自身生存发展面临的迫切需求,更是推动我国地方财政治理现代化建设的必然要求。

实践中,平台市场化转型面临着政策变化、职能转变、能力限制、资源约束等诸多挑战,是一个复杂而艰难的长期过程。部分经济发达地区的实力融资平台率先发起转型探索并取得了一定成效,例如合肥市建设投资控股(集团)有限公司,结合区域经济转型升级、财政实力提升、人才丰富等优势,在原有基础上转型成为具有多元化业务的城市服务运营商,实现了主营业务收入和利润的双提升,被称为"合肥模式",与此类似的还有"上海城投模式""苏州工业园区模式"。然而,我国一半以上是区县级融资平台(样本占比44.7%),相对于省市级平台而言,县区级平台普遍存在政企关系不清、管理水平滞后、有效资产不足、业务发展失衡、经营收入较少等特点(毛捷和徐军伟,2021)[1],转型探索面临资源匮乏、定位不明确、盲目多元化扩张、转型业务突破能力半径、增收不增利等问题,这一点在经济不发达的中西部地区更加突出,最终导致"不愿转""不敢转""不会转"等现象。因此,深入研究融资平台市场化转型的成功实践,尤其是中西部地区的县级平台转型实践,总结归纳转型模式,形成可供借鉴经验,对于促进我国地方融资平台转型发展、推进地方财政治理现代化、有效防范化解地方政府隐性债务风险具有重大意义。

为此,本章基于1813家融资平台评级报告手工摘录的13051条文本信息,从业务模式变化、收入结构变化、资产结构变化三个维度提炼出融资平台市场化转型的判断标准,绘制现阶段我国地方融资平台市场化转型的实践全景图,并基于扎根理论归纳出四种市场化转型模式和展开适用性分析,为推进平台转型进程、提升平台转型效率提供理论支撑。本章后续结构安排如下:第二部分梳理地方政府隐性债务相关研究和融资平台市场化转型的理论基础;第三部分是研究方法选择和数据分析;第四部分详细分析了四种转型模式,并深入剖析相应模式下融资平台的转型实践；第五部分开展四种转型模式的适应性分析；第六部分结论与政策建议。

8.2 文献综述

8.2.1 地方政府隐性债务相关研究

现有地方政府隐性债务的研究主要沿着扩张根源、经济影响、化解治理三条核心脉络展开。

关于地方政府隐性债务扩张与累积根源，学者从地方财政、金融资源、政治晋升等视角阐述了其与融资平台的紧密联系。财政体制方面，自分税制改革以来，地方政府财权与政权不匹配导致资金不足，从而产生通过建立融资平台举债动机，致使债务规模攀升，首先，财政分权导致的税收分成是影响地方债务增长的重要影响因素（毛捷，2019）[2]。其次，地方政府借助于中央政府事后救助发挥的"公共池"效应卸责举债，也会诱发融资平台债务扩张和偿债风险提升（郭玉清等，2016）[3]。金融资源配置方面，相较于一般公司，融资平台具有金融势能，表现为与政府的特殊联系从而更容易在资本市场上取得低成本融资（徐军伟等，2020）[4]。一方面，上述不合理的金融势能导致地方政府隐性债务的快速增长，另一方面，在债券兑付期满时，地方融资平台却面临极大偿付压力，"借旧换新"动机和新融资需求会加剧地方政府隐性债务持续攀升（吴德胜等，2021）[5]，是融资平台过量举债的自发动机。宋傅天（2021）[6]也发现，地方政府与融资平台存在边际上的目标不一致，加上信息不对称使得平台在与政府交涉过程中拥有更强的"议价能力"，融资成本大幅降低，从而使发债规模超出政府所能承担的范围。政治晋升因素方面，王文甫（2020）[7]和曹婧（2019）[8]等研究发现，融资平台债务扩张与地方官员晋升和地方发展压力有关,具体表现为地方官员之间的晋升竞争刺激了地方政府投资,更有动机通过融资平台举债,进而使得债务水平上升。还有部分学者从土地、税收、金融等方面梳理了融资平台债务攀升的成因。

关于地方政府隐性债务的经济效应,学者主要从地方融资平台本身、金融稳定、宏观经济效应等层面展开研究。对于融资平台自身,经营业务的公益性使其经营难以为继,严重时甚至会发生资金链断裂从而使得偿债能力大幅下降,最终引发财务风险(徐鹏程,2017)[9]。此外,融资平台在转型过程中还可能面临政策风险、法律风险、内部机构缺陷以及运营困境等难题(王玉春,2016)[10]。对于金融体系,首先,政府向地方融资平台注入土地资产以缓解信用饥渴的"土地财政"模式,会引发社会资源倾斜(刘元春和陈金至,2020)[11]。银行在发放信贷时会更偏向于与政府有特殊关系的平台,这会造成银行贷款结构不合理,从而引发信用风险、流动性风险(徐鹏程,2017)[9]。其次,无序扩张的地方政府债务被商业银行所吸收,使得债务风险最终会转换为金融风险,当金融风险迭加达到临界值时将会引发系统性金融风险(毛锐等,2018)[12]。对于宏观经济,融资平台的债务问题往往具有杠杆效应,而平台高杠杆会造成经济发展的波动风险(徐鹏程,2017)[9]。政府通过融资平台举债所产生的挤出效应,不仅会降低企业投资、减缓经济增长速度(Huang等,2020)[13],还会通过挤出中小企业贷款这一途径,显著影响经济体系的资源配置效率(刘畅,2020)[14]。

关于地方政府隐性债务的化解治理研究,学者分别立足政府部门、金融市场、投资者等相关方面提出对策。首先,解决融资平台的债务问题,中央政府应更多发挥宏观调控者作用,完善相关法律法规(张洁梅等,2019)[14],而地方政府应在相关政策的指导下逐渐明确与平台之间的关系,逐步剥夺融资平台的政府债务融资功能,破除"刚性兑付"动机,硬化"预算软约束"(张路,2020)[16]。其次,由于政府对融资平台的隐性担保存在区域差异以及债券信用并未较好地反映政府隐性担保和不同资金投向中的收益—风险关系,从而损坏投资者的切身利益，因此各方应该因地制宜采取不同的相关制度政策，并进一步完善债券信用评级体系（汪莉和陈诗一，2015）[17]。最后，金融投资机构要加强对地方政府隐性债务管理政策的研究，要加强对平台贷款的控制，事先预估平台担保方的担保能力和信用状况，注重与平台的沟通和采用银团贷款的形式，共同防范平台风险（张洁梅等，2019）[15]。综上，不管是政府态度转变还是市场环境变化，都意在推动融资平台完成市场化转型，国务院发展中心（2016）[18]也指出，支持有条件的平台充分发挥自身优势，转型成为城市发展新载体。因此，从宏观背景和微观治理两个方面进行制度溯源，引导实现地方融资平台的市场化转型，是目前极其重要而紧迫的课题（徐鹏程，2017；毛捷，2021）[9][19]。

8.2.2 地方融资平台市场化转型研究

推动实现地方融资平台的市场化转型是学者共识，但在实际操作中面临诸多痛点问题，现有文献主要从管理架构、债务负担、业务模式、外部法律环境等方面展开了讨论。不同的融资平台在功能、区域和层级三个层面上拥有不同资源禀赋、动能禀赋以及市场禀赋，市场化转型面临多重困难（毛捷和徐军伟，2021）[1]。随着地方融资平台的快速发展，在其市场化转型过程中自身定位与发展目标之间存在偏差、内部管理不规范、偿债能力不足、监管不完善、政策法规不健全、债务置换难度大等问题逐渐暴露出来（徐鹏程，2017；岳俊杰，2020）[9][20]。基于资金管理角度分析发现，平台存在经营上无实业主业支撑、融资上资信评级低成本高、资金上管理粗放等问题（胡兆成，2021）[21]。对县级地方融资平台而言，市场化转型还存在实体化改革工作起步晚、进度慢的问题（吴婷，2018）[22]。即使融资平台已经剥离地方政府投融资功能，由于其债务风险具有集聚、传导和共振效应，平台债务存量仍然是影响平台市场化转型效率的重要因素（刘烨和卢亚娟，2016；宋樊君，2018）[23-24]。如何在市场化转型过程中，使融资平台有效实现自负盈亏、偿还债务以及市场化运营，是化解债

第8章　分类推进地方融资平台市场化转型

务存量的核心问题。

针对上述痛点问题，诸多学者就如何促进融资平台市场化转型展开研究，从政府、平台、市场环境等层面提出建议，但大部分文献集中在理论分析层面。地方政府层面，应积极转变观念，科学界定融资平台的转型发展，从而使平台转向真正市场经营的主体（王玉春，2016）[10]。国务院发展研究中心（2016）[18]指出，应支持平台以普通民企参与项目建设、以管资本为主投资运营经营性国有资产。地方融资平台层面，面对融资平台表现出的共性和个性问题，毛捷和徐军伟（2021）[1]提出融资平台的市场化转型需要分类和分步进行。应首先妥善处理存量债务（成涛林，2015）[25]，以此为基础，对内建立符合市场化要求的公司治理体系（徐鹏程，2017；吴婷，2019）[9][22]，对外明确发展定位，结合地方经济发展拓展业务范围和创新融资模式，挖掘经营潜力、获取经营性收益。市场环境层面，马恩涛和陈媛媛（2017）[26]在梳理地方融资平台演变脉络、运作模式和政策沿革基础上，提出融资平台的转型应当按照市场化、专业化和规范化的要求，在自身建设和环境营造上遵循市场导向原则，更加标准化和规范化，从本质上实现从行政化向市场化的发展转变。此外，少量文献开展了案例研究，如李忆朋等（2019）[27]以X市为例，提出地方融资平台应从建立完善制度、理顺政企产权关系、提升资产质量三个方面进行转型发展。

综上，现有文献对地方融资平台需要尽快实现市场化转型已经达成共识，但若干更加深入的问题仍待厘清。第一，市场化转型标准尚未明确，现有文献忽视了构建市场化转型标准的重要指导作用，未能按照统一口径对"平台是否开展了市场化转型以及进展阶段"给出答案，也就无法基于大数据构建转型平台数据库并展开全面系统研究。第二，鲜有文献从实践角度出发，对平台市场化转型展开案例分析，仅有的少量研究存在案例单一、地域集中、行业范围受限等问题。第三，转型政策框架研究存在理论缺口，转型措施缺乏普适性和可推广性，难以对融资平台转型实践形成切实可行的指导借鉴意义。

本研究边际贡献主要体现在以下三个方面。第一，构建基于1813

家地方融资平台、13051条评级报告摘录信息的综合数据库，绘制现阶段我国地方融资平台市场化转型实践的全景图，对平台转型的现状形成总体把握。第二，首次提出平台市场化转型的判断标准。构建综合考虑业务模式、收入结构、资产构成等指标的分析框架，提出平台转型的判断标准，并按照进展程度划分为出现迹象、取得成效、具有可持续性三大阶段。第三，建立因地制宜的分类推进平台市场化转型的模式框架。不同于现有研究聚焦于某省份区域、某家融资平台、某个转型实践，本研究在全样本基础上，总结出四类市场化转型模式，并筛选出9家融资平台展开典型案例研究，比较不同模式赖以形成的历史条件、运行机制和转型结果，为平台探索市场化转型提供方向，为政府分类施策促进平台转型提供政策思路。

8.3 地方融资平台转型标准界定研究

8.3.1 市场化转型标准界定

构建科学合理的市场化转型判定标准，将转型平台与传统平台区分开来，是开展地方融资平台转型模式研究的基础。融资平台市场化转型的实质，是通过变革业务模式和优化资产结构，逐步脱离政府投融资职能，实现从依赖政府补助到自负盈亏，再到能够独立承担债务偿付，最终实现商业化运营的跨越式转变。有鉴于此，本研究基于梳理债券评级报告相关信息，结合业界访谈从业务模式、营业收入和资产结构三个维度出发，对市场化转型迹象、成效和持续性做出判断，如图8-1所示：

第一，从业务模式变化判断平台是否出现转型迹象。业务模式以公益性项目为主从而缺乏自身"造血"功能，是地方融资平台难以实现商业化运作的根本原因。实践中，平台业务主要集中于城市基础设施建设和国有资产两个领域，涉及土地开发整理、市政工程代建、棚户区改造、污水处理、码头仓储贸易、国有资产整合运营等，上述业务公益属性极强，很少或基本没有市场化收入。因此，判断平台是否出现市场化转型迹象的重要依据是，业务模式是否从"公益性项目和准公益性项目为绝对主导"，转向"出现经营性项目、经营性项目与公益项目并存或以经营性项目为主"。例如，文化产业类融资平台在原有景区开发基础上拓展出特色文创产品、医疗养老、餐饮住宿等经营性业务，或平台建立生产线开展实业生产与销售等获得市场化收入等。

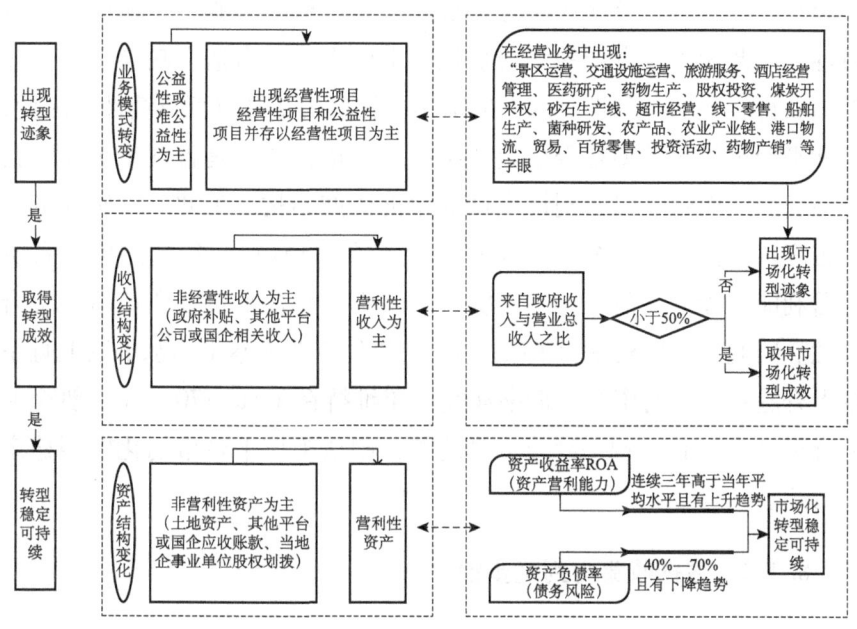

图 8-1　地方融资平台市场化转型判断标准图

第二，从营业收入变化判断平台转型是否取得成效。经营性现金流不充足从而导致资不抵债，是地方融资平台债务风险的主要来源，而实现盈利、化解债务风险是平台市场化转型的最终目的。在政府投融资模式下，平台收入主要以财政补贴、政府工程款为主，正常运营极度依赖政府。因此，平台市场化转型是否取得成效的一个重要依据是，收入结构是否从"以政府补贴为主"转向"以经营性业务收入为主"。根据证监会相关规定,"地方融资平台公开发行债券,需满足最近三年来自所属地方政府的收入占营业总收入的比例平均不超过50%"。为此,本研究选用政府相关收入占营业收入之比作为判断转型成效标准,若该比率低于50%,则认为平台市场化转型取得成效。

第三,从资产结构变化判断平台转型是否具有可持续性。优质的营利性资产、高效的资产运转效率、合理的资产负债结构,是企业稳定持续发展的核心基础。实践中,地方政府向融资平台注资(增资)以土地注入和股权划转两种形式为主,多为在建工程等公益性资产、政府或国有企业应收账款、学校等地方企事业单位持股等(张路,2020)[15]。上述资产具有政府关联性强、营利能力弱、变现价值小等特性,以此为主要资产的平台从根本上尚未建立自造血功能,即使短期内获得客观的营利性收入,但市场化转型仍不具有可持续性。因此,判断平台市场化转型是否稳定持续的一个依据是,是否逐步剥离非营利性资产从而建立以营利性资产为主的资产结构。为此,本研究从两个维度构建持续性指标:一是资产收益率(ROA),衡量融资平台资产营利能力和运转效率,二是资产负债率,衡量平台资产负债结构合理性。因此,若融资平台 ROA 连续三年处于总样本平均水平以上且呈现上升趋势,同时资产负债率连续三年维持在40%—70%(一般企业的合理区间)且呈现平稳或下降趋势,则认为该平台市场化转型稳定可持续。

8.3.2 数据收集与判定步骤

如图8-2所示,通过中国货币网、上海证券交易所、深圳证券交易所等公开网站,本研究收集2849家融资平台在2019—2021年发布的债券发行报告、评级报告和年度报告等文件,手工检索摘录关于经营业务、收入构成、资产结构相关的13051条文本数据信息,整理得到业务板块、政府相关收入占比、ROA、资产负债率等指标。筛选步骤:(1)筛选出在三个判定标准具有完整数据信息的融资平台,共计1813家。(2)根据业务板块是否有经营性业务,判定具有转型迹象的融资平台，共计158家。（3）根据政府相关收入占比是否低于50%，判定市场化转型取得成效的融资平台，共计98家。（4）根据资产盈利能力，有3家平台ROA高于平均水平并呈上升趋势（宜宾控股集团、仙居国投集团、长春新发集团）；从债务风险看，有19家平台的资产负债率维持在合理区间且有下降趋势，市场化转型稳定可持续，仅长春新发集团和宜宾控股集团同时满足两类条件。

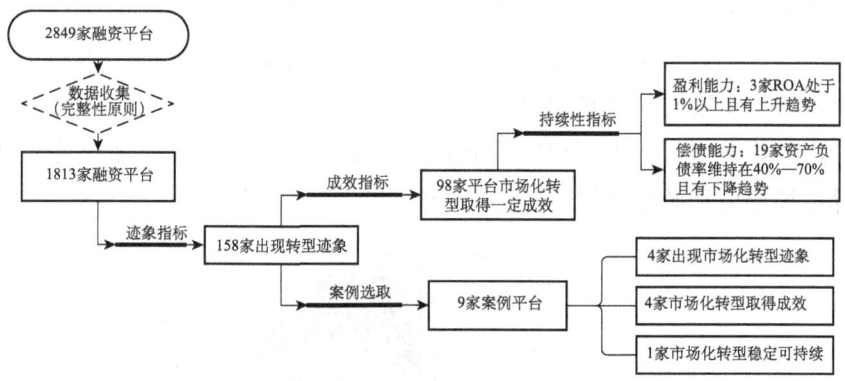

图8-2 市场化转型地方融资平台筛选流程

8.3.3 地方融资平台转型概况

概览我国地方融资平台市场化转型实践，可以总结出"四个集中"特征：（1）主要集中于经济发达地区。从地域分布来看，东部地区平台占比55.92%，中部地区平台占比26.32%，西部地区占比仅17.76%，并且转型融资平台数量排名前三的城市全部在东部省份，依次为江苏省、浙江省和广东省。这可能与当地市场化发展程度高促使平台有转型意识，以及经济财政实力强从而为融资平台转型提供了资源支持有关。（2）如图8-3所示，主要集中于地市级融资平台。从行政级别分布来看，地市级平台占比42.76%，区县级平台占比32.89%，省级平台占比24.34%。原因可能在于，较区县级融资平台，地市级平台不管在外部资源支持还是自身资产实力上都更具优势，如政府注入优质资产、授予经营许可权、提供政策支持等，转型所需资金、人力和政策支持更易得到解决，赋予其更强劲的转型动力。而省级融资平台获得财政补贴力度更大，因而转型动力往往较弱。(3) 如图 8-4 所示，主要集中于成立 10 年以上融资平台。样本案例平均成立时长为 15 年。成立经营时间越长的融资平台，市场化转型过程也会相较更容易，这得益于前期发展积累了相关业务经验和资金资产基础，内部管理与经营制度也相对更加完善。(4) 主要集中于市场化转型初见成效阶段。在 158 家转型平台样本中，98 家融资平台市场化收入占比超过一半从而取得初步成效，占比 59.21%，但就转型可持续性而言，达到债务稳定标准的平台有 19 家，而达到盈利能力标准的平台仅有 3 家，其中 2 家同时满足两个条件，呈现出良好的可持续性。融资平台在市场化转型过程中不仅需要解决内部治理问题，还需要逐步适应外部市场环境和政策环境。

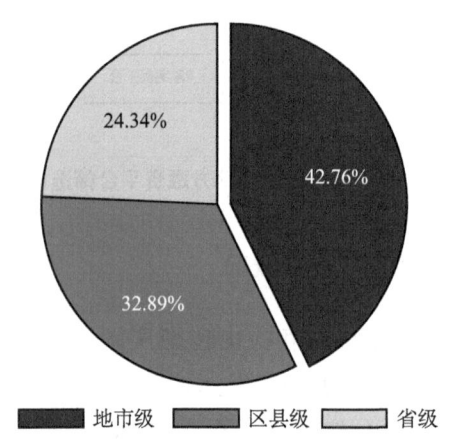

图 8-3 市场化转型融资平台的行政级别分布

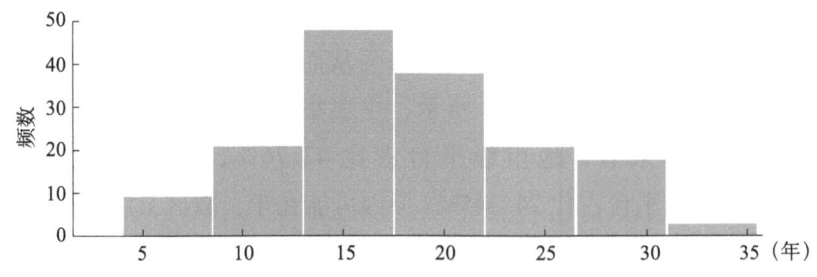

图 8-4 市场化转型融资平台的成立经营年限

资料来源：Wind 数据库。

8.4 地方融资平台市场化转型模式研究

8.4.1 方法选择与案例筛选

市场化转型模式作为一个理论范畴，是对融资平台转型发展过程中所形成的具有某种典型特征和相对稳定性与代表性的政府——平台关系和融资平台运行机制的抽象概括。在外部环境引导和自主寻求发展等因素驱动下，融资平台转型呈现出不同的模式选择。本研究采用多案例研究方法针对转型模式问题展开研究，原因主要有：第一，本研究聚焦融资平台市场化转型模式及其选择问题，旨在探究市场化转型模式"有哪些"，地方融资平台"如何"选择合适的市场化转型模式，本质上属于解决"What"和"How"的问题，适合运用案例研究方法（Yin，2014）。第二，融资平台市场化转型是一个多阶段、共演化的过程，具有明显的情境化特征，案例研究法有利于详尽剖析地方融资平台市场化转型这一多维复杂过程的微观机理与运作机制。第三，不同融资平台在政策环境、区位条件、资源基础、运营模式等方面存在较大差异，基于多家融资平台的多案例研究不仅能够对不同情境下融资平台采取的转型策略和主要行动进行对比分析，使研究得以遵循复现逻辑，还能提炼出转型模式逻辑及其适用条件，为制定差异化政策指导融资平台转型实践提供"复制逻辑"支撑。

为此，本研究按照如下原则筛选出9家转型融资平台展开多案例分析：第一，典型性原则，选取案例既有行业讨论较多的"合肥模式"，也有经过全样本扫描得到的具有借鉴意义但尚未引起足够重视的转型平台，尤其是欠发达地区的区县级转型平台，因而具有代表性和启发意义，为深入全面地分析案例特点、总结转型模式奠定基础。第二，可比性原则。选取案例覆盖了公益性、半公益性和综合性三类融资平台,来自于不同地理区位(7个省份、9个城市),不同行政层级(6个地市级、2个区县级、1个省级)、转型阶段与特色各不相同(出现迹象5家、取得成效3家、可持续性1家),有利于将内在机理"复制"到更多平台,有利于将内在机理"复制"到更多平台,使研究结论兼具普适性和针对性从而提出落地转型政策建议。第三,完整性原则。所选案例平台成立时间较早(最长为19年)、资产规模较大(高至4978.55亿元),转型已开展一段时间因而相关数据资料相对丰富完善,这对于理论框架的构建极为重要。表8-1列出了所选的9家转型融资平台。

表8-1 所选取转型地方融资平台案例信息

公司名称	成立时间	省份	行政级别	资产规模(亿元)	主体评级	市场化转型阶段
江苏洪泽湖神舟旅游开发有限公司(洪泽湖旅游)	2009年	江苏省(淮安市)	区县级	160.76	AA	初见迹象
六盘水市农业投资开发有限责任公司(六盘水农资)	2012年	贵州省(六盘水市)	地市级	64.49	AA-	初见迹象
邹城市城市资产经营有限公司(邹城城资)	2003年	山东省(邹城市)	区县级	512.68	AA+	初见迹象
青岛西海岸新区融合控股集团有限公司(融控集团)	2018年	山东省(青岛市)	地级市	989.40	AAA	初见迹象
嘉兴市现代服务业发展投资集团有限公司(嘉服集团)	2010年	浙江省(嘉兴市)	地市级	337.71	AA+	取得成效
河北渤海投资集团有限公司(渤海投资)	2005年	河北省(沧州市)	地级市	505.67	AA	取得成效
合肥市建设投资控股(集团)有限公司(合肥建投)	2006年	安徽省(合肥市)	地市级	4978.55	AAA	取得成效
泰州华信药业投资有限公司(泰州华信)	2005年	江苏省(泰州市)	地级市	818.15	AA+	取得成效
长春新区发展集团有限公司(新发集团)	2018年	吉林省(长春市)	省级	1406.89	AAA	稳定可持续

8.4.2 数据编码与分析

本研究采用扎根理论研究方法对基于债券评级报告等资料所摘录的文本数据进行编码。不同于实证研究，扎根理论主张以逐级归纳方法从质性材料中创造出理论基础，而非提前预设研究问题的结论（吴肃然和李名荟，2020）[29]，方法的核心要素是编码（卡麦兹，2009）[30]，包括初始编码、聚焦编码。如表8-2所示，在初始编码过程中，主要对资料中能反映融资平台市场化转型行动的词汇进行概括。例如，根据嘉服集团2021年债券评级跟踪报告，"公司商贸流通业务主要由子公司戴梦得负责经营，下属直营连锁超市已拓展至77家，经营方式主要分为直营和联营两种，与嘉兴菜农业发展集团完成重组"，"2020年，公司实现商贸流通收入5.31亿元"，"2020年，公司实现营业收入13.80亿元"。本研究尽可能地保留能反映该平台市场化转型的原始数据文字，将其简化为"商贸流通业务（38.44%）""直营连锁超市77家""与嘉兴菜农业发展集团重组"，从而形成初始编码。在聚焦编码过程中，主要针对初始编码所反映的核心要素予以凝练，并使用最重要或出现最频繁的核心要素，对多家融资平台转型实践进行分类和整合，对蕴藏的市场化转型模式进行理论抽象。一方面，从"下属直营连锁超市77家""与嘉兴菜农业发展集团重组"中不难得出该平台业务涉及零售行业，因此确认"零售行业"为嘉服集团市场化转型的核心要素信息。另一方面，通过比较分析行业特征、业务经营及与传统城投业务关联等，将"船舶制造""零售行业"归纳为商业经营运作模式，将"旅游业""医药研产"等归纳为公益资产主导模式，将"煤矿""砂石"等归纳为特有资源协同模式，将"持股上市公司""产业基金投资"等归纳为产业投资控股模式。

表 8–2　　市场化转型模式编码分析

公司名称	原始数据	初始范畴	核心要素	聚焦编码
河北渤海投资集团有限公司	1. 通过控股子公司港务集团从事黄骅港港口建设、维护及相关运营业务。 2. 子公司港务集团主要采取自营的方式进行黄骅港航道和土地吹填业务的运营。公司本部和子公司港务集团在政策允许的情况下，从事港区内吹填造陆工程建设。 3. 公司港口建设及配套服务业务板块主要由航道及防波堤租赁、货物港务费及锚地停泊费、拖轮业务、管道收入及装卸、运输等业务构成。2020 年度，公司确认 2020 年上半年的航道及防波堤租赁业务收入合计 20.95 亿元，实现货物港务费及锚地停泊费 0.73 亿元，实现拖轮业务收入 0.63 亿元（毛利率 33.6%），实现对出港船舶收取货物港务费和锚地停泊费 0.73 亿元。 4. 公司下属子公司黄骅港海丰船舶燃料供应有限责任公司承接黄骅港液化码头原油的接卸、储运业务，通过自建的输油管道向当地石化企业输送原油。2020 年，公司管道业务实现收入 0.71 亿元；毛利率均为 100%。	1. 港口配套服务业务、港口运营（占营业收入 32.97%） 2. 航道及防波堤租赁等 3. 自建输油管道，从事原油接卸、储运业务	港口服务	公益资产主导模式
江苏洪泽湖神舟旅游开发有限公司	1. 公司目前以洪泽区交通基础设施建设和旅游景区开发等业务为主，后续将侧重于旅游景区自营项目。 2. 目前旅游景区自营业务由子公司洪泽县旅游发展投资集团有限公司负责，旗下古堰景区为国家 5A 级景区，包含洪泽湖大堤、水釜城和渔人湾等旅游片区。古堰景区目前免费对外开放，公司旅游业务收入主要来自讲解费、停车场停车费、观光车和自行车租赁收入等。2020 年 10 月起，古堰景区大堤片区实行门票收费 80 元/人/次。 3. 因旅游景区自营业务尚处于培育期，公司该板块收入金额仍较少，2020 年新冠疫情导致全年收入同比下降 43.23% 至 52.84 万元。 4. 淮安方特计划于 2021 年底开园，届时将带来当地客流量的快速增长。未来，随着洪泽区旅游资源的开发、古堰景区建设的推进和配套设施的不断完善，公司旅游业务收入仍有望实现增长。	1. 旅游景区自营业务 2. 国家 5A 级景区古堰景区、淮安方特计划 3. 门票、讲解费、停车费、观光车租赁	旅游服务业	

续表

公司名称	原始数据	初始范畴	核心要素	聚焦编码
泰州华信药业投资有限公司	1. 该公司是泰州市发展大健康产业的实施主体，在医药高新区土地开发、服务平台租赁等相关领域具有区域专营优势，同时依托高新区发展的药品物流和销售业务亦拥有一定的资源优势。 2. 从收入结构来看，公司收入主要由医药商品销售和贸易业务贡献，2020年分别为9.35亿元和19.30亿元，分别占营业收入的28.43%和58.72%。其中，医药商品销售收入同比增长63.60%，主要得益于公司总代理、总经销药品销售收入增长。 3. 该公司的医药商品销售业务主要由子公司江苏华为医药物流有限公司（简称"华为医药"）经营，经营品种囊括中成药、中药材、中药饮片、化学药原料药及其制剂、抗生素原料药及其制剂、生化药品、生物制品、二类精神药品、一类精神药品、麻醉药品及体外诊断试剂、医疗器械等，辅以医药物流配送、普通货运等业务。 4. 截至2021年3月末，华为医药相继建成一期、二期GSP仓库和三期公共型保税库，合计物流仓储面积约3.6万平方米。华为医药营销网络已覆盖全国26省市地区，已与上游800多家企业建立了合作关系，具有较强的配送功能。	1. 国家级医药高新技术产业开发区 2. 药物销售与运输（营收占比87.15%） 3. 医药营销网络，覆盖26省市地区、800多家企业	医药产业	公益资产主导模式
邹城市城市资产经营有限公司	1. 公司煤炭业务主要由子公司宏河控股运营，主要开采的是横河煤矿和红旗煤矿。（1）红旗煤矿地处山东嘉祥县境内，煤田面积约71.22平方公里，煤层埋深在200—450米，平均厚度约5.3米，2020年末核定产能为2201万吨/年。红旗煤矿于2009年正式开工建设，2010年获得采矿许可证，2014年下半年开始投产。（2）横河煤矿剩余可采储量分别为718万吨，核定产能为78万吨/年。公司主要开采煤种为气煤，具有低灰、低硫特点，可用作动力用煤、气化用煤和化工用煤等。	1. 煤矿产业（营收占比43.75%） 2. 煤矿开采与销售、铅银粉矿 3. 拥有横河煤矿、红旗煤矿2个煤矿的探矿开采权，以及潘店煤田、潘店煤田2个后备煤炭资源	煤矿	特有资源协同模式

续表

公司名称	原始数据	初始范畴	核心要素	聚焦编码
邹城市城市资产经营有限公司	2. 从煤炭产销情况来看，近年公司煤炭产量稳定，且煤炭销售渠道通畅，2018—2020年煤炭销量分别为161.88万吨、163.71万吨及153.87万吨，煤炭开采收入分别为7.59亿元、7.51亿元及7.73亿元，较为稳定。 3. 煤炭业务除煤采掘及贸易收入外，还包括其铅银粉矿收入及其他业务收入中的部分贸易收入。 4. 公司后备煤炭资源主要为以1.5亿元购买的德州潘店煤田（以下简称"潘店煤田"）和通过资产划拨方式取得的山东兖州小孟煤田（以下简称"潘店煤田"），公司已取得上述两煤矿的探矿权。	1. 煤矿产业（营收占比43.75%） 2. 煤矿开采与销售、铅银粉矿 3. 拥有横河煤矿、红旗煤矿2个煤矿的探矿开采权，以及潘店煤田、潘店煤田2个后备煤炭资源	煤矿	特有资源协同模式
六盘水市农业投资开发有限责任公司	1. 公司作为六盘水市农业投融资平台，近年大力发展猕猴桃产业，2020年公司六盘水市猕猴桃特色农业生产基地建设项目猕猴桃年产量约4000吨，预计猕猴桃基地二期建成后，满产产量约36000吨。 2. 除了以果品方式销售猕猴桃外，公司围绕猕猴桃进行了一些深加工，目前已经推出的产品有猕猴桃果酒、果干系列等深加工产品、特色农产品。 3. 公司在建项目主要有猕猴桃特色农业生产基地、年产10000吨猕猴桃酒项目、猕猴桃花粉加工项目、瑞民农业生态观光园、特色农产品仓储交易物流园等。销售渠道方面，公司已形成以六盘水、贵阳为核心的省内市场，辐射华东市场、华北市场、华中市场、华南市场、西南市场等全国战略区域市场并在线上销售进行了布局。 4. 公司茶叶销售收入主要来自于子公司六盘水高山红茶基地建设投资有限公司，收入规模较小。主要销售铁皮石斛伴生红茶和铁皮石斛精粉，2020年铁皮石斛伴生红茶销售收入占茶叶销售收入的88.64%。	1. 发展猕猴桃产业、红茶产业（营业收入占比21.2%） 2. 围绕猕猴桃产业，建有生产基地、产品深加工、生态观光、冷链物流中心等配套项目 3. 布局线下—线上销售市场	猕猴桃、茶叶产业	

续表

公司名称	原始数据	初始范畴	核心要素	聚焦编码
合肥市建设投资控股（集团）有限公司	1. 公司承担了重大产业项目投资及引导职能，且目前对外投资业务已取得一定成效，投资收益客观。两种模式：（1）直接股权投资。采取直接收购等形式达到参股目的，以期获取投资分红收益。（2）基金投资。主要通过设立基金的形式参与股权及项目投资。 2. 2020年4月29日，蔚来汽车有限公司（以下简称"蔚来汽车"）与公司、国投招商投资管理有限公司以及安徽省高新技术产业投资有限公司等战略投资者签署了关于投资蔚来中国的最终协议，并与合肥经济技术开发区就蔚来中国总部入驻达成协议。根据投资协议，公司应出资30亿元，持股比例为7.51%，公司已于2020年6月出资完毕。 3. 截至2021年3月末，公司持有上市公司"合肥百货""丰乐种业"股权比例分别为38.05%和29.24%。 4. 2020年6月3日，欧菲光集团股份有限公司（以下简称"欧菲光"）披露定增预案，其拟向公司、合肥合屏投资有限公司等特定投资者非公开发行股票不超过8.08亿股，募集资金总额不超过67.58亿元，其中公司计划认购12亿元。 5. 2020年12月1日，清华控股有限公司（以下简称"清华控股"）发布公告称，向合肥建投转让启迪控股14.84%股份的工商登记手续和交割事项已完成。交易完成后，清华控股和合肥建投分别持有启迪控股30.08%和14.84%的股份。 6. 截至2019年末，公司已先后设立了合肥芯屏产业投资基金（有限合伙）、合肥建琪城市建设发展合伙企业（有限合伙）等基金，并通过旗下基金参与投资了涉及芯片、半导体等领域的10余个重大产业投资项目。	1. 通过直接股权投资和设立产业基金两种模式，承担产业项目投资及引导职能 2. 直接股权投资："合肥百货""丰乐种业""蔚来汽车""欧菲光集团""清华控股" 3. 产业基金投资：合肥芯屏产业投资基金、合肥芯屏产业投资基金	持股多家上市公司、设立产业投资基金	产业投资控股模式
长春新区发展集团有限公司	1. 公司制药业务运营主体仍为旗下上市公司长春高新。长春高新主要生产生物制药产品与中成药产品。生物制药产品主要由子公司金赛药业和百克生物生产、中成药主要由子公司华康药业生产。 2. 2021年，制药研发投入资金同比增长84.74%，占营业收入比例8.81%。	1. 生物制药、中成药生产（营收占比67%） 2. 医药研发，投入占比8.81%	控股上市公司（长春高新）	

续表

公司名称	原始数据	初始范畴	核心要素	聚焦编码
嘉兴市现代服务业发展投资集团有限公司	1. 公司商贸流通业务主要有子公司戴梦得负责经营，嘉兴市戴梦得购物中心有限公司，下属直营连锁超市已拓展至77家，经营方式主要分为直营和联营两种，与嘉兴菜农业发展集团完成重组。 2. 毛纺业务主要产品为毛绒纱制品、毛衫制品和呢绒制品，采用按订单生产的经营策略，同时经营纺织物进出口业务。	1. 商贸流通业务（营收占比38.44%） 2. 下属直营连锁超市77家 3. 毛纺生产业务（营收占比13.45%）	零售行业	商业经营运作模式
青岛西海岸新区融合控股集团有限公司	1. 2019年，京鲁船业纳入公司合并范围，主营船舶制造业务，年生产能力100万载重吨，拥有30万吨干船坞1座，5万吨船台1座，5000吨举力浮船坞1座，1000吨和500吨造船门式起重机在内的造船专用设备设施齐全。 2. 公司生产制造业务收入为11.71亿元，同比增长44.75%，主要来自于船舶销售收入。2020年，京鲁船业交付船舶72艘，吨位达39万载重吨，包括13艘商船、5艘远洋渔船、4艘公务船和50艘坞修船。 3. 在建船舶包括31艘商船、7艘远洋渔船和1艘公务船，合同金额合计34.00亿元。同期在建35000吨举力的浮船坞1座，建成后可用于12万以下船舶的维修。 4. 深入推进军民融合政策转化、资源整合、产业集聚、资本运作，落实军民融合政府投资主体和市场运营主体，以市场化手段加快战略拓展和企业扩张。	1. 船舶制造业务（营收占比11.92%） 2. 造船专用设备设施齐全 3. 军民融合投资主体和市场运营主体	船舶制造	

资料来源：各公司评级报告、财务报表。

8.4.3 市场化转型模式分析

（1）公益资产主导模式

公益资产主导模式，是融资平台依托早期开展的城市建设所形成的交通设施、旅游文化资源、产业园区等，将相关公益资产进行市场化拓展运营，实现融资平台由基础设施"开发建设者"向"运营服务商"转变,由传统"资产做大导向"向"价值提升导向"转变,促进平台市场化转型发展与新型城镇化发展的双向支撑,如图8-5所示。此模式主要涉及三类融资平台:一是交通设施类融资平台,主要从事城市道路、地铁、轨道、航道等交通基础设施建设,在项目建设完成后取得特许经营权或周边业务经营权,从而获得经营性收入,比如轻轨交通、船舶港口、高速公路等。二是文化产业类融资平台,主要从事地方古城维护、景区开发等文化旅游基础设施建设,项目建设完成后负责景区市场化经营与维护,通过售卖门票或景区周边产品实现利润收入。三是产业园区开发类融资平台,是指负责地方重要产业园区开发建设,并依托园区发展开拓配套服务业务,例如依托医药研产区开拓医药商品销售与配送业务。

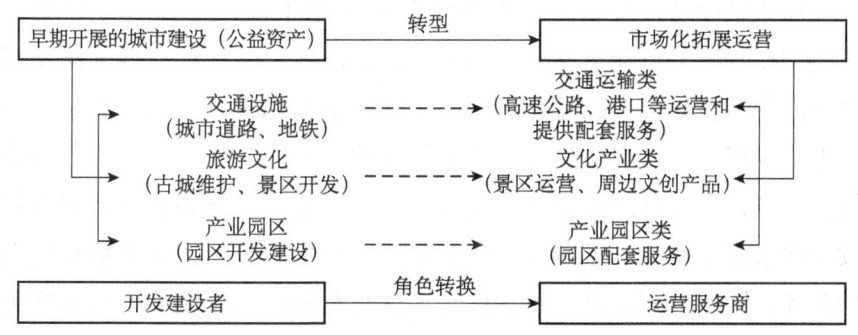

图8-5 公益资产主导模式

①交通运输类融资平台。

河北渤海投资集团有限公司(以下简称"渤海集团")成立于2005年,实际控制人为河北省沧州市国资委,属于地级市融资平台,主要从事渤海新区内市政道路、园区物流等基础设施建设,以及黄骅港吹填造陆、航道疏浚工程开发等业务。2018年以来,渤海集团基本完成渤海港区开发建设,并获得黄骅港综合港区5万吨、10万吨级航道的经营权。在此基础上,渤海集团开拓港区配套服务启动市场化转型,开展包括航道及防波堤租赁、锚地停泊、拖轮等服务业务,以及自建输油管道开展原油装卸和储运业务。

港口配套服务依托黄骅港经营权开展,业务毛利率较高,从

33.6%—100%不等，对营业收入的贡献逐年提升，收入占比从2018年的32.94%稳步上升为2019年42.95%，自主运营基础和市场化竞争能力得以不断增强，2020年受疫情影响降至22.98%。此外，公司还依托区域专营优势，开展物业服务、供暖及污水处理等城市配套服务业务，对营业收入的贡献度为23%—34%。综上，渤海集团政府相关收入占比由2017年85.9%降至2020年44.6%，因而转型取得一定成效，综合资产利用率来看，ROA总体呈现上升趋势但仍偏低（0.05%—0.11%），同时资产负债率居高不下，2017年以来维持在80%左右，转型可持续性仍值得进一步观察，当前处于转型第二阶段。

②文化产业类融资平台。

江苏洪泽湖神舟旅游开发有限公司（以下简称"洪泽湖旅游公司"）成立于2009年，地处江苏淮安市洪泽区，该区拥有四大淡水湖之洪泽湖和多处历史遗迹，文化底蕴和旅游资源十分丰富。为了开发当地旅游资源，淮安市政府筹建洪泽湖旅游开发公司，主要承担当地旅游景区开发及其配套交通设施建设。近年来，洪泽湖旅游公司在继续开展景区开发建设基础上，依托旗下5A级古堰景区逐步培育经营性业务，涵盖门票出售、景点讲解、观光车和自行车租赁、周边文创产品、停车场等。未来规划中，公司计划加大对洪泽湖下游生态环境综合治理项目的投资，项目建成后通过船文化馆、观湖温泉酒店、砚临河观光、水产养殖等形式实现市场化收益。

目前来看，该融资平台经营性旅游业务尚处于培育期，占经营收入的比例仅为0.07%—0.21%，公司仅出现了市场化转型迹象。但未来，随着洪泽区旅游资源开发、古堰景区建设推进和配套设施的不断完善，该公司旅游业务有望快速增长，成为该平台收入与利润的增长点，促进公司市场竞争实力形成与转型，当前处于转型阶段一。

③产业园区开发类融资平台。

江苏省泰州市是全国最大的医药生产科研基地之一，建有"泰州医药高新区"是江苏省及泰州市重点医药产业核心园区，也是国家科技部、卫生部和江苏省的共建园区。泰州华信药业投资有限公司（以下简称"泰州华信"）成立于 2005 年，是泰州市发展大健康产业和"泰州医药高新区"开发建设的实施主体，承担园区重大项目投资和基础设施建设。近年来，借助"泰州医药高新区"及其医药研发优势，泰州华信结合前期经验和当地政策，主动向药物与医疗器械销售方向转型布局，并逐步拓展至仓储物流、终端配送等服务。目前，泰州华信的经销范围囊括化学药原料、中药材、生化药品、麻醉药品、诊断试剂、医疗器械等 6885 个医药品种，营销网络已覆盖全国 26 省市地区，与上游 800 多家制药企业建立合作关系，并将药品与医疗器械销往下游的医药销售公司、医院、诊所、药店等。2020 年，医药销售业务收入实现同比增长 64%，占总营业收入比重高达 87%。综合来看，泰州华信营业收入来自政府占比不到 10%，说明其转型已经取得显著成效，综合盈利和债务指标看，平台 ROA 维持在 0.5%（样本平均水平 0.1%）、资产负债率在 60% 左右。未来，泰州华信依托产业园区的资源优势，有望逐步剥离非经营性资产，建立销售网络、物流仓储等优质资产，稳定的药品销售收入为负债偿还提供支撑保障，转型发展具有相当的可持续性，处于转型第二阶段[①]。

（2）特有资源协同模式

特有资源协同模式是指地方融资平台依托当地重要自然资源或特色生态环境，开拓市场化运营业务和产品，获取的经营性现金流构成公司收入重要补充的市场化转型模式，如图 8-6 所示。该种模式高度依赖当地资源禀赋，市场化业务拓展方向与当地资源储备或生态环境息息相关。同时，由于自然资源竞争性和非排他性，高度依赖政府对相关资源开采权或经营权的行政特许。但是，该模式与传统城投业务关联性小，这是与公益资产主导模式的最大区别。依据所依赖资源不

---

① 实践中，通过公益资产模式探索市场化转型的案例包括但不限于：①交通运输类融资平台：昆明轨道交通集团有限公司、张家港保税区金港资产经营有限公司。②文化产业类融资平台：重庆市南川区惠农文化旅游发展集团有限公司、泉州文化旅游发展集团有限公司、苏州苏高新集团有限公司。③产业园区开发类融资平台：南京市河西新城区国有资产经营控股（集团）有限责任公司。

同，可分为两类：一类是依赖当地矿产自然资源，通过获得政府授予的开采经营权，建立矿产开采线和生产线获取经营性收入，例如煤矿、砂矿、林产、湖泊等。另一类是凭借当地特有的土壤、山区、气候等生态地理环境，从事特色产品的种植、开发与销售等，例如香菇、猕猴桃、茶叶等。

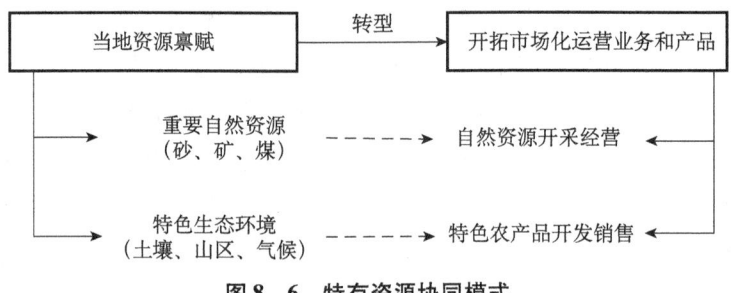

图8-6 特有资源协同模式

①自然资源开采经营。

邹城市城市资产经营有限公司（以下简称"邹城城资"）成立于2003年，隶属于山东省济宁市邹城市财政局，是当地城市基础设施建设的主体，为区县级融资平台，业务涉及市内公交运营、燃气供应等公共事业。邹城市属于全国百强县，市内矿产资源丰富，以煤炭、花岗石、石灰石为主，其中煤炭处于主导地位。近年来，在当地政府支持下，邹城城资通过资产划拨、招标投资等方式，取得了横河煤矿、山东嘉祥红旗煤矿的采矿权，并获得德州潘店煤田、山东兖州小孟煤田的探矿权。目前，邹城城资主要开采煤种为气煤，拥有的2个在产煤矿可采储量3080.14万吨，2个后备煤矿可采储量12065万吨，煤炭资源储备丰富。邹城城资与华电国际电力股份有限公司、山东裕隆煤电有限公司等钢铁、煤化工、电厂建立了长期合作关系，产销率接近100%。2017—2019年，邹城城资分别实现煤炭业务收入19.73亿元、25.42亿元及26.74亿元，年均增长率达到17.8%，同期占总营业收入比例从38.93%一度上升至50%，2020年因煤炭价格调整稳定至45.44%，因而出现了市场化转型迹象，处于转型第一阶段。

②特色农产品开发销售。

六盘水市农业投资开发有限责任公司（以下简称"六盘水农投"）成立于2012年，隶属于贵州省六盘水市国有资产监督管理委员会，主要从事农业相关项目代建、融资性担保、农产品销售等业务，建成猕猴桃基地3万亩、猕猴桃系列产品加工园100亩。近年来，作为六盘水重要的农业投融资平台，六盘水农投大力发展猕猴桃产业，自主建成并经营六盘水特色农业产业基地和特色农产品仓储交易物流园，猕猴桃年产量约4000吨，销售范围覆盖以六盘水、贵阳为核心的省内市场，并辐射至华东、华南等全国战略区域市场。此外，还推出猕猴桃果酒、果干等系列特色农产品。

2020年，六盘水农投的猕猴桃销售收入占总营业收入占比达到17.93%，且毛利率高达38.68%，可形成持续稳定的盈利能力。除猕猴桃销售业务外，还开展茶叶销售业务，主要销售铁皮石斛半生红茶和铁皮石斛精粉，以及生态园相关住宿、餐饮、物资销售收入，对营业收入形成一定补充，占比28.3%。综合来看，政府相关收入占比已由2018年的80%逐步降至2020年的53.8%，ROA则维持在1%—1.8%的总样本平均水平，资产负债率则处于50%—70%的合理区间，因而六盘水农投处于出现市场化转型迹象阶段，但已经初步显露出了转型成效，处于转型第一阶段，营业收入的市场化程度已接近50%，市场竞争力有望进一步获得提升①。

（3）产业投资控股模式

产业投资控股模式，是融资平台结合宏观政策环境，通过收购上市公司股权、运作产业投资基金等方式，布局重点产业和战略性新型产业投资，以实现资产结构优化与利润增长点拓展，如图8-7所示。实践中，主要聚焦于汽车、地产等当地重点发展产业，以及高新电子

---

① 在特有资源协同模式下，市场化转型的案例包括但不限于：①自然资源开采经营：安东集团注入林场、湖泊等优质资源，明光跃龙投资控股集团有限公司建立砂石生产线。②特色农产品开发销售：贵州省的十堰聚鑫国有资本投资运营集团和十堰市汉江星建设发展有限公司种植香菇产业、武汉市江夏农业集团有限公司开展茶园、水域滩涂开发。

技术、新能源、生物医药等国家战略新兴产业。该模式最大特点是兼顾金融回报与社会发展的双重目的：一重目的，融资平台通过挖掘、孵化和培育优质产业投资项目，实现多元化业务扩张从而锁定新利润增长点；另一重目的，充分发挥国有资本引领作用，引进和发展一批重点企业和新兴产业，推动实现当地产业集群式、规模式的高质量发展。

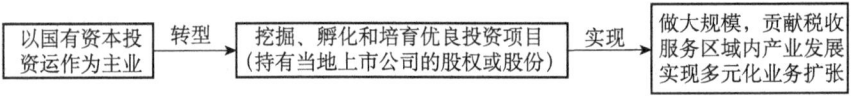

图 8-7 产业投资控股模式

①多产业股权投资类融资平台。

合肥市建设投资控股集团有限公司（以下简称"合肥建投"）成立于 2006 年，是安徽省合肥市国资委授权经营的国有独资公司，主要承担合肥市基础设施建设、公共事业管理及重大产业项目投资职能。近年来，合肥市政府围绕"工业立市"发展战略，引入培育京东方、科大讯飞、长鑫、蔚来等龙头企业，逐步构建起以"芯屏汽合""集终生智"为代表的战略新型产业发展。在此过程中，合肥建投通过直接持股、产业基金运作等方式，在重大产业项目投资方面发挥重要引领作用。比如，控股上市公司合肥百货、丰乐种业；出资持股蔚来中国 7.51%、启迪控股 22.82% 等；先后设立合肥芯屏产业投资基金、合肥建琪城市建设发展基金，并通过旗下基金参与投资芯片、半导体等领域 10 余个重大产业投资，如表 8-3 所示。

2020 年，合肥建投投资收益为 145.19 亿元，占总收入的比例 43.6%，加之酒店、物业等经营性收入，极大地扩大了自身资产收入，为进一步市场化转型打下了坚实基础。整体来看，2017 年以来合肥建投政府相关收入占比维持在仅 30% 左右，资产负债率约 60%，但 ROA 在 -0.09%—1.23% 区间波动。因此，处于市场化转型取得一定成效阶段，可持续性因偿债风险尤其是资产营利性波动有待进一步观察。

表8-3　合肥市建设投资控股（集团）有限公司投资控股情况

合肥建设投资控股（集团）有限公司			
实业经营板块		收购公司及基金投资情况	参股比例及项目
		合肥百货大楼集团股份有限公司	38.05%
		合肥丰乐种业股份有限公司	29.24%
产业投资板块	直接股权投资	蔚来汽车有限公司	7.51%
		启迪控股	22.82%
		欧菲光集团股份有限公司	定增预案（推进中）
	基金投资	合肥芯屏产业投资基金（有限合伙）	参与投资芯片、半导体等领域项目10余个

资料来源：公司评级报告。

②单产业股权投资类融资平台。

新发集团成立于2018年，负责长春新区范围内的基础设施建设及管理、土地开发整理和棚户区改造，是长春新区最重要的基础设施建设及国有投资运营主体。长春新区生物医药产业依托于亚洲最大疫苗产业基地、全国最大基因药物生产基地和长春国家生物医药产业基地，该产业的代表性公司之一是新发集团控股子公司长春高新。长春高新主要生产生物制药产品和中成药产品，其核心子公司是国内规模最大的基因工程制药企业和亚洲最大的重组人生长激素生产企业。2021年，制药业务带动公司营业收入同比增长13.19%，实现毛利润同比增长25.72%，且近三年来制药业收入占营业收入比例逐年上升，分别为52.16%、59.17%、67.18%，保证了平台长期盈利性收入稳定，促进平台市场化转型。此外，新发集团还通过自筹资金进行项目建设，未来计划通过举办会展、大型体育赛事、商业演出等自营方式获取收益。综合来看，新发集团营业收入来自城投占比低于50%，市场化转型取得一定成效，加之公司ROA连续三年均高于平均水平且有上升趋势、资产负债率也稳步下降，因此其市场化转型是稳定可持续的，处于转型第三阶段①。

---

① 近年来，通过收购上市公司股份探索市场化转型的融资平台案例包括但不限于：①上饶市城市建设投资开发集团有限公司：于2020年收购闽发铝业29.99%股份，收购完成后公司成为闽发铝业的控股股东。②南昌工业控股集团：公司承担管理南昌市重点产业投资引导资金，参与投资江西洪都钢厂有限公司、南昌黄绿照明有限公司、江西制药有限责任公司等，包括上市公司欧菲光12.39%的流通股股份和联创电子10%的股份。③潍坊市城市建设发展投资集团有限公司：其产业基金项目主要由子公司对高增长潜力的未上市企业进行股权投资，待所投企业发育成熟后通过股权转让实现资本增值，并在2018年至2019年间，完成美晨生态21.46%股份收购。

(4) 商业经营运作模式

商业经营运作模式是指,通过设立市场化全资子公司,投资建设厂房、生产线、自有仓库或线下门店,实际开展生产、销售与运营以获取经营性收入。该模式下,融资平台直接或间接介入实体产业经营,例如运营超市、农产品销售、船舶制造等产业。与"以销定购""上游买、下游卖""以销定采"等形式的短期贸易不同,该模式下的平台建立贸易链或生产线过程中,采取"平台自主"或"平台主导,政府辅助"的形式,在业务运营和管理过程中体现更强的自主性和独立性,使业务完成从"虚"到"实"的转变,从而提升平台"造血"能力和市场竞争力。

①百货零售类融资平台。

嘉兴市现代服务业发展投资集团有限公司(以下简称"嘉服集团")成立于2002年,实际控制人为浙江省嘉兴市国资委,是嘉兴市重要的基础设施建设和国有资产经营主体,负责市政道路、军民合用机场与火车站、会议中心、工业园等项目建设。近年来,嘉兴市政府提出"品质嘉兴"、"枢纽嘉兴"的城市发展战略,嘉服集团依托原有民生保障工程和产业布局基础,向商贸流通、毛纺生产两个实业领域转型发展。一方面,积极拓展直营连锁超市,构建现代物流平台体系,提升公司商业化运营能力。目前,嘉服集团下属连锁超市已经拓展至77家,经营模式逐步由"自营+联营"向"直营为主"转变,自营商品比例大幅提升至71.33%,产品范围包括化妆品、钟表首饰、服装、家电、百货等种类。2018年和2019年商贸流通收入占比分别为49.44%、49.68%,2020年受新冠疫情影响下降至38.44%,2021年第一季度,商贸流通收入占比上升至55.39%,已成为公司的主要经营性业务。另一方面,购置高端纺织装备建成毛纺生产线20余条,形成以羊绒类产品生产为主导,包括纱线、面料、服装等业务,集纺、织、染及织物后整理等先进流水线于一体的毛纺业务板块。2018年至2010年,毛纺生产收入占比分别为19.93%、24.58%、13.45%。

总体来看,嘉服集团平台类业务逐渐缩小,经营性业务收入连续三年占比超过50%，2019年最高达到95%，成为最主要收入来源，逐渐转型为市场化运营的一般国有企业，但由于资产规模较大，资产收益率不足0.4%且近三年呈逐年下降趋势，资产负债率在55%—65%区间浮动，因而市场化转型取得成效，但可持续性有待观察，当前转型实践处于第二阶段。

②船舶制造类融资平台。

青岛西海岸新区融合控股集团有限公司（以下简称"青岛融控"）成立于2018年，是青岛西海岸新区国资局直属两大集团企业之一，承担青岛海岸新区基础设施建设和现代产业发展等职能。青岛西海岸新区战略定位为海洋科技自主创新领航区、深远海开发战略保障基地、军民融合创新示范区等。依托于此，青岛融控贯彻军民融合战略，深入推进军民融合政策转化与产业集聚，开展船舶制造、混凝土与铸铁生产销售等生产制造业务。其中，船舶制造业务板块拥有30万吨船坞、5万吨船坞以及1000吨和500吨造船门式起重机等专用设备设施，拥有在建35000吨举力的富川坞1座可用于船舶维修。2020年，实现交付商船、远洋渔船、公务船和坞修船72艘，2021年在建船舶39艘。2020年，制造业务收入达12.41亿元，同比增长44.75%。2018—2020年，制造业相关收入由5.1亿元稳步上升至17亿元，但同期政府工程代建业务大幅扩张，市场化收入占比由39%降至20%，因此判定为仅出现市场化转型迹象但尚未取得显著成效[①]。

8.4.4　市场化转型模式适用性分析

表8-4列出了地方融资平台市场化转型模式的对比。

公益资产主导和特有资源协同模式，体现的是一种保守的内涵式转型思路，依托过去积累的资产或结合区域资源禀赋拓展市场化业务与产品，是"对历史的累积和延续"，转型较为稳健、风险较小。两者关键区别在于，公益资产主导模式与融资平台传统业务紧密相关，

---

① 商业经济运营模式探索市场化转型的典型案例包括但不限于：江苏瀚瑞投资控股有限公司半导体和集成电路生产、兰州投资（控股）集团有限公司医药制造以及新能源制造等。

建立在早期城市建设所积累的公益资源与资产基础上，是核心能力由"开发建设者"向"经营服务商"的迁移。突出特点是，平台成立时间普遍较长，已基本完成基础设施开发建设，并获得相应经营权或管理权，同时城市规模较大，基础设施的市场化运营能够产生规模效应从而实现盈利。特有资源协同模式则高度依赖所在地的自然资源储备，或是凭借当地特色生态环境拓展相关市场化业务，很大程度上依靠政府划拨特许经营权、开发权等，与传统城投业务的关联不大，适合于所在地区拥有丰富自然资源或特色生态环境的融资平台。

产业投资控股和商业经营运作模式，则是激进的外延式转型探索，融资平台基本脱离传统城投业务范畴，转向产业投资与实体商业运作的全新领域，对融资平台综合能力要求较高、转型面临的不确定性也相应较大。具体而言，产业投资控股模式重点在于有为政府和有效市场相结合，通过聚焦城市战略产业定位，找准产业链关键环节与重点企业，借助平台的国有资本带动社会资本共同培育发展产业项目。项目成熟后，国有资本以市场化方式安全退出并转投其他产业项目，不断延伸拓展地方产业链条。因此，该模式对于融资平台的资金实力、资源协调能力、投资管理与风控能力提出较高要求，适用于综合性发展或位于产业多元化地区的融资平台。与之相比，商业经营运作模式的关键在于建立生产线、线下门店、销售网络等实体要素，聚焦当地商贸、物流、纺织等基础性民生行业，可以是平台自主运营，也可通过设立或整合全资子公司实现业务经营和管理，通常情况下需要政府资金与政策的支持。

此外，实践中存在通过整合多家融资平台重组为一家综合性平台来探索市场化转型的情况。如甘肃省"以市带县"方式、湖南省"上层新设""平级合并"方式，部分市县面临当地融资平台数量多、业务经营分散等问题，因而选择一家融资平台作为整合主体，吸收合并规模较小、资质较弱的多家融资平台。但有必要区分"转型"与"整合"两个概念：市场化转型核心是通过寻求增量业务、增量市场以提升市场化经营和自身造血能力，降低对地方政府的依赖，整合重组则是将多家融资平台归并为一家融资平台。尽管整合重组过程中,也存在划入准公益性、经营性资产和剥离无效资产的情形,整合后的融资平台往往会拥有更高行政级别、更大资产规模和更规范企业管理制度,但整合不必然等于转型。首先,当前融资平台市场环境下,融资需求是平台整合重组的最主要动机,信用评级提升、融资渠道拓展、融资成本下降都可以使平台在市场上获得新融资机会,但应看到整合重组后的资产规模大多只有短期融资价值,而无经营价值,若市场化经营和自身造血能力并未增加,则并不存在实质性转型。其次,纵观平台发展历程可以看到,整合重组贯穿平台产生、崛起、转型的各个阶段,与平台市场化转型同频共振,基于资产配置优化需要,整合优质资产有助于强化平台业务拓展、激发平台转型内生动力,因此,整合重组后的融资平台开展转型探索,仍然可以归纳到本研究所提出的四种转型模式,如整合重组后的贵州贵龙实业集团,一方面坚持基础设施建设融资,另一方面通过产业投融资寻找利润增长点。因此,对于在各方面都具有明显劣势的区县级融资平台,整合重组固然可以助力寻求更多资源禀赋、市场禀赋和动能禀赋,为后续合理规划转型方向打下坚实基础,但归根到底仍要落实到市场化经营与自身造血能力的培育上。

表8-4 地方融资平台市场化转型模式比较

比较项目	公益资产主导模式	特有资源协同模式	产业投资控股模式	商业经营运作模式
定义	融资平台通过对建设城市基础设施过程中所形成的旅游、交通设施、文化等各种资源进行梳理和整合,进而选择业务拓展方向的转型模式	融资平台根据当地自然资源储备情况或生态环境特点,开拓公司市场化业务,并助力于当地产业发展的转型模式	融资平台通过投资控股方式,持有可提升平台利润的优质股份和资产的转型模式。	融资平台通过构建以有形资产为载体、实物形态要素为主体的业务运营方式,实现业务经营市场化的转型模式
关键范畴	整合拓展传统平台业务形成的资源与资产	依托当地自然资源储备 特有生态环境	聚焦战略产业并持有优质股份	实业生产运营
传统业务关联性	高	中	较低	低

续表

比较项目	公益资产主导模式	特有资源协同模式	产业投资控股模式	商业经营运作模式
政府依赖性	中	强	低	较强
其他公司持股	少	少	对一家或多家上市个公司部分持股控股	成立全资子公司
产业倾向	交通、文化、旅游	采矿业、特色农业	地区重点产业或国家新兴战略新兴产业	当地商贸、物流、纺织等基础性民生行业实体产业
适用范围	处于经济发展较好、具有较长发展历史的地方融资平台	处于有较好自然资源储备或特殊生态环境地区的地方融资平台	本身就是具有综合性的融资平台，或是已经成为地方重要的产业投资主体的地方融资平台	业务较为集中，并能够得到政府同意、与政府沟通频繁、深入的地方融资平台

8.5 结论与政策建议

8.5.1 研究结论

地方政府隐性债务攀升不仅造成融资平台自身财务风险、运营困境等内部问题，还可能通过银行等金融机构引发信用风险、金融风险和区域风险，进一步影响财经金融稳定与经济发展。依靠政府兜底难以有效应对地方政府隐性债务风险问题，分类推进融资平台市场化转型已成为政策共识。实践中，市场化转型多出现在经济发达地区的实力平台，地级市、区县级的弱资质融资平台转型亟须理论引导。本研究通过考察平台转型实践中在业务经营上所采取的策略，提供了不同环境下平台转型的内在逻辑，探索具有借鉴意义的融资平台市场化转型模式，并结合营业收入、资产结构上的变化进一步证实转型模式的可行性，通过纵向对比回答应该"向哪个方向转"以及"如何转"两个问题，为不同融资平台的转型模式选择、因地制宜建立转型政策框架提供政策参考。

基于1813家融资平台数据信息库,本章围绕市场化转型实践,构建了涵盖业务模式、收入结构、资产构成的融资平台市场化转型判断标准,绘制了融资平台市场化转型全景图。研究重点关注了欠发达地区地市级和区县级融资平台的转型实践,从是否开展转型实践、转型实践是否取得一定成效、转型是否稳定可持续三个维度构建市场化转型标准,总结得出:158家融资平台处于出现转型迹象阶段,98家融资平台市场化转型取得成效,但仅有2家融资平台同时满足盈利能力和债务稳定标准,达到市场化转型稳定可持续标准。从转型阶段来看,融资平台市场化转型取得一定成效时,资产结构将得到优化从而逐渐破除对政府的依赖性,同时也证明了其采取的是具有可行性和可持续性的转型路径。但在当前阶段,能够同时达到转型取得成效、资产结构得以优化、转型途径可持续三个条件的融资平台较少,取得成效也绝非易事。

基于上述市场化转型全景图,本章提炼出实践中存在着四大转型模式,即公益资产主导模式、特有资源协同模式、产业投资控股模式、商业经营运作模式。结合融资平台报告信息与业界访谈,本章详细分析了9家代表性融资平台积极主动搭建"造血"系统的市场化转型过程,总结出四大转型模式,并纵向分析提炼出不同融资平台选择转型模式的内在逻辑:传统业务围绕交通运输、文化产业、产业园区等基础设施建设开展的平台适合采取公益资产主导模式,所处地区拥有丰富可开采的自然资源或特色生态环境的平台适合采取特有资源协同模式,综合性发展且位于宏观政策环境良好或产业多元化地区的平台适合产业投资控股模式,聚焦于基础性民生行业且能获得政府大力支持的平台适合采用商业经营运作模式。从转型模式来看,融资平台开展市场化转型实践需结合两个方面的条件进行考量:一是内部激励,即融资平台拥有怎样的发展历史、是否拥有相应的规模实力等自身因素;二是外部环境激励,即政策环境、经济发展情况、自然资源储备情况等因素。

8.5.2 实践启示与政策建议

本研究提出如下政策建议。第一，理顺政企关系，明确划清政府与融资平台边界。权责分明的政企关系是融资平台市场化转型的前提基础。地方政府应转变融资平台的管理观念，不应将融资平台视为下属部门予以行政干预，而是让其成为独立市场主体自主经营决策，通过履行出资人、纪检监察、行业管理等职责积极有限地参与融资平台治理监管，为其发展创造良好营商环境。融资平台应转变被动接受行政命令的定位，剥离政府投融资职能，敢于谋划、主动作为，向地方政府争取政策、争取资源、争取机制，明确市场化转型的发展观念。尤其针对公益性基础设施建设项目，应当明确资金来源为地方财政与政府债券，融资平台通过项目建设向政府提供有偿服务，两者由行政管理关系演变为服务购买关系。

二是谋划战略定位，立足区域资源与发展分类布局。引入和盘活经营性业务是融资平台市场化转型的关键。为此，融资平台应当立足当地人文历史、资源禀赋、经济发展、产业结构和未来发展规划，科学论证转型顶层架构，寻求准确市场定位，围绕主营业务进行多元化拓展。要善于借助"政策东风"实施产业布局，尤其聚焦农业农村发展和乡村振兴、新基建与城市更新、中心城市和现代化都市圈建设、碳中和战略与低碳转型发展等国家重大战略领域。尤其是位于经济欠发达地区的弱资质区县级融资平台，可考虑依托现有基础设施资源向市场化运作公益资产拓展，如城市交通运营、景区经营、园区服务等，也可聚焦于农业农村发展和乡村振兴领域，如推动参与当地特色农产品发展等，从公益性到半公益性进而转向市场化经营。需注意的是，在通过整合推动市场化转型过程中，切忌出现"形整而非实整"情况，避免单纯为了缩减平台数量进行整合，应当从切实打造市场化经营能力出发统筹整合运作思路。

三是变革治理架构，建立健全现代企业制度。现代管理制度是融资平台市场化转型的重要保障。当务之急是需要建立战略、投资、风控等重要职能部门，提高资产运营效率，适配融资平台市场化、实体化、集团化转型发展的需要。推动建立市场化选人用人机制，形成"管理人员能上能下、员工能进能出、收入能增能减"的三能机制，充分发挥专业人才在融资平台转型、投资和运营等重大决策的作用，真正激发企业内生发展动力。同时，考虑到市场化转型极具复杂性与不确定性，应当建立健全尽责免责机制和容错纠错机制，为融资平台任职人员营造良好履职环境。此外，融资平台可通过业务合作、子公司股权合作等方式引入优质民营企业，推进混合所有制改革，充分发挥非公有制企业的市场化经营机制优势，加快业务发展，提高经营管理水平。

8.5.3 研究不足与展望

未来研究可以在以下方面做进一步探索：一方面，本研究仅以业务模式为主，营业收入、资产结构变化为主，探索了转型成效、平台转型模式及模式选择的内在逻辑，然而平台转型是一个长期的过程，需要同时考虑市场对平台转型成效的认可度，从平台转型前后债务规模、经营管理、债务结构、风险溢价等维度，构建更具一般性的理论框架及实证研究，是未来地方融资平台市场化转型研究的重要方向。另一方面，本研究关注焦点在于平台市场化转型过程中自身"造血"能力的培养及提升，但平台转型涉及财政治理、市场监督、公司治理等多领域转变，因此就外部环境对平台转型问题开展进一步研究，有助于拓展融资平台市场化转型研究内容。

本章参考文献

［1］毛捷，徐军伟. 地方融资平台公司的市场化转型研究——制度溯源、个性刻画与实现路径［J］. 财贸经济，2021，42（03）：28 – 43.

［2］毛捷，刘潘，吕冰洋. 地方公共债务增长的制度基础——兼顾财政和金融的视角［J］. 中国社会科学，2019（09）：45 – 67 + 205.

[3] 郭玉清，何杨，李龙．救助预期、公共池激励与地方政府举债融资的大国治理［J］．经济研究，2016，51（03）：81-95．

[4] 徐军伟，毛捷，管星华．地方政府隐性债务再认识——基于融资平台公司的精准界定和金融势能的视角［J］．管理世界，2020，36（09）：37-59．

[5] 吴德胜，曹渊，汤灿，等．分类管控下的债务风险与风险传染网络研究［J］．管理世界，2021，37（04）：35-54．

[6] 宋傅天，姚东旻．"城投部门"议价能力与地方政府债务扩张［J］．管理世界，2021，37（12）：92-110．

[7] 王文甫，王召卿，郭桧沂．财政分权与经济结构失衡［J］．经济研究，2020，55（05）：49-65．

[8] 曹婧，毛捷，薛熠．城投债为何持续增长：基于新口径的实证分析［J］．财贸经济，2019，40（05）：5-22．

[9] 徐鹏程．新常态下地方投融资平台转型发展及对策建议［J］．管理世界，2017（08）：8-13．

[10] 王玉春．融资平台公司转型中政府债务管理研究与探讨［J］．金融经济，2016（24）：148-149．

[11] 刘元春，陈金至．土地制度、融资模式与中国特色工业化［J］．中国工业经济，2020（03）：5-23．

[12] 毛锐，刘楠楠，刘蓉．地方政府债务扩张与系统性金融风险的触发机制［J］．中国工业经济，2018（04）：19-38．

[13] Huang Y, Pagano M, Panizza U. Local crowding-out in china［J］. The journal of finance. 2020（12）．

[14] 刘畅，曹光宇，马光荣．地方政府融资平台挤出了中小企业贷款吗？［J］．社会科学文摘，2020（06）：12-14．

[15] 张洁梅，王钰沛，张玉平．利益相关者视角的地方政府融资平台风险管理研究［J］．管理评论，2019，31（03）：61-70．

[16] 张路．地方债务扩张的政府策略——来自融资平台"城投债"发行的证据［J］．中国工业经济，2020（02）：44-62．

[17] 汪莉，陈诗一．政府隐性担保、债务违约与利率决定［J］．金融研究，2015（09）：66-81．

[18] 国务院发展研究中心"国有企业改革突出矛盾与对策研究"课题

组,马骏,张文魁,张永伟,袁东明,周健奇,李志能. 地方投融资平台转型的方向与政策 [J]. 国家治理, 2016 (04): 42-48.

[19] 岳俊杰. 地方政府融资平台风险控制分析 [J]. 中国市场, 2020 (06): 43-44.

[20] 胡兆成. 地方政府融资平台公司资金管理存在的问题与对策 [J]. 时代金融, 2021 (22): 81-83.

[21] 吴婷. 县级地方政府融资平台发展转型的路径研究——以贵州贵龙实业(集团)有限公司为例 [J]. 金融经济, 2019 (14): 16-18.

[22] 刘骅,卢亚娟. 转型期地方政府投融资平台债务风险分析与评价 [J]. 财贸经济, 2016 (05): 48-59.

[23] 宋樊君. 转型视角下的地方融资平台信用风险治理研究 [J]. 财政科学, 2022 (05): 65-78.

[24] 成涛林. 地方政府融资平台转型发展研究——基于地方债管理新政视角 [J]. 现代经济探讨, 2015 (10): 55-58+73.

[25] 马恩涛,陈媛媛. 我国地方政府融资平台转型发展研究 [J]. 公共财政研究, 2017 (03): 4-12.

[26] 李忆朋,黄露,李旻昱. 地方政府融资平台转型研究——以X市城投公司为例 [J]. 开发性金融研究, 2019 (02): 54-62.

[27] Robert K Yin. Case Study Research: Design and Methods [M]. 5th edition, 2014.

[28] 吴肃然,李名荟. 扎根理论的历史与逻辑 [J]. 社会学研究, 2020, 35 (02): 75-98+243.

[29] 卡麦兹·凯西,建构扎根理论:质性研究实践指南 [C]. 重庆大学出版社, 2009.

第 9 章

发挥专业融资担保的风险识别与缓释作用

专业融资担保公司作为债务融资广泛运用的增信工具，是实现融资平台与政府信用切割、缓解隐性担保下金融体制偏好与债务累积、建立市场化金融资源配置的一个重要探索方向。与以往仅关注担保整体效应不同，本章利用2014—2020年城投债发行与交易数据，首次区分"地方融资平台"和"融资担保公司"两类担保人展开对比研究，结果发现：地方融资平台之间的担保实为"关联担保"，不仅无法缓释风险，还会加大平台关联与风险累积，产生"担保正溢价"现象；融资担保公司作为专业经营信用风险的持牌金融机构，通过担保信号提供"贷前"增量信息、增加第二还款来源降低"贷后"违约损失两个渠道带动风险溢价下降。此外，专业担保还能"雪中送炭"，对行政等级低、债务负担重等更需增信支持的弱资质平台，以及突发极端市场环境表现出更强缓释效果。本章研究对深入理解隐性担保与显性第三方担保关系，更好发挥专业担保在促进金融资源市场化配置、稳妥化解宏观债务问题中的积极作用有指导意义。

第 9 章　发挥专业融资担保的风险识别与缓释作用

9.1　引言

地方政府隐性债务治理事关国家财政与金融稳定，是当前中国经济讨论的重大议题。2020 年以来召开的中共中央政治局会议、中央财经委员会会议、国务院金稳委专题会议等高规格会议均做出专门论述，指出"利用经济的高质量发展化解系统性金融风险"的根本方向，再三强调"中央不救助、政府不兜底"原则，相继出台有关债务置换、地方政府专项债、分类推进融资平台市场化转型等"化债组合拳"。但实践中，不论融资平台转型还是地方经济高质量发展，实为我国地方投融资机制与财税体制改革逐步深化的长期过程，难以一蹴而就。而在目前"政府信仰"加速瓦解、信用债集聚违约、地方财政不确定加大的复杂形势下，个别财政实力弱、区域资源匮乏的融资平台或因遭遇风险事件，或受"一刀切"政策影响，难以及时找到与债务匹配的资金或与业务匹配的转型模式而出现"信用失速"潜在资金断裂风险。一个典型事件是，2020 年河南省大型国企"永煤集团"超预期违约，一些隐性债务高风险区域的城投债交易价格下跌近 70%，河南省更是因此整整 70 天没有一只城投债成功发行[1][2]，作为隐性债务主体的融资平台面临"流动性断崖"困境，部分基金产品也因债券价格调整面临较大赎回压力，引发财政金融的极大不稳定。因此，保障增量融资顺畅是稳妥化解存量隐性债务的重要前提和基础，中央从金融安全的战略高度指出"坚决防止发生处置风险的风险"，明确"按市场

---

[1]　根据 Wind 资讯债券发行与交易数据整理得到，相关城投债为：河北省城投"16 中岳棚改项目债"由 62.5 元降至 19.8 元、降幅 68.2%，吉林省城投"17 吉林城建 MTN001"由 98.8 降至 39.7 元、降幅 60%，贵州省城投"18 普定债 01"由 105.5 降至 51 元、降幅 52%。

[2]　二级市场价格发生不利变动会影响一级发行和再融资，逻辑在于：既然投资者能够以便宜价格在二级市场购买存量债券，就不会在一级市场购买新发债券。

化原则保障融资平台合理融资需求"的底线要求[①]，目的就是为有序缓释存量债务争取时间和空间。由此产生的一项重要而紧迫课题是，如何统筹好债务治理长期目标与短期金融稳定之间的关系？尤其如何利用市场力量而非政府兜底手段，纾困那些因极端事件而遭遇融资需求受挫等暂时困难的融资平台，保障其合理融资需求、防止触发次生性财政金融风险，以时间换空间"徐徐图之"助力债务化解、平台转型和经济高质量发展的长期任务？

第三方担保作为目前广泛运用于缓释债务融资风险的可行手段，是按市场化原则保障融资平台合理融资需求、实现有序化解存量隐性债务风险的一个重要探索方向。第三方担保，有别于政府兜底的隐性担保、企业内部的抵质押担保，是由第三方机构为地方融资平台提供的外部显性担保，约定当出现债务违约时承担连带偿还责任。根据担保人不同，城投债第三方担保可分为两类：一类由其他地方融资平台提供担保，实践中多为同地区融资平台间互保或连环担保，以及母平台为子平台担保，本质是"关联担保"。另一类是由融资担保公司提供的"专业担保"，此为一类专业经营信用与管理风险的市场化持牌金融机构。在城投债实践中，"永煤违约"后河南省发行的首只城投债，就是由当地省级担保公司担保；贵州省作为非标违约最多的省份，2020年印发《关于促进贵州资本市场健康发展的意见》，专门围绕"强化担保增信体系"出台系列举措，不仅加大对现有融资担保公司注资力度，还推动政府和社会资本共同组建大型融资担保公司，率先对建立市场化债务风险处置机制展开探索。那么，第三方担保对隐性担保加持下的城投债是否具有风险缓释效果？在极端事件冲击下，能否成为风险防火墙和市场稳定器，保障融资平台合理融资需求，防止次生财政金融风险？上述问题尚未定论值得深入研究。

---

① 2021年8月，中央财经委员会召开第十次会议指出，"要夯实金融稳定的基础，处理好稳增长和防风险的关系，巩固经济恢复向好势头，以经济高质量发展化解系统性金融风险，防止在处置其他领域风险过程中引发次生金融风险"。2022年4月18日，中国人民银行、国家外汇管理局联合印发《关于做好疫情防控和经济社会发展金融服务的通知》，明确提出"要在风险可控、依法合规的前提下，按市场化原则保障融资平台公司合理融资需求"。

第9章　发挥专业融资担保的风险识别与缓释作用

现有担保理论研究主要集中于一般公司和普通债务融资工具，发现第三方担保可降低银行贷款、信用债的风险溢价（尹志超和甘犁，2011；王琨等，2014；LaPorta 等，2003；Hann 等，2013；Bradley 和 Roberts，2015）。有别于一般公司和普通债务融资工具，以城投债为代表的地方政府隐性债务特殊之处在于，发债平台和地方政府间的特殊关系及其带来的隐性担保加持。现有研究也主要聚焦隐性担保展开，认为其是决定融资平台举债行为的重要基础，在城投债定价中发挥关键作用（汪莉和陈诗一，2015；罗荣华和刘劲劲，2016；王博森等，2016；张莉等，2019；Liu 等，2017；Chen 等，2020）。一个自然产生但被忽略的问题是，在政府隐性担保加持下，"显性"第三方担保对城投债还能否具有风险缓释作用？为什么能或者不能？什么类型的担保或环境下能？这是传统担保理论鲜有讨论的领域，也是我国地方债务面临的特色现实问题。在现有城投债定价研究中，"是否第三方担保"常作为控制变量引入实证，系数基本不显著，被认为是"不具市场可信性、难以缓释债券风险的无效增信手段"（钟辉勇等，2016）。但这难以解释在"增信无效"情况下，融资平台为什么还大量采取担保措施（有担保城投债占比13%，与信用债持平[①]），尤其2017年国家层面《融资担保公司监督管理条例》（简称《担保条例》）实施后，担保公司执业门槛大幅提升，融资平台寻求专业担保是件既费时（需尽调、评审、反担保等系列流程）又费力（担保费约为担保额的3%）的事。

破题关键可能在于，意识到"融资担保公司"和"地方融资平台"两类担保人在业务逻辑、担保机制方面存在的本质区别，而不能仅将第三方担保视为统一整体予以考察。实践中，融资担保公司是一类专业经营信用与管理风险的持牌金融机构，设有专门的项目评审与风控部门，受到中国银行保险监督管理委员会的严格监管，尤其《担保条例》实施后，行业地位和市场认可度大为提高。与之相比，地方

[①] 根据林晚发等（2022）的研究，我国整个信用债市场中，2009—2020年发行的有担保债券占比约为17%。

融资平台之间高度关联,一旦某个平台出现风险事件,担保链条上其他平台也自身难保,更无法真正履行代偿责任。就实际数据看,截至2020年9月,由融资平台对外担保的债券发生违约的共7只,仅有2只的担保方履行了代偿义务,增信效果难以得到市场认可①。为此,本研究基于2014—2020年城投债数据,从区分"关联担保"与"专业担保"的崭新视角,全面检验在隐性担保加持下的显性第三方担保效力,试图回答:(1)区分两类担保人,能否得出不同以往研究"第三方担保无效"的结论?抑或,我们更关注作为专业经营信用风险的持牌金融机构,融资担保公司能否缓释风险?(2)若专业担保有效,那作用机制如何?(3)对于弱资质、重负担等更需外部增信支持的发债平台,以及突发性极端市场环境下,专业担保能否"雪中送炭"更好保护债券价格避免市场连锁反应?

  本章可能的贡献:一是理论方面,立足担保理论,从区分关联担保和专业担保的崭新视角,系统剖析地方政府隐性债务这一特殊融资工具,首次发现了融资担保公司对城投债的风险缓释作用,并基于提供"贷前"增量信息、增加第二还款来源降低"贷后"违约损失两个机制解释了担保效力的来源,为理解隐性担保下显性第三方担保效力提供理论支持。二是政策方面,揭示融资担保公司这一支长久以来被忽视、但能有效缓释城投债风险的专业化市场力量,为建立服务"按市场原则保障融资平台合理融资需求"的政策体系提供支持,为稳妥化解存量隐性债务提供稳定保障,弥补了当前广泛兴起的债务风险治理文献关于市场化举措研究的不足。三是实践方面,发现了专业担保对弱资质平台、极端市场环境具有"雪中送炭"效应,是一项能够用于应对重大突发风险、稳定市场基本盘的有效政策工具,也是融资平台实现自救的再融资增信手段,有助于促进实现地方债风险治理长期目标与短期金融稳定之间的平衡,这在目前信用债集聚违约形势下十分必要。

---

  ① 根据Wind信用债数据库和公开信息整理统计,7只债券分别为"12蒙恒达""13大宏债""12东飞01""12东飞02""13莒润""13大宏债""17神华01",履行担保代偿义务的2只为"13大宏债"和"17神华01"。

9.2 制度背景与理论分析

9.2.1 制度背景

(1) 融资担保公司与专业担保

我国融资担保行业起源于20世纪90年代，作为企业融资增信的重要手段，是经济金融体系不可或缺的组成部分。在近三十年历程中，融资担保公司从作为一般工商企业混同在整个担保行业中展业[①]，逐步发展为专业化经营信用与管理风险的持牌金融机构，有两部法规制度起到了里程碑式作用。一部推动了行业的专业化发展。2009年，国务院成立由银监会（原）牵头、联合七部委的"融资担保业务监管部际联席会议"，将融资担保单独划分出来，实施严格的牌照准入管理。随后发布的《融资性担保公司管理暂行办法》，形成了初步的融资担保监管体系。另一部大幅提高了行业的法律地位。2017年，国务院印发《担保条例》，将融资担保行业监管上升到国家层面、具有长期执行力的法规制度。2018年，七部委联合发布四项配套制度，进一步完善融资担保监管框架，特别强化了准入门槛与担保放大倍数要求，融资担保行业进一步减量增质。至此，融资担保公司的准入和金融行业地位大大提高。

与银行贷款和保险等金融活动一样，融资担保同样具有金融中介和信用放大功能，面临来自被担保人、金融机构、法律政策等多方面的合集风险，属于高杠杆、高风险业务，对机构稳健经营和风控能力

---

① 担保可以分为融资担保、非融资担保和再担保。(1) 融资担保，是担保人为被担保人借款、发行债券等债务融资提供担保的行为。(2) 非融资担保，则是诉讼保全担保、财产保全担保等为非债务融资合同提供担保，以及与担保业务有关的咨询顾问等中介服务。(3) 再担保，是为担保机构的担保业务提供担保。

有很高要求，因而受到了监管部门的严格审慎监管。首先，在中央层面，部际联席会建立了以"担保放大倍数"和"担保集中度要求"为核心指标，覆盖机构准入、经营规则、风险控制等全流程环节的宏观审慎监管框架，目的在于维护整个担保行业稳定。其次，在地方层面，由地方政府指定管理部门[①]，负责当地融资担保公司的设立审批、监管评级、现场检查与非现场监管等日常监管，实施强调单个机构稳健经营的微观审慎监管。最后，在公司内控层面，融资担保公司开展担保业务，普遍设有专门的企业信用评价方法体系，并设有独立的担保项目评审与管理部门，形成涵盖担保评审、尽职调查、担后检查、出保管理、代偿与追偿、风险预警及应急处置等全流程业务体系。

除审慎监管制度外，担保行业还建立了再担保体系并广泛采取反担保措施。一方面，2007年以来，地方政府相继成立省级再担保公司，采用再担保、股权投资等形式，为辖内融资担保公司提供风险分担与支持，目前已基本形成覆盖全国的再担保体系。另一方面，融资担保公司为城投债提供担保，普遍会设置"反担保"措施，通过要求发债平台提供土地、厂房、股权等抵质押物，最大限度地保障担保义务履行后担保公司追偿权的实现，很大程度上控制了债务人道德风险和机构代偿风险。

（2）地方融资平台与关联担保

地方融资平台对外开展城投债担保业务，多为同地区融资平台间的企业互保或连环担保，以及母平台为子平台提供担保，本质上是"关联担保"，主要目的是为了包装评级以达到监管或投资者要求（钟辉勇等，2016；林晚发等，2022），与融资担保公司专业经营风险、赚取信用价差的业务逻辑存在本质不同。地方融资平台作为一般工商企业对外提供担保，只需满足《担保法》的一般性规定，不受中国银保监会和地方政府监管，无须满足相关准入、运营等监管要求，一般不

[①] 根据公开信息整理统计，目前北京、上海、广东等19个省（区、市）确定的监管部门为地方金融监管局，江苏、浙江等10个省（区）为工信厅、经信委或中小企业局，海南、云南2个省为财政厅。

第9章 发挥专业融资担保的风险识别与缓释作用

设专门的担保业务管理部门，普遍不要求被担保企业出具反担保措施，亦不在再担保体系范围内（表9-1）。此外，地方融资平台以经营公益性项目为主，缺乏独立营利能力，债务偿还主要依赖当地政府，即使所担保债券发生违约，也很难做到代偿责任的强制执行。

表9-1　　两类担保人监管制度比较

比较项目	融资担保公司	地方融资平台
法律规范	1.《担保法》《公司法》 2.《融资担保公司监督管理条例》及四项配套制度、《关于印发融资担保公司非现场监管规程的通知》	《担保法》《公司法》
监管部门	中央—地方双层级监管格局： ◇ 在中央层面，成立由中国银保监会牵头、联合七部委的"融资性担保业务监管部际联席会议制度"，负责监管协调、政策制定、指导地方监管与风险处置等 ◇ 在地方层面，由地方政府指定管理部门（一般是金融监管局、财政厅），负责当地融资担保公司的设立审批、监管评级、现场检查与非现场监管等日常监管	工商行政管理部门
行业准入	1. 实施严格的牌照管理，机构设立需经监督管理部门批准 2. 要求注册资本不低于2000万元，且为实缴货币资本，同时对股东信誉、高管资质、内部管理制度也作出严格要求	无要求
内部管理	1. 公司需专门制定与融资担保项目相关的评审、尽职调查、担后检查、出保管理、代偿与追偿、风险预警及应急处置等业务部门与规范管理制度 2. 对外担保需经董事会或股东大会决议通过	对外担保需由董事会或股东大会决议通过
监管指标	1. 担保放大倍数 ◇ 担保责任余额不得超过其净资产的10倍 2. 担保集中度要求 ◇ $\frac{对同一被担保人的担保责任余额}{净资产}$不得超过10% ◇ $\frac{对同一被担保人及其关联方的担保责任余额}{净资产}$不得超过15% ◇ 不得为控股股东、实际控制人提供融资担保 ◇ 为其他关联方提供担保，应当30日内向监管部门报告，并在会计报表附注中予以披露	无要求
再担保与反担保	1. 目前已基本形成覆盖全国的再担保体系 2. 普遍要求被担保人出具反担保措施，最大限度地保障担保义务履行后追偿权的实现	不在再担保机制保障范围内，一般亦不设置反担保措施

资料来源：作者根据公开资料整理。

（3）两类担保在城投债领域的发展实践

回溯两类担保在城投债领域的发展历程，可大致分为三个阶段（见图9-1）。第一阶段：2014年以前，有担保城投债以关联担保为主，占比最高达93%，专业担保不论从规模还是占比看均比较少。主要原因是，此阶段我国融资担保公司业务对象主要是中小企业，所担保的城投债不成规模，年均不超过20只，专业担保城投债规模仅占有担保城投债的25%、全部城投债的3%。第二阶段：2014—2018年，专业担保与关联担保规模持平。随着《关于加强地方政府性债务管理的规定》（43号文）发布实施，融资平台与政府信用逐渐剥离，为满足发行与投资者要求，城投债纷纷选择专业的融资担保公司获取增信支持。这带动专业担保城投债规模出现跨越式增长，年度增幅高达150%。此后，专业担保城投债发行规模与关联担保不相上下，甚至在2017年超过关联担保。此阶段，专业担保城投债发行规模占有担保城投债的比例升至54%、占全部城投债比例升至5%。第三阶段：2018年以来，随着《担保条例》颁布实施，多地密集注销融资担保机构，

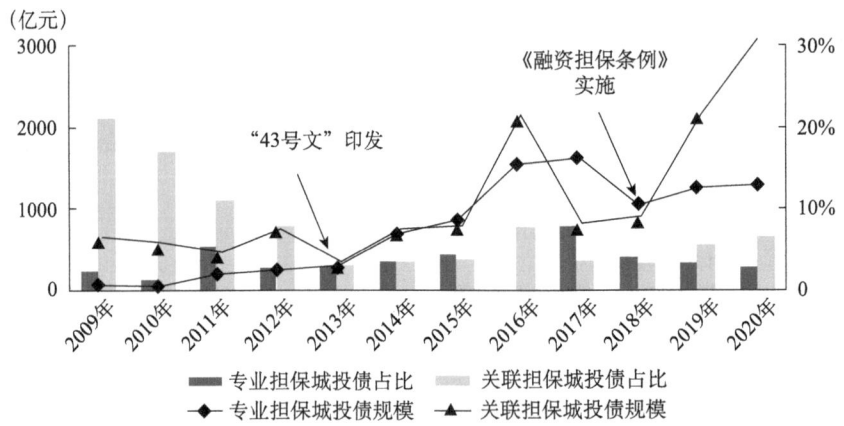

图9-1　2009—2020年我国城投债的第三方担保情况

注："专业担保城投债规模""专业担保城投债占比"为当年发行的城投债中，由融资担保公司提供担保的债券合计规模与占比，"关联担保城投债规模""关联担保城投债占比"为当年发行的城投债中，由其他地方融资平台提供担保的债券合计规模与占比。

资料来源：Wind资讯与笔者统计整理。

专业担保城投债只数和规模出现负增长，较 2017 年分别下降了 9% 和 35%，专业担保城投债占比也随之下降，占有担保城投债比例降至 41%、占全部城投债的比例回落至 3%，但仍高于第一阶段。整体来看，2014—2020 年发行的所有城投债中，共计 37 家融资担保公司为 1044 只、7926 亿元城投债提供了担保，约占有担保城投债的 43%、占所有城投债的 4%。

9.2.2 理论分析与假设提出

不同增信手段如何影响企业融资可得性和融资成本，是公司金融研究领域的经典问题（尹志超和甘犁，2011；霍源源等，2015；Joseph 等，1981；Menkhoff 等，2006）。在债务合约中，债务人的违约风险属于私人信息，债务人与债权人之间对此存在严重的信息不对称（Degryse 和 VanCayseele，2000）。此时，债权人通过提高利率来补偿未知风险是不可行的。一方面，提高利率会导致高违约风险的借款人比例提高，加剧逆向选择问题（Chan 和 Kanatas，1985）。另一方面，借款人为了弥补借款成本，有动机将资金投向高风险的项目，产生道德风险问题（Bester，1994）。增信措施能够缓解信息不对称产生的逆向选择与道德风险，从而可以让信用程度较低、原本不能发行债券的企业在采取增信措施之后成功发行债券，这是目前国内外文献达成的基本共识（Pozzolo，2002；霍源源等，2015）。

实践中，在银行信贷市场，增信措施主要以抵押的形式存在（尹志超和甘犁，2011），而在债券市场，增信则以第三方担保、抵押担保、质押担保三种形式并存。相比于抵质押担保，第三方担保最大区别在于，债务合约参与人由两人博弈演变成债权人、债务人和保证人三人博弈（韩鹏飞和胡奕明，2015），风险缓释机制也相应表现出不同。理论研究认为，担保行为内生于节约交易成本的需要，当担保方拥有相对银行的信息优势或监督优势时，担保行为具有增进资源配置效率、降低融资交易成本的功能，并据此形成了"信息优势理论"（Besanko 和 Thakor，1987）、"监督机制理论"（Mann，1997）和"交易成本理论"（Katz 和 Avery，1999）。当担保机构对债务承担连带责任时，一方面，担保机构凭借信息优势，能够对债务人进行更有效甄别，担保意愿作为一种信号为投资者提供"贷前"增量信息，缓解逆向选择（韩鹏飞和胡奕明，2015；Besanko 和 Thakor，1987；Katz 和 Avery，1999）。同时，融资企业对"保企关系"的重视，会激励其努力经营，降低道德风险（平新乔和杨慕云，2009；陈超和李镕伊，2014；Boot 等，1991；Jimenez 等，2006）。另一方面，担保机构为债务履行提供了第二还款来源，在很大程度上降低了债权人面临的信用风险，以及"贷后"违约造成的预期损失（张晓玫和宋卓霖，2016），从而起到增信作用。

我国城投债的主要投资机构是商业银行，对风险极为敏感，格外重视投资资产的风险管理与合作担保机构的资质评价。融资担保公司是一类专业经营信用与管理风险的市场化持牌金融机构，其代偿资金来源于公司资本金，直接影响公司绩效和利润，因而普遍建立项目评审与风险管理的全流程业务体系，旨在通过市场化经营获取盈利。同时，受到"中央—地方"双层级的严格审慎监管，尤其是《担保条例》发布实施以来，随着以准入门槛、担保放大倍数、担保集中度为核心的监管框架的建立，融资担保公司关于债务人风险甄别与评估的专业能力大幅提高。尤其是针对为关联方提供担保制定的限制性规定和信息披露要求，以及覆盖全国的再担保体系和反担保措施的广泛运用，也在一定程度形成风险防火墙，为融资担保公司提供了很好的风险分担与补偿保障，在很大程度上提高了融资担保行业抗风险与代偿能力，市场对其增信效力的认可度也不断上升。综上，提出假设1：

假设1：专业担保具有风险缓释作用，即相比无担保城投债，融资担保公司担保城投债的风险溢价更低。

担保有效的前提是，相对投资者而言，担保机构能够提供增量信息并保持相对独立。一方面，相较债权人较低的信息甄别与监督成本，是担保机构的存在基础（Katz 和 Avery，1999）。理论研究发现，在银企两方模型中,引入不具有信息优势的担保机构,反而会加重逆向选择问题(陈其安等,2008)。原因在于,若担保人不能准确掌握借款人真实风险和收益,从而无法实施差别定价时,通常会收取较高保费以保障盈利。在发行利率相同情况下,这相当于提高了企业的整体融资成本,最终采取担保措施的只有高风险企业(张晓玫和宋卓霖,2016)。实证研究支持了上述理论分析,与抵押贷款相比,我国担保贷款对象具有更高的风险特征(付俊文和赵红,2004;杨胜刚和胡海波,2006)。另一方面,担保机构保持独立性至关重要,否则容易产生行政干预或道德风险,反而加速风险扩散不利于债务履行。实践中,母公司为子公司提供"关联担保"是非独立担保的典型形式,此时母公司存在"掏空"动机,通过帮助子公司融资侵占更多资源(Bai等,2013)。此外,有些企业还存在"互相担保"和"连环担保"现象,往往是为了销售债券而非降低风险,反而加剧企业隐性债务负担和系统性风险,导致担保产生负效应(王芳和周红,2015)。

地方融资平台作为关联担保提供方,的确天然存在着信息优势,如平台母公司对子公司拥有基于公司治理契约的信息权力,再如同地区平台公司之间因地理位置相近,更易获得信息和进行监督。但是,"具备信息优势"不等同于"有效传递信号"。实践中,地方融资平台本质上是政府为实现筹措市政建设资金目的的一个"壳"和载体,对外提供担保一般受当地政府引导,对象集中于政府相关企事业单位,如当地其他融资平台、当地国企和事业单位、政府招商引资的民营企业等,实质是为政府相关方提供关联担保以交换政治资源。在上述过程中,担保平台尽管具有信息优势,但没有意愿更没有能力根据所掌握信息开展风险甄别与评估,并自主做出是否担保的市场化决策,而是"一概全担",担保行为也就无法向市场传达出任何有效信息,从而抑制了担保的信息功能。此外,融资平台作为一般工商企业,面临的监管环境十分宽松,关于债务风险甄别与评估的专业能力不足,加上自身也不具备独立现金流,因此对外担保的代偿增信能力难有保障,导致担保无效。根据 Wind 数据和公开信息整理统计，截至 2020 年 9 月末，由地方融资平台提供担保的债券中，共有 7 只发生了违约，其中仅有 2 只（"13 大宏债""17 神华01"）履行了代偿义务，其余 5 只债券担保方均"担而不保"未履行代偿义务（"12 蒙恒达""13 大宏债""12 东飞01""12 东飞02""13 莒鸿润"），代偿履行率相当于仅 28%，是融资平台对外担保"只保评级、不保兑付"现象的真实写照。

更为重要的是，关联担保不仅无法缓释风险，还可能带来"担保正溢价"，投资者反而会要求较无担保债券更高的收益率补偿。第一，关联担保是弱资质融资平台在"评级包装"动机下的"自曝其短"式行为。对高资质发债平台而言，能够获得专业担保甚至无担保发债，是一种向市场投资者彰显良好偿付能力的主动行为。对弱资质融资平台而言，为了成功发行债券，会通过提供更多担保等增信措施为获取高评级创造条件（林晚发，2022）。所采取的关联担保，实际是在无法自行发债同时也难以获得专业担保支持情况下，为了包装评级而被迫采取的"自曝其短"行为。

第二，更深层次的实质性风险可能来源于"担保网络潜在的风险传染效应"。平台互保不仅不能为城投债增加信用，还会因融资平台缺乏披露、隐匿互保信息，而被市场倾向认为大概率身处"平台担保网络"同时向外提供担保，反而加剧或有债务负担和系统性风险暴露。从整体样本看，关联担保城投债共计 1559 只，其中母平台为子平台提供担保的 466 只、占比 30%；涉及 104 家发债平台，其中同时对外提供担保的 74 家，这意味若一家融资平台接收关联担保，同时它也为其他融资平台提供关联担保从而形成连环担保的概率高达 71%。在地方层面，以非标违约频发的贵州省为例，绘制融资平台担保网络关系图发现：担保网络中几乎不存在孤立节点，绝大部分融资平台之间可通过担保产生直接或间接联系，并且这种联系紧密且绵延，呈现"一对多放射状""环形""链式"等相互交织的多种担保结构，形成了以地域为依托的复杂担保网络。此外，存在少数但拥有大量联系的重要融资平台,并主要集中于非标违约"重灾区"遵义市,风险一旦爆发在这些高度关联的节点平台,将极有可能沿担保链条与网络火烧连营般引发系统性风险,最终使得整个区域丧失再融资能力,产生"担保网络的风险传染效应"(黄俊等,2013;刘海明等,2016;纳鹏杰,2017;Banal-Estañol 等,2013)。

综上,融资平台之间的关联担保并非缘自市场理论中节约交易成本动机,而是源于政府竞争激励引致的过度融资需求与金融资源争夺,是政治事权与经济财权体制失衡在市场层面的显现。因此,这种扭曲的市场交易从一开始便不具备增进资源配置效率的内涵特征,反而被投资者所洞察并视为事前资质较弱和事后传染风险较高的一个负面信号。此时,关联担保不仅不具有风险缓释效果,甚至有可能产生负效应和"正溢价",投资者因此要求更高的收益率溢价作为补偿,据此提出假设2:

假设2:关联担保不具有风险缓释作用,还可能推升融资成本,即与无担保城投债相比,融资平台担保城投债的风险溢价会更高。

9.2.3 初步探索

本研究对第三方担保与城投债风险溢价的关系进行了初步探索。根据担保措施不同,将样本债券划分为三类:无担保、融资担保公司担保(专业担保)、其他融资平台担保(关联担保),分别统计其发行溢价均值和交易利差均值。结果表明,在同等主体信用评级平台所发行的债券中,专业担保城投债发行溢价最低,无担保债券其次,关联担保最高,这一现象在发行和交易样本中均成立。其中,专业担保与融资平台担保相比,发行溢价最高可相差 0.77%(评级 AA-组),交易利差最高可相差 5.78%(评级 AA-组)。图 9-2 直观反映了不同担保措施下城投债的相对溢价情况,表明担保人类型不同,增信效果可能存在系统性差异,基于混同回归的分析结果可能由于结构性问题产生偏误,有必要对不同担保人予以区别对待,分样本审视和研究。

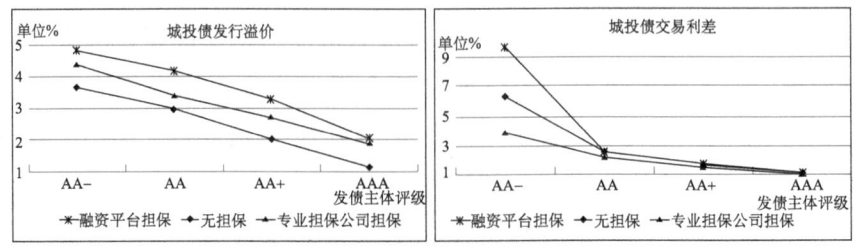

图 9-2　不同担保措施下的城投债风险溢价比较

注："城投债发行溢价"，为样本城投债的发行利率与期限匹配国债收益率之差；"城投债交易利差"，为有交易城投债的到期收益率与期限匹配国债收益率之差。因样本数量少不具有统计意义、组内平台资质差异大不具有可比性等原因，图中未展示 A+ 及以下评级和无评级城投债。

资料来源：Wind 资讯与笔者统计。

9.3　样本与研究设计

9.3.1　地方融资平台的识别与界定

地方融资平台的识别与界定是本研究研究的重要基础。"地方融资平台"出现在官方文件最早可追溯至 2010 年 6 月，国务院发布《关于加强地方融资平台公司管理有关问题的通知》，将其定义为"由地方政府及其部门和机构、所属事业单位等通过财政拨款或注入土地、股权等资产设立，具有政府公益性项目投融资功能，并拥有独立企业法人资格的经济实体"。此后，不同文件对地方融资平台的定义虽有不同，但均坚持了"地方政府出资""为政府公益性项目投融资"等核心特征。

实践中，由于理解视角与侧重点不同，政府部门、业界机构和学者对地方融资平台的界定方式各有差异。（1）官方界定较为简练。中国银行业监督管理委员会（原）自 2011 年开始对地方融资平台实行

"名单制"管理,名单每个季度更新但并不公开,认定标准侧重债务偿还能力。由于认定权下放至银行机构,满足条件的融资平台还可申请退出名单,因此名单口径操作空间较大,加之2019年之后不再统计更新,因此应用范围比较有限。(2) Wind 资讯名单是目前使用最广泛的数据来源。但由于其频繁更换标准,如依次使用过发改委审批的企业债名单、中债登编制的城投债收益率曲线等,并且前期已纳入名单、但不满足新标准的样本券不做清理,因而存在标准不一致导致的遗漏、错选等问题,受到学者和业界质疑。(3) 也有学者从学术角度提出了界定地方融资平台的判断逻辑,并建立了新名单和城投债数据库(徐军伟等,2020)。不同名单之间存在较大差异,截至2018年末,银监会口径下发行过债券的地方融资平台有1243家,而截至2020年5月,Wind 资讯口径达2060家,徐军伟等(2020)为2571家。

本研究借鉴徐军伟等(2020)关于融资平台的判断逻辑和技术路线,按照如下标准界定地方融资平台:"实际控制人是否为地方政府"[①]、"经营范围是否为具有公益属性的政府项目"[②]、"营业收入是否在很大程度上来自政府或其他融资平台[③]",通过手工搜集债券募集说明书和跟踪评级报告获得相关信息,对所有发债的地方国有企业逐一进行判定。最终确认:截至2018年末,发行过债券的地方融资平台共计2493家,与徐军伟的2571家非常接近。

---

① 地方政府入股融资平台的方式不仅包括货币资金入股,还包括土地资产注入(包括储备地、划拨地、出让地等),国有股权划转,公益性资产注资等。
② 本研究将企业的经营范围按照公益属性分为三类:①纯公益性项目,包括城市基础设施建设、修污水处理站、棚户区改造、保障房、地下管廊管网、园区开发、土地一级整理、市政道路(非收费公路)、桥梁、水利设施、绿化环境、地铁。若企业的主营业务为纯公益类项目,则基本可认定为地方融资平台。②半公益性项目,包括铁路、收费公路、公用事业(水务、公交、燃气、供暖)、电力、港口、旅游开发、建筑(施工队)等。若企业的主营业务为半公益性项目,则需要综合其他标准予以判定。③营利性项目,金融、餐饮、食品、服装、汽车、服务等行业。只要企业主营业务属于营利性业务范围,均予以排除。
③ 营业收入包括业务收入、政府补贴、政府项目形成的应收账款、其他融资平台的应收账款等。

9.3.2 样本选择与数据来源

在融资平台名单基础上,本章构建了城投债发行与交易数据库,并选择 2014—2020 年所发行的城投债作为初始样本。这是因为,随着 2014 年"43 号文"发布实施,融资担保公司为城投债提供担保才初具规模,而此前相关债券数量年均不超过 20 只。根据本研究的样本,2014—2020 年期间共计发行 22896 只城投债。

与目前绝大部分文献几乎都仅使用发行数据相比,本研究还采用了"永煤违约"事件期间的城投债交易样本。一个主要原因是,在考察极端市场环境下的担保效果时,发行数据"稀缺性"问题致使实证检验很难产生统计意义。以"永煤违约"事件前后 5 个交易日为例,(-5,+5)窗口期内仅有 273 只城投债得以发行,专业担保债券仅 12 只,而二级市场共计发生 5924 条交易,涉及 3539 只城投债、1266 家融资平台,丰沛的交易数据为相关实证研究提供了可能。另一个原因是,发行价格一旦形成就不再变化,而交易价格会随经济金融形势变化不断调整,更能及时、准确地捕捉市场情绪波动和对担保的评价变化。若本研究提出的研究假设同时在发行和交易样本中成立,则能大大提高结论的可靠性。本研究城投债交易数据来源于证券交易所、中央国债登记结算有限公司关于债券交易的公告信息。

在控制变量和进一步的相关分析中,本研究还使用了如下指标:债券层面的特征变量和地方融资平台的基本面指标,均来自 Wind 数据;平台所在地区的经济、财政、法律和人口统计数据,来自中经网统计数据库。在初始样本基础上,本研究剔除了变量数据缺失严重的城市和年份,以及发行溢价或交易利差小于 0 的债券,并对模型中的连续变量进行 1% 的缩尾处理。在交易样本中,若同一只债券在事件前(后)窗口期存在多笔交易,则以交易量为权重对交易利差进行加权平均。经过筛选,最终的发行样本为 16306 只债券,交易样本为 3955 条交易。

表 9-2 列出了选取的变量定义。

表 9-2 主要变量定义

变量名		变量定义
被解释变量	$IssuingSpread$	发行溢价,为城投债发行利率与期限匹配国债收益率之差
	$TradingSpread$	交易利差,为城投债到期收益率与期限匹配国债收益率之差。到期收益率根据债券交易价格计算得到
核心解释变量:债券担保措施	$Guaran$	担保虚拟变量,即城投债是否采取了担保措施,包括融资担保公司担保和其他融资平台担保,是则取值为1,否则0
	$Guaran\_FGC$	专业担保虚拟变量,即城投债是否由融资担保公司提供担保,是取值1,否则0
	$Guaran\_LGFV$	关联担保虚拟变量,即城投债是否由其他平台担保,是取值为1,否则0
	$Guaran\_Type$	担保类型虚拟变量,即城投债由融资担保公司提供担保取值为1,由其他融资平台担保取值为0
债券特征	$Amount$	发行金额,取对数
	$Maturity$	债券期限
	$Collateral$	是否有抵质押,是取值为1,否则0①
	$IussingType$	发行方式,公募发行取值为1,私募发行为0
企业特征	ROA	(盈利能力)资产收益率,净利润与总资产之比
	LEV	(债务负担)杠杆率,负债总额与资产总额之比
	$Cash\_SD$	(流动性风险)货币资金与未来1年内到期的短期债务之比
	TTM	(运营能力)资产周转率,总营业额与总资产之比
地区特征	Adm	融资平台所属政府的行政级别,省级取值为2,市或区县级为1
	GDP	GDP,取对数
	$FisInc$	财政收入,反映政府财政实力和对发债平台的隐性担保,取对数
	$FixInv$	固定资产投资,取对数
	$Popu$	人口规模,取对数
	$FisTrans$	财政透明度指数,由上海财经大学研究团队编制并每年发布,得分越高,代表当地财政信息越透明

---

① 担保一般为第三方担保(人的担保)和抵质押担保(物的担保),本书未单独研究抵质押担保的定价效应原因为:采用抵质押担保的城投债数量非常少,在2014—2020年发行的22896只城投债中,仅有203只采用抵质押担保、占比0.9%。实践中,地方融资平台抵质押融资有两类:一类是应收账款抵质押,多为基建项目工程款,但将对地方政府的应收作为抵质押发行债券,与《预算法》《担保法》等上位法相抵触。《关于加强地方融资平台公司管理有关问题的通知》(国发〔2010〕19号)发布后,此类抵质押不再被市场接受。另一类是土地抵质押,由于发行前债券持有人身份尚未确定,土地抵押存在登记无效的法律风险,因而多用于银行贷款而非债券融资。

9.3.3 实证设计

为了考察第三方担保的风险缓释效果，本研究通过设定如下模型，估计是否有担保以及不同类型担保人与城投债风险溢价的关系：

$$IssuingSpread_{ijkt} = \beta * Guaran\_DUM_i + \sum Ctr_{Bond_i} + \sum Ctr_{LGFV_{j,t-1}} + \sum Ctr_{Region_{k,t-1}} + \gamma_k + \gamma_t + ind_j + \varepsilon_{ijkt} \quad (1)$$

模型（1）中，下标 i 代表债券，j 为地方融资平台，k 为地方融资平台所属地区，t 为发债年份。被解释变量为城投债 i 的发行溢价 $IssuingSpread_{ijkt}$，是债券发行利率与发行日同期限国债收益率之差。核心解释变量 $Guaran\_DUM_i$ 代表城投债 i 发行时采取的担保措施，包括：担保虚拟变量 $Guaran_i$、专业担保虚拟变量 $Guaran\_FGC_i$、关联担保虚拟变量 $Guaran\_LGFV_i$、担保类型虚拟变量 $Guaran\_Type_i$①。控制变量方面，参考现有研究（罗党论和佘国满，2015；钟辉勇等，2016；沈红波等，2018；Dufresne 等，2001），选取变量如表 9-2 所示：债券特征变量 $\sum Ctr\_Bond_i$，发债融资平台特征变量 $\sum Ctr\_FinVeh_{j,t-1}$，融资平台所在地区的经济、财政和人口变量 $\sum Ctr\_Region_{k,t-1}$，其中平台和地区的特征变量均滞后一期。借鉴现有文献的一般做法（钟辉勇等，2016；罗荣华和刘劲劲，2016），本研究采用地方 GDP、财政收入 $Fis\text{-}Inc$ 来体现城投债背后政府隐性担保能力，检验隐性担保加持下的显性第三方担保对城投债的风险缓释效力。本研究采用 OLS 模型进行估计，γ_k 表示地区效应，γ_t 表示年份效应，ind_j 表示行业效应，采用企业层面聚类调整的标准误。本研究主要考察不同样本下回归系数 β 的表现，衡量了不同类型担保人的风险缓释效力。

---

① 样本城投债的担保存在三种情况，无担保、专业担保、关联担保。为了全面系统地研究不同类型担保的效果差异，我们分别针对"有担保"与"无担保"（担保虚拟变量 $Guaran_i$）、"专业担保"与"无担保"（专业担保虚拟变量 $Guaran\_FGC_i$）、"关联担保"与"无担保"（关联担保虚拟变量 $Guaran\_LGFV_i$）、"专业担保"与"关联担保"（担保类型虚拟变量 $Guaran\_Type_i$）进行实证比较。

9.4 实证结果

9.4.1 描述性统计

表9-3列示了本研究主要变量的描述性统计结果。PanelA是变量均值、中位数、标准差和最大（小）值。结果显示，城投债的平均发行溢价是2.408%，"永煤违约"期间的平均交易利差为1.8%。债券平均期限为2.606年。发债平台的 *ROA* 平均为2.155%，资产负债率 *LEV* 均值和中位数约为60%，与一般企业相近；行政级别 *Adm* 的均值和中位数更接近1，说明发债平台多为市（县）级。PanelB为不同担保措施城投债相对频数的历年分布情况。总体来看，城投债发行规模尽管随政策变化有短暂波动，但总体呈稳步增长态势。我们更关注地，第三方担保城投债占比一直较稳定，约占全部城投债的7%—13%。分担保类型看，2014—2018年，专业担保与关联担保总体保持相当趋势，随着2018年《担保条例》及配套政策实施，融资担保机构密集注销，专业担保城投债占比出现一定程度下降。

表9-3　　　　　　　　描述统计量

PanelA 所有变量的描述性统计结果					
变量	样本量	均值	中位数	标准差	最小值	最大值
IssuingSpread	16306	2.408	2.139	1.345	0.0033	8.100
TradingSpread	3955	1.842	1.291	1.808	0.0232	43.518
债券变量						
Amount	16306	20.35	20.37	0.654	16.12	22.77
Maturity	16306	2.606	3	1.900	0.0410	20
Collateral	16306	0.002	0	0.0480	0	1
IussingType	16306	0.617	1	0.486	0	1

续表

企业变量						
ROA	16306	2.155	1.684	1.862	-12.26	34.69
LEV	16306	58.59	60.81	12.72	0	95.38
Cash_SD	16306	2.119	0.930	17.90	0	1460
TTM	16306	0.126	0.0690	0.174	0	3.098
地区变量						
Adm	16306	1.257	1	0.437	1	3
GDP	16306	8.884	8.953	1.155	3.809	11.43
FisInc	16306	8.516	8.510	1.046	4.450	10.92
FixInv	16306	1.772	1.422	0.830	0.928	9.795
Popu	16306	6.864	6.718	1.069	2.917	9.321
FisTrans	16306	43.61	42.96	16.17	15.36	70.00
Legal	16306	5.300	5.080	2.303	1.25	16.19

PanelB 不同担保措施债券的相对频数分布

年份	城投债		其中：有担保城投债				其中：融资担保公司担保城投债			
	发行总额/亿元	发行只数/只	发行总额/亿元	占比	发行只数/只	占比	发行总额/亿元	占比	发行只数/只	占比
2014	19401.70	1913	1357.42	7.0%	222	11.6%	692.00	3.6%	73	3.8%
2015	19813.96	2100	1608.96	8.1%	229	10.9%	467.00	2.4%	44	2.1%
2016	27300.25	2861	3604.30	13.2%	385	13.5%	1540.80	5.6%	135	4.7%
2017	20510.38	2432	2371.00	11.6%	292	12.0%	1622.20	7.9%	176	7.2%
2018	25955.68	3022	1893.29	7.3%	276	9.1%	1056.70	4.1%	161	5.3%
2019	38271.74	4614	3364.07	8.8%	503	10.9%	1263.29	3.3%	221	4.8%
2020	47180.91	5954	4368.51	9.3%	697	11.7%	1283.81	2.7%	234	3.9%
合计	198434.61	22896	18567.55	9.4%	2604	11.4%	7925.90	4.0%	1044	4.6%

9.4.2 第三方担保与城投债风险溢价的实证结果

本研究在表 9-4 报告了第三方担保对城投债发行溢价影响的实证结果，所有回归均控制了地区、年份和行业效应。

第三方担保与城投债风险溢价。第（1）列基于全样本进行回归，通过检验第三方担保城投债与无担保城投债之间的发行溢价差异，考察第三方担保的整体效应。结果显示，第三方担保虚拟变量 $Guaran_i$

第9章　发挥专业融资担保的风险识别与缓释作用

的回归系数为正,表明与无担保城投债相比,第三方担保城投债的发行溢价更高,表现出"担保正溢价"谜象(林晚发等,2022)。当进一步区分"融资担保公司"和"地方融资平台"两类担保人,分样本考察第三方担保对城投债发行溢价的影响时,实证结果出现分化并得到了富有启示意义的结论。

专业担保与城投债风险溢价。第(2)列基于"融资担保公司担保债券"+"无担保债券"子样本进行回归,通过检验专业担保城投债与无担保城投债之间的发行溢价差异,考察专业担保的风险缓释效应。结果显示,专业担保虚拟变量 $Guaran\_FGC_i$ 的系数为负,并在1%水平下显著。这意味着,相比无担保债券而言,专业担保城投债的发行溢价显著更低,平均要低0.089个百分点。这支持了假设1:融资担保公司是一类专业经营信用与管理风险的持牌金融机构,为城投债所提供的专业担保具有显著的风险缓释效应,因而能够带动城投债发行溢价的下降。

关联担保与城投债风险溢价。第(3)列基于"地方融资平台担保债券"+"无担保债券"子样本进行回归,通过检验关联担保城投债与无担保城投债之间的发行溢价差异,考察关联担保的风险缓释效应。结果显示,关联担保虚拟变量 $Guaran\_LGFV_i$ 的系数为正,且在1%水平下显著。这表明,与无担保债券相比,关联担保城投债的发行溢价反而会更高,平均高出0.959个百分点,这支持了假设2内容。融资平台不具有独立的现金流、缺乏可信的代偿能力,对外提供担保无法发挥风险缓释效应,而被担保平台为获得高评级而采取关联担保的行为只能"自曝其短",作为事前资质较差的信号传递给市场。同时,因"企业互保"和"连环担保"形成的"担保网络"进一步加剧了平台间风险关联,投资者会为此要求更高的收益率溢价作为补偿,从而产生"担保正溢价"现象。在实践中,关联担保仍大量存在于城投债增信措施中,是因为融资平台担保虽无法得到市场认可,不能降低城投债的发行溢价,但却可以"虚假"提高信用评级(钟辉勇等,2016),而债项评级是监管部门审核债券发行的一个决定性标准。

专业担保与关联担保的比较分析。第(4)列基于"融资担保公司担保债券"+"地方融资平台担保债券"子样本进行回归,通过检验专业担保城投债与关联担保城投债之间的发行溢价差异,比较两者的风险缓释效应差异。结果显示,担保类型虚拟变量 $Guaran\_Type_i$ 的系数为负,且在1%水平下显著。这表明,与关联担保债券相比,专业担保城投债的发行溢价显著更低,平均低出0.590个百分点,说明专业担保比关联担保有效。值得注意的是,$Guaran\_Type_i$ 的系数绝对值大于 $Guaran\_FGC$ (0.590>0.089),两组回归的不同在于比较基准组不同,相较"专业担保—无担保"而言,"专业担保—关联担保"的溢价差值更大,这间接支持了"关联担保正溢价"和假设2内容。此外我们注意到,代表地区隐性担保能力的经济水平 GDP 和财政收入 $FisInc$ 系数显著为负,这说明即便在隐性担保加持下,显性的专业担保仍然有效。

上述结果表明,"第三方担保无效甚至负效应"主要是融资平台担保导致,关联担保不仅无法缓释城投债风险,甚至会因发送弱资质信号和加剧平台关联风险,推升收益率要求造成"担保正溢价"现象,而来自担保公司的专业担保能够得到市场认可,显著降低债券发行溢价①。认识到两类担保人在业务逻辑和风险缓释效果上存在本质不同并予以区别对待,对实践有着十分重要的理论指导意义。

表9-4　　　　　　不同担保人对城投债发行溢价的增信效力

解释变量	被解释变量:城投债发行溢价			
	(1) 第三方担保	(2) 其中:专业担保	(3) 其中:关联担保	(4) 专业担保 v.s 关联担保
$Guaran$	0.538*** (11.70)			
$Guaran\_FGC$		-0.089*** (-2.61)		
$Guaran\_LGFV$			0.959*** (15.92)	

---

① 同时采取专业担保和关联担保的城投债仅15只,因数据缺失最后进入回归的仅5只。在"专业担保有效"假说成立情况下,此类债券应当比反事实组表现出更低的收益率溢价,因此将其归类为专业担保债券进行回归。

续表

解释变量	（1）第三方担保	（2）其中：专业担保	（3）其中：关联担保	（4）专业担保 v.s 关联担保
$Guaran\_Type$				-0.590*** (-7.35)
债券特征				
$Amount$	-0.314*** (-15.98)	-0.265*** (-23.15)	-0.281*** (-14.36)	-0.673*** (-10.34)
$Maturity$	0.038*** (6.35)	0.075*** (19.27)	0.055*** (8.88)	-0.086*** (-4.85)
$Collateral$	-0.117 (-1.25)	-0.037 (-0.52)	-0.043 (-0.44)	-0.146 (-0.37)
企业特征				
ROA	-0.021** (-2.39)	-0.027*** (-6.95)	-0.021** (-2.35)	0.011 (0.92)
TTM	-0.019 (-0.21)	0.001 (0.02)	0.002 (0.02)	-0.179 (-0.63)
LEV	0.001 (0.77)	0.000 (0.01)	0.001 (0.59)	0.005** (2.24)
$Cash\_SD$	-0.000*** (-3.61)	-0.000 (-1.21)	-0.000*** (-7.73)	-0.000*** (-5.31)
地区特征				
Adm	-0.093 (-0.71)	-0.022 (-0.43)	-0.064 (-0.47)	-0.170 (-0.63)
GDP	-0.212* (-1.79)	-0.163*** (-2.97)	-0.203 (-1.63)	-0.579*** (-2.64)
$FisInc$	-0.353*** (-4.86)	-0.379*** (-10.31)	-0.377*** (-4.98)	-0.302** (-2.00)
$FixInv$	0.216*** (2.67)	0.222*** (6.02)	0.230*** (2.75)	0.284 (1.52)
$Popu$	0.158** (2.00)	0.116*** (3.51)	0.144* (1.68)	0.544*** (4.93)
年份效应	控制	控制	控制	控制
省份效应	控制	控制	控制	控制
行业效应	控制	控制	控制	控制
样本数量	16306	15283	15509	1820①
R-squared	0.461	0.441	0.482	0.604

注：括号内为 t 检验统计量值，在地区层面进行聚类，下同。***、**、*分别表示1%、5%和10%水平上的显著性。

---

① 全样本与子样本数量相差不大，与无担保债券占绝对规模有关，其约占总样本的88%。表9-4中无担保城投债约1.45万只，有担保城投债1820只，其中专业担保799只、关联担保1021只。

9.4.3 稳健性检验

（1）基于交易数据的再验证

本研究利用"永煤违约"事件前后城投债交易数据重新实施模型（1）回归，对两类担保人的风险缓释效果进行再检验。样本（-n，+n）是指，以"永煤违约"发生日为基准，采用事件前 n 个交易日、事件后 n 个交易日的城投债交易利差数据为样本进行 OLS 回归。如表 9-5 所示，交易数据结果与发行数据结果一致。列（2）和（4）表明，在不同样本下，专业担保虚拟变量 $Guaran\_FGC_i$ 均在 1% 的置信水平上显著为负，担保类型虚拟变量 $Guaran\_Type_i$ 的系数至少在 10% 的置信水平下显著为负，意味着专业担保有助于降低城投债交易利差，支持了专业担保的风险缓释效应。列（3）表明，关联担保虚拟变量 $Guaran\_LGFV_i$ 的系数虽不显著，但符号仍保持为正，支持了关联担保无效假说，总样本未出现正溢价现象可能与违约冲击下市场情绪波动和对担保评价变化有关。上述研究表明，"两类担保人的风险缓释效果存在差异"这一核心研究结论表现出强劲稳健性，并未随着债券价格类型变化、样本长短而产生变化，而第三方担保的整体效应为无效还是"正溢价"，取决于两类担保子样本的效力大小。

表 9-5　稳健性检验：基于城投债交易数据的再回归

变量名称	（1）第三方担保	（2）其中：专业担保	（3）其中：关联担保	（4）专业担保 v.s 关联担保
被解释变量：城投债交易利差				
样本（-5，+5）				
Guaran	-0.149* (-1.92)			
Guaran_FGC		-0.331*** (-4.18)		
Guaran_LGFV			0.088 (0.73)	
Guaran_Type				-0.688*** (-5.27)

续表

变量名称	(1) 第三方担保	(2) 其中：专业担保	(3) 其中：关联担保	(4) 专业担保 v.s 关联担保
样本数量	3955	3828	3797	285
R-squared	0.223	0.213	0.221	0.615
样本(-10, +10)				
$Guaran$	-0.233** (-2.08)			
$Guaran\_FGC$		-0.461*** (-5.61)		
$Guaran\_LGFV$			0.088 (0.35)	
$Guaran\_Type$				-0.669** (-2.54)
样本数量	5715	5526	5432	432
R-squared	0.275	0.299	0.285	0.267
样本(-15, +15)				
$Guaran$	-0.173 (-1.61)			
$Guaran\_FGC$		-0.374*** (-4.52)		
$Guaran\_LGFV$			0.143 (0.59)	
$Guaran\_Type$				-0.609** (-2.38)
样本数量	5881	5703	5627	472
R-squared	0.252	0.260	0.251	0.265

注：括号内为t检验统计量值，***、**、*分别表示1%、5%和10%水平上的显著性。关于样本(-n, +n)是指以"永煤违约"发生日为基准，采用事件前n个交易日、事件后n个交易日的城投债交易数据为样本进行回归。上述回归在控制变量和固定效应的设定上，均与基准回归一致，下同。

(2) 剔除特征债券样本

由于省级层面发债频率较高，而担保频率相对较低，这意味着省级层面数据将提高未暴露于担保措施中的发债样本。因此，本研究剔除了省级政府为发债主体的样本，对不同担保措施下地级市和县级市城投债样本进行检验。根据表9-6中(1)—(4)列回归结果，第三方担保的整体效应不显著，但分样本来看，专业担保的系数保持为负，而关联担保的系数为正,并且至少在5%置信水平下显著,验证了本研究结论的稳健性。

市场关于短期债券的定价重点在于流动性风险,而担保措施等信用风险因素的影响较小,因此本研究剔除了短期(小于等于1年)债券样本,单独对中长期债券样本进行检验。回归结果列式在表9-6中(5)—(8)列,专业担保系数在1%置信水平下保持显著为负,关联担保的系数不显著但符号保持为正,从而支持了结论稳健性。

表9-6　　　　　　　　稳健性检验:更改样本

变量名称与样本	剔除省级融资平台为发行主体的债券				剔除短期(小于1年)债券			
	(1)	(2)	(3)	(4)	(5)	(6)	(7)	(8)
	第三方担保	其中:专业担保	其中:关联担保	专业担保 v.s 关联担保	第三方担保	其中:专业担保	其中:关联担保	专业担保 v.s 关联担保
$Guaran$	0.146 (1.08)				-0.102** (-2.24)			
$Guaran\_FGC$		-0.288*** (-3.83)				-0.215*** (-3.38)		
$Guaran\_LGFV$			0.572** (2.70)				0.036 (0.61)	
$Guaran\_Type$				-0.581*** (-3.56)				-0.430*** (-2.78)
样本数量	11412	10823	10668	1333	10625	9935	9879	1436
R-squared	0.461	0.483	0.484	0.522	0.592	0.600	0.611	0.523

注:括号内为t检验统计量值,***、**、*分别表示1%、5%和10%水平上的显著性。

9.4.4　内生性分析

在考察专业担保与城投债风险溢关系这一核心内容时,可能潜在一定内生性问题。专业担保公司在实施担保时,城投债风险是重要考量因素,因而可能存在反向因果关系。此外,不可观测因素可能会同时影响担保意愿和风险溢价,以及可能存在的遗漏变量问题也会导致内生性。为此,进一步采用工具变量法和双重倍差法以克服可能的内生性问题。

(1) 工具变量法

借鉴林晚发等（2022）研究，本研究基于《担保条例》实施这一外生冲击，构建政策变量 $Policy$，若债券发行时间为 2018 年以后，$Policy=1$，反之为 0，将其作为专业担保的工具变量进行实证分析[①]，如图 9-3 所示。在相关性方面，《担保条例》的颁布将融资担保行业监管上升到国家层面、具有长期执行力的法规制度，四项配套制度更是规定了严格的准入门槛、担保放大倍数、跨区域经营等要求，此后大量弱资质融资担保公司被注销，担保公司对外提供担保更加审慎，这在很大程度上影响了融资平台获得专业担保的概率，从而影响核心解释变量"是否采取专业担保"。在排他性方面，《担保条例》出台背景是国家为了支持普惠金融发展，规范对象是整个融资担保行业对包括贷款、债券、收（受）益权在内的所有债务融资工具开展的担保行为，不直接影响地方融资平台与城投债发行与交易。因此，政策变量满足外生性和排他性要求。

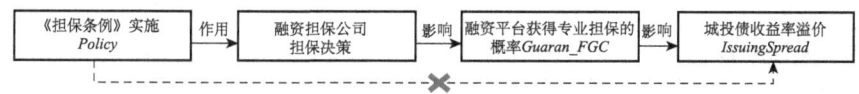

图 9-3 工具变量逻辑示意

表 9-7 报告了两阶段最小二乘法（2SLS）的回归结果，其中 PanelA、B 的内生解释变量分别是专业担保虚拟变量 $Guaran\_FGC$、担保类型虚拟变量 $Guaran\_Type$。如列（1）、列（3）所示，在第一阶段，专业担保和政策具变量的回归系数至少在 5% 水平下显著，回归方程的 F 值也远大于经验值 10，说明了工具变量的有效性。此外，内生性检验统计量 p 值为 0，表明专业担保与城投债溢价存在内生性，需要采用工具变量。如列（2）、列（4）所示，在第二阶段，专业担保对于城投债风险溢价存在显著的压降作用，支持了前文"专业担保能够缓释城投债风险"这一核心结论的可靠性。此外，我们也注意到，2SLS 中专业担保系数的绝

---

① 尽管 Policy 并非连续变量，但《担保条例》实施引起融资平台获得担保的概率发生了剧烈变化，从而创造了足量信息用以估计专业担保效应。如 Angrist 和 Krueger（1991）就采用了"是否在第一季度出生"的二值变量作为教育程度的工具变量。

对值为 3.119—3.914，表明 OLS 估计（0.089—0.590）有向下偏差。可能原因是，专业担保能够降低城投债溢价，而实践中低溢价债券的信用评级往往较高，通常不需要担保增信，两者存在反向的相互因果关系抵消了部分专业担保效力，导致 OLS 估计值比真实值小。

表 9-7　　　　　　　　　　　　工具变量法

被解释变量：城投债发行溢价

解释变量	PanelA：专业担保 v.s 无担保		PanelB：专业担保 v.s 关联担保	
	(1)	(2)	(3)	(4)
	第一阶段 $Guaran\_FGC$	第二阶段 $IssuingSpread$	第一阶段 $Guaran\_Type$	第二阶段 $IssuingSpread$
$Policy$	-0.025** (-2.33)		-0.117*** (-3.11)	
$Guaran\_FGC$		-3.119* (-1.68)		
$Guaran\_Type$				-3.914** (-2.87)
内生性检验 (F 统计值)（p 值）	3.77 (0.05)		16.95 (0.00)	
内生性检验 ($Chi2$ 统计值)（p 值）	3.78 (0.05)		16.94 (0.00)	
弱工具变量检验 (F 统计值)（p 值）	110.88 (0.00)		51.21 (0.00)	
样本数量	15078	15078	1499	1499
R-squared	0.184	0.227	0.254	—

注：括号内为 t 检验统计量值，***、**、* 分别表示 1%、5% 和 10% 水平上的显著性。

(2) DID 分析

我们同时以《担保条例》实施为外部冲击、运用 DID 方法考察事件对专业担保效率的影响，以进一步克服内生性问题。《担保条例》颁布后，整个融资担保行业经历了一个"减量增质"变革，大量差资质担保公司被注销，而那些强资质担保公司因此更加受到企业追捧和市场认可。上述变化导致对于不同资质的担保公司而言，《担保条例》对担保效力的影响可能存在差异。对于强资质担保公司，如全国性或高信用评级公司，担保效力会因更加受市场认可而更强,所担保城投债风险溢价会更低。

为此,本研究利用是否为全国性公司、信用评级两个变量度量担保公司资质差异,并以此将专业担保城投债划分为高资质担保(实验组)和低资质担保(控制组)。即当担保公司为全国性公司(中投保、中债增信、中证信用、中合担保),或者信用评级高于样本中位数水平(AAA级),从而城投债获得强资质担保时,$Treat=1$,反之为0。构建 $Treat*Policy$ 进行回归分析,相应结果见表9-8。从列(1)、(4)发现,$Treat*Policy$ 变量系数至少在5%水平上显著为负,这说明当《担保条例》颁布后,强资质担保公司对外担保的城投债发行溢价更低,继而支持了专业担保影响城投债风险溢价的因果关系。

表9-8 《担保条例》实施与专业担保效力:DID分析

解释变量	是否全国性担保公司			担保公司评级		
	(1)	(2)	(3)	(4)	(5)	(6)
	DID	趋势检验	安慰剂检验	DID	趋势检验	安慰剂检验
$Treat*Policy$	-0.897***	-1.138***	0.082	-0.626**	-0.877**	-0.097
	(-7.60)	(-6.23)	(0.53)	(-2.19)	(-2.13)	(-0.42)
$Treat$	-0.261	-0.023		-0.421***	-0.184	
	(-1.58)	(-0.10)		(-5.66)	(-1.14)	
$Treat*Year15$		-0.796			-0.643	
		(-1.22)			(-0.29)	
$Treat*Year16$		-0.172			-0.354	
		(-1.02)			(-1.62)	
$Treat*Year17$		-0.236			-0.144	
		(-1.07)			(-0.59)	
样本数量	775	775	392	736	736	390
R-squared	0.638	0.646	0.680	0.654	0.656	0.712

注:括号内为t检验统计量值,***、**、*分别表示1%、5%和10%水平上的显著性。

我们同时开展DID有效性分析。平行趋势检验方面,我们在DID模型中引入 $Treat$ 与政策实施前年份变量 $Year_i$ 的交互项,即若时间为政策实施前的 i 年 ($i=2015, 2016, 2017$),$Year_i=1$。则 $Treat$、$Treat*Year15$、$Treat*Year16$、$Treat*Year17$ 的系数估计了政策实施前的2014年、2015年、2016年、2017年处置组和控制组的差异。列(2)、

(5) 结果显示,上述系数均不显著,说明在政策实施前,处置组与控制组没有显著差异,支持了平行趋势假定。绘制的平行趋势图(图9-4、图9-5)也支持了上述假定。安慰剂检验方面,使用《担保条例》发生前即2014—2017年的样本进行安慰剂检验,如列(3)、(6)所示,交叉项系数不显著,间接佐证了本研究的基本结论。

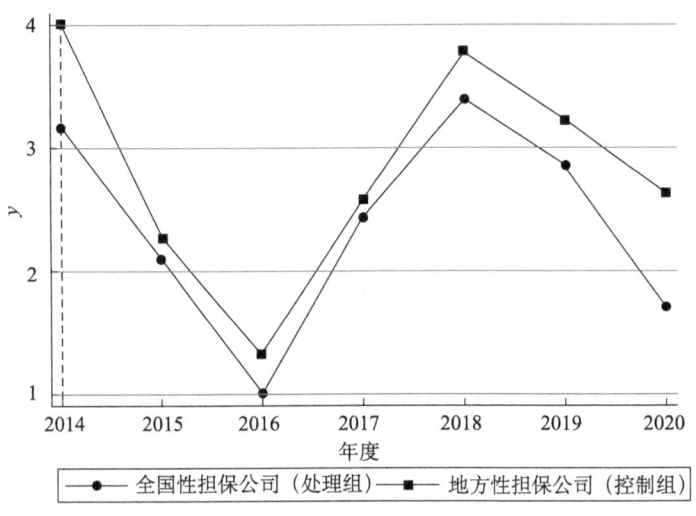

图9-4 平行趋势检验(a)

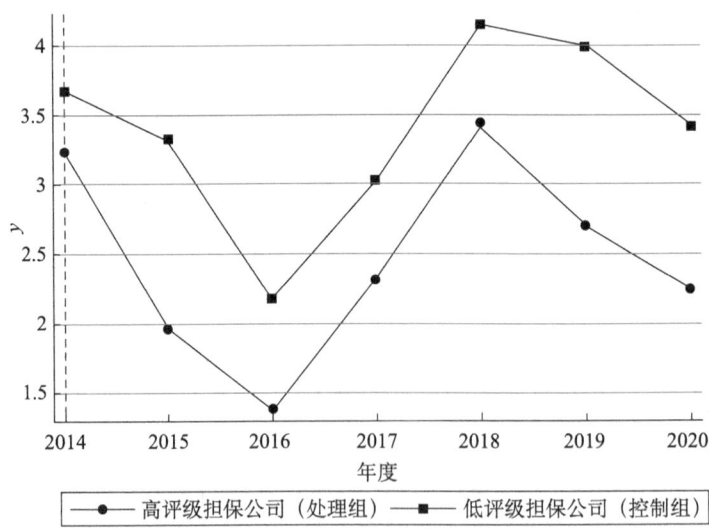

图9-5 平行趋势检验(b)

9.5 经济机制与异质效应研究

9.5.1 专业担保风险缓释的经济机制检验

我国融资担保公司是一类专业经营信用与管理风险的市场化持牌金融机构，设有专门的项目评审与管理部门对发债平台进行甄别，担保意愿作为一种信号能够向市场传达增量信息，从而缓解"贷前"发债平台与投资者之间的信息不对称问题；同时，签署的代偿承诺作为第二还款来源，降低了"贷后"城投债违约后投资者的预期损失，从而起到一定增信作用。基于此，本研究围绕贷前"信息功能"和贷后"代偿增信"这两个方面，检验专业担保是如何缓释城投债的风险溢价的。

（1）信息功能机制检验

若专业担保缓释城投债风险的信息功能机制成立，那么我们应当发现，对于信息不对称程度越高的发债平台，专业担保发挥的风险缓释作用会越大，越能降低城投债发行溢价；而对于信息透明完备的发债平台，专业担保能发挥的信息功能有限，所能带动发行溢价降低的幅度会较小。为此，本研究在基准模型基础上，进一步引入信息不对称变量 $InfAsym$，以及其与专业担保变量的交乘项 $InfAsym * Guaran_{FGC_i}$，考察对于不同信息透明度的发债平台而言，担保对城投债的风险缓释效果有何差异。

有别于一般公司与地方国企，融资平台主要从事基建项目的投融资业务，债务偿还也极度依赖当地财政资金，因此城投债投资者不仅要判断发债平台的自身信息，还需关注所在地区的财政信息，甚至后者更为重要。为了从地区财政和发债平台两个方面，刻画发债融资平台与投资者之间的信息不对称程度，使用如下两类变量：一是财政透明度指数 $FisTrans$。该指标由上海财经大学研究团队编制，并每年发布《中国财政透明度报告》,基于政府公共预算、政府性基金预算、财政专户资金、国有资本经营预算、部门预算、国有企业等9个一级财政信息要素的公开情况,对当地财政透明度进行评估给分,得分越高,代表当地财政越透明,市场关于发债平台所在地区财政情况的信息不对称程度越低。二是债券发行方式 $IussingType$。债券发行方式为公募还是私募,很大程度上对融资平台履行信息披露义务形成硬约束,决定着投资者能够获取的有关发债平台的信息数量和质量,本研究令 $IussingType$ 公募发行取值为1,私募发行为0。信息功能机制的检验模型如下:

$$\begin{aligned}IussingSpread_{ijkt} = &\beta * Guaran_{FGC_i} + \delta * InfAsym_{jkt} * Guaran_{FGC_i} + \\ & \theta * InfAsym_{jkt} + \sum Ctr\_Bond_i + \\ & \sum Ctr\_LGFV_{j,t-1} + \sum Ctr\_Region_{k,t-1} + \\ & \gamma_k + \gamma_t + \varepsilon_{ijkt}\end{aligned} \quad (2)$$

模型(2)中,$InfAsym_{jkt}$ 为表征信息不对称程度的变量,包括财政透明度 $FisTrans_{jkt}$ 和债券发行方式 $IussingType_i$。$Guaran_{FGC_i}$ 为代表专业担保的两个变量,包括专业担保虚拟变量 $Guaran\_FGC_i$、担保类型虚拟变量 $Guaran\_Type_i$。控制变量和固定效应与模型(1)保持一致。本研究主要考察交乘项 $InfAsym_{jkt} * Guaran_{FGC_i}$ 的系数 δ 是否显著为正。

关于财政信息不对称,从表9-9第(1)、(2)列可知,财政透明度变量 $FisTrans$ 回归系数为负,且在1%置信水平下显著,即所在地区财政透明度越高,融资平台发行城投债的融资成本会越小,这符合经济直觉。我们更关注交互项的回归情况,结果显示 $FisTrans * Guaran_{FGC_i}$ 系数为正且在1%置信水平下显著。这表明,对于地区财政透明度较高的发债平台,专业担保对城投债的风险缓释效应会得到抑制,相较财政透明度较低地区而言,所能带动债券发行溢价的下降幅度会减少0.013—0.024个百分点。上述结果从财政信息层面支持了信息功能机制假说,当所在地区财政透明度较高时,发债平台背后的财政信息披露更加完备,此时专业担保的信息优势不再,为投资者提供的增量信息亦有限,因而能够发挥的风险缓释作用变小。

关于债券信息不对称,从表9-9第(3)、(4)列可知,债券发行方式变量 $IussingType$ 的回归系数显著为负,即相比私募发行,公募发行城投债的融资成本平均要低出 0.86—1.107 个百分点。我们更关注交互项 $IussingType * Guaran\_Guaran_{FGC_i}$,系数至少在5%置信水平下显著为正。这表明,专业担保对城投债的风险缓释效果如何,受债券发行方式的影响,对于公募发行从而信息披露较完善的债券效应会得到抑制,所带动发行溢价的下降较私募债减少 0.379—0.397 个百分点,这进一步从平台信息层面支持了信息功能机制假说。实践中,监管部门对于公募发行债券信息披露具有严格要求,信息披露涉及企业概况、债券评级、资金用途等信息,因而市场投资者能够全面、及时地了解发债平台和相关债券的信息,此时专业担保的信息功能有限、风险缓释作用变小。

表9-9 专业担保风险缓释的增量信息功能机制

变量名称	被解释变量:城投债发行溢价			
	地区财政层面 ($InfAsym = FisTrans$)		发债平台层面 ($InfAsym = IussingType$)	
	(1)	(2)	(3)	(4)
$Guaran\_FGC$	-0.678*** (-4.64)		-0.452*** (-3.01)	
$InfAsym * Guaran\_FGC$	0.013*** (4.63)		0.397** (2.53)	
$Guaran\_Type$		-1.665*** (-9.01)		-0.613*** (-5.19)
$InfAsym * Guaran\_Type$		0.024*** (6.75)		0.379** (2.58)
$InfAsym$	-0.002 (-1.02)	-0.010*** (-3.08)	-0.860*** (-38.75)	-1.107*** (-9.16)
样本数量	15078	1772	15310	1820
R-squared	0.415	0.603	0.617	0.617

注:括号内为t检验统计量值,***、**、*分别表示1%、5%和10%水平上的显著性。

(2) 代偿增信机制检验

发债主体综合资质是影响担保风险缓释效果大小的重要因素(韩

鹏飞和胡奕明，2015；Kidwell，1988）。在评价融资平台这类特殊企业的资质水平时，除了企业基本面因素外，市场更关注其背后的政治资源禀赋，如当地经济发展水平、政府财政实力等（钟辉勇等，2016；罗荣华和刘劲劲，2016；潘俊等，2018；张路，2020），这反映了当地政府对融资平台债务及支出义务的保障程度。为此，本研究从企业、地区两个层面构建平台的资质指标 $Capacity_{jkt}$。其中，发债平台基本面由企业盈利能力 ROA_{jt} 度量，政治资源禀赋由发债平台所属地区的经济发展水平 GDP_{kt}、财政收入 $FisInc_{kt}$ 度量。在基准模型基础上，引入表征发债平台综合资质的变量 $Capacity_{jkt}$，及其与专业担保变量的交互项 $Capacity_{jkt} * Guaran\_FGC_i$，以考察对于不同资质水平的发债平台而言，专业担保的风险缓释效果具有何种差异？模型设定如下：

$$IssuingSpread_{ijkt} = \beta * Guaran_{PGC_i} + \delta * Capacity_{jkt} * Guaran_{FGC_i} +$$
$$\theta * Capacity_{jkt} + \sum Ctr\_Bond_i +$$
$$\sum Ctr\_LGFV_{j,t-1} + \sum Ctr\_Region_{k,t-1} +$$
$$\gamma_k + \gamma_t + \varepsilon_{ijkt} \qquad (3)$$

模型（3）中，$Capacity_{jkt}$ 为表征发债平台综合资质的变量，包括企业基本面和政治资源禀赋。若代偿增信机制成立，我们应当发现对于弱综合资质平台，专业担保的风险缓释作用越大，越能降低城投债发行溢价；而当发债平台综合资质越强时，专业担保风险缓释作用越小，发行溢价的降低会得到抑制。因此，本研究主要考察交乘项系数 δ 是否显著为正。

关于发债平台基本面，从表 9-10 第（1）、（2）列可知，资产收益率交互项 $ROA * Guaran_{FGC_i}$ 的回归系数均为正，且至少在 10% 的水平下显著。这表明，市场投资者对于担保的评价与企业自身信用资质是相关的，对于盈利能力较强的发债平台，专业担保的风险缓释效应会得到抑制。表现为，每当发债平台 ROA 提高 1%，专业担保带来债券发行溢价的下降会减少 0.034—0.035 个百分点。实践中，对于经营盈利较差的弱基本面发债平台，投资者会更加重视外部增信措施以及担保人资质，部分债券甚至只有依赖专业担保才得以发行。此时专业担保得到的市场评价更高,发挥的增信效力更强,所带来的风险溢价下降幅度也更大。上述实证结果从发债平台层面验证了代偿增信作用机制。

关于政治资源禀赋,表 9 – 10 第(3)、(6)列,经济发展水平交互项 $GDP * Guaran\_Guaran_{FGC_i}$、财政收入交互项 $FisInc_{kt} * Guaran\_Guaran_{FGC_i}$ 系数均为正,并且至少在 5% 置信水平下显著。这表明,当发债平台的政治资源更丰富时,表现为更高的经济发展水平、更大的财政收入规模,专业担保的风险缓释效果会得到抑制,这从区域政治资源层面验证了专业担保的代偿增信作用机制。此时,在强劲的政治资源背书下,市场不会过分关注城投债的增信措施情况(王博森,2010),部分平台发行成本甚至与政府债券相当,即便采取了担保措施,增信空间也十分有限。如杭州市城市建设发展集团、南京市河西新城区国有资产经营控股公司,处于浙江、江苏等经济财政发达地区,发行的"16 杭州城建 MTN001""PR 河西 02"等城投债,相较发行当日同期限国债收益率只高出 0.6%—0.7%[①],增信加持的空间不大。最后,更进一步地,相比财政实力,经济发展水平带来的风险缓释抑制效应会更大。表现为:当地财政收入每上升 1% 时,抑制效应为发行溢价少降低 0.085—0.141 个百分点;而当地 GDP 每上升 1% 时,抑制效应将扩大为 0.160—0.178 个百分点。这说明,区域经济是财政收入产生的根基,市场在投资城投债时更加关注当地经济的发展及其潜力。

表 9 – 10　　　　专业担保风险缓释的代偿增信机制

	被解释变量:城投债发行溢价					
变量	发债平台基本面		政治资源禀赋			
	营利能力 ROA		经济发展 GDP		财政实力 FisInc	
	(1)	(2)	(3)	(4)	(5)	(6)
$Guaran\_FGC$	-0.179*** (-3.48)		-0.497** (-2.39)		-0.094* (-1.67)	
$Capacity * Guaran\_FGC$	0.035** (1.98)		0.085*** (3.33)		0.178** (2.27)	

---

① 数据来源为 Wind 债券发行数据库。

续表

变量	被解释变量：城投债发行溢价					
	发债平台基本面		政治资源禀赋			
	营利能力 ROA		经济发展 GDP		财政实力 FisInc	
	(1)	(2)	(3)	(4)	(5)	(6)
$Guaran\_Type$		-0.583 *** (-8.78)		-1.496 *** (-3.22)		-0.433 *** (-6.41)
$Capacity * Guaran\_Type$		0.034 * (1.77)		0.141 ** (2.49)		0.160 ** (2.29)
$Capacity$	-0.580 *** (-17.24)	-0.768 *** (-7.56)	-0.482 *** (-14.31)	-1.496 *** (-3.22)	-0.369 *** (-5.69)	-0.341 *** (-3.02)
样本数量	15310	1833	15283	1820	15283	1820
R-squared	0.440	0.534	0.578	0.630	0.581	0.630

注：括号内为 t 检验统计量值，***、**、* 分别表示 1%、5% 和 10% 水平上的显著性。

9.5.2 专业担保风险缓释的异质效应分析

(1) 区域层面异质性—行政等级

在我国现行行政体制下，城市的行政等级直接决定了地方政府的资源调配能力以及政治重要性。表 9-11 列 (1)、(2) 显示了将样本融资平台划分为省级、市县级并分别进行估计的结果。可以看出，专业担保变量 $Guaran\_FGC$、$Guaran\_Type$ 的系数在市县级组显著为负，但在省级组并不显著，这意味着专业担保对市县级融资平台具有风险缓释作用，但却无法降低省级融资平台的风险溢价。结合我国行政体制背景，我们认为原因有二：一是省会城市是一省的党政机关所在地，一般是全省的政治、经济、文化、交通中心，也是一省全局规划中集中资源要素投入的城市（黄玖立和胡静，2021）。省级融资平台背靠省会城市和省级政府，其政治资源与先天竞争优势是市县级平台难以比拟的，专业担保通过承诺债务代偿对省级平台的信用加持不大。二是省级融资平台承接的项目规模较大、涉及面较广，有必要也有资源完善企业网站建设和信息披露，专业担保信息优势不再，因而风险缓释作用并不显著。上述结果也间接支持了专业担保的信息功能与代偿增信机制。

(2) 发债主体层面异质性——负债水平

表 9-11 列 (3)、(4) 显示了将样本平台公司分为高负债、低负债，并分别进行估计的结果，其中高负债组由平台负债规模高出样本中位数水平的融资平台组成。结果显示，专业担保变量 $Guaran\_FGC$、$Guaran\_Type$ 的系数在两组均显著为负，且高负债组绝对值更大、更显著，说明相较低负债平台而言，专业担保对高负债平台的风险缓释效应更强，更能降低城投债发行溢价。我们认为原因可能与代偿增信的作用机制有关，对于债务负担偏高、偿债压力更大的发债平台而言，所发行城投债未来违约的可能性更高、违约的损失敞口更大，此时专业担保所提供的第二还款来源，能够大幅降低投资者预期损失，从而表现出更强的增信效力。

(3) 担保公司层面异质性——资金实力

融资担保公司的资金实力直接决定了其担保效力和市场认可度。实践中，为城投债增信的融资担保公司可分为三类：一类是全国性担保公司，主要为中投保、中债增信、中证信用、中合担保四家，股东多为国务院国资委、中石油、首钢集团等国家部委或大型央企，特点是公司规模大，资本实力强，较早地开展债券担保业务，业务区域遍布全国，相关数据和模型积累丰富，不良率和代偿率均很低，市场认可度极高。第二类是区域性担保公司，股东主要是省政府、省国资委、省财政厅等，如安徽担保、东北中小担保、晋商（山西）信用增进等。特点是资本实力较强，业务区域相对集中在省内企业，大多具有维护区域内担保体系稳定的职能，因此省政府给予支持力度较高，部分公司还获得国家融资担保基金签约。第三类是市县级担保公司，多位于省会城市或各省经济实力居前城市，如武汉信用、苏州再担保、西部（银川）担保，以及一些当地融资平台发债需求较强的市县级担保公司，如常德财鑫担保。股东主要是市国资委、市金融控股公司，担保对象多为本市（县）中小企业，资产整体质量偏弱、业务集中风险较大，但资本实力和获得的外部支持比较有限。在我们样本中，专业担保城投债共计 1044 只，三类担保公司占比相当，其中由全国性融资担保公司提供担保的有 313 只、占比 30%，省级担保公司 359 只、占比 34%，市县级担保公司 372 只、占比 36%。

为此，本研究将样本融资担保公司分为全国性、省级、市级三类，并分别对其风险缓释效果进行估计。表 9-11 列（5）至（7）所示，随着回归样本遍历全国性、区域性、市级担保公司，$Guaran\_FGC$ 和 $Guaran\_Type$ 的系数符号保持为负，但绝对值不断降低、显著性逐渐下降。这意味着，全国性融资担保公司资金实力强劲，代偿能力和担保效力最得市场认可，而市级担保公司受限于资本实力、资产质量和外部支持，其担保效力的市场认可度有限。上述结果支持了前文分析。

表 9-11　异质性估计结果

解释变量	区域层面异质性		企业层面异质性		担保公司层面异质性		
	省级	市县级	高负债	低负债	全国性	省性	市县级
	（1）	（2）	（3）	（4）	（5）	（6）	（7）
$Guaran\_FGC$	0.379	-0.143***	-0.229*	-0.070*	-0.766***	-0.027**	0.375
	(1.55)	(-2.78)	(-1.90)	(-1.76)	(-12.59)	(-2.05)	(0.44)
样本数量	4317	10993	7678	7632	14765	14733	14794
R-squared	0.510	0.380	0.442	0.452	0.439	0.347	0.451
$Guaran\_Type$	-0.235	-0.580***	-0.666***	-0.294***	-1.129***	-0.406***	0.009
	(-0.86)	(-6.96)	(-5.68)	(-3.01)	(-11.00)	(-4.04)	(0.10)
样本数量	182	1651	809	1024	1288	1296	1317
R-squared	0.788	0.623	0.444	0.685	0.666	0.644	0.628

注：括号内为 t 检验统计量值，***、**、*分别表示 1%、5% 和 10% 水平上的显著性。在区域层面，按照发债平台政府股东的行政级别进行划分，分为省级和市县级。在发债主体层面，按照负债水平进行划分，高负债是指企业负债规模大于样本中位数水平的融资平台，低负债是指企业负债规模小于等于样本中位数水平的融资平台。在担保公司层面，根据资金实力不同，将样本融资担保公司划分为全国性、区域性、市县级三类。

9.6　基于"永煤违约"事件的进一步分析

近年来，随着债券市场违约的常态化，我国债券违约处置机制

第9章 发挥专业融资担保的风险识别与缓释作用

"短板"日益凸显,如何提升处置效率、避免引发市场连锁反应、稳定债券市场融资功能,是政策当局关切的重大议题。那么,在极端市场环境下,专业担保的风险缓释效果如何,是更能保护债券价格,还是相反?现有研究表明,市场环境是影响担保风险缓释效果的重要因素。比如,金融危机等极端风险事件的发生会推升资产收益率,但安全资产上升幅度比风险资产要小(吴谣等,2020;Longstaff 和 Schwartz,1995)。此时,投资者避险情绪增加,对安全资产的配置需求加大,抑制了风险溢价的上升,即安全资产的"避风港"效应。我国债券相关研究也支持了上述观点,如在"超日债违约"冲击下,担保对我国信用债的增信效果显著提升(张雪莹和焦健,2017)。城投债尽管有隐性担保存在,但随着政府信仰逐步打破,市场对城投债的风险定价也趋于理性(牛霖琳等,2016),外部冲击对不同信用等级城投债的影响也有所不同。有理由认为,在极端事件冲击下,专业担保的代偿增信保障使得相关城投债成为较安全资产,在"避风港"效应下表现出更强的价格保护力和风险缓释作用。

2020年11月10日,河南省大型国企永城煤电控股集团10亿元超短融债券到期未能兑付,构成实质性违约,极大冲击了投资者长久以来的隐性担保预期,深刻影响着包括国企债券、城投债在内的"准政府债券"的市场投资逻辑,被称为"刚兑信仰的至暗时刻"。表9-12全面、直观地展示了"永煤违约"发生后,各省(市)城投债交易利差的持续上行态势。可以看出,对于上海、广州、福建等强资质省(市)而言,城投债风险溢价持续攀升,直至2020年末升至近半年最高位,即深色区域集中出现在2020年12月。而对于青海、天津、云南、广西等弱资质城投省份而言,事件的影响则更为持久和深远,城投债风险溢价持续攀升至2021年6月、最大涨幅为青海省207.8bp,这意味着"永煤违约"事件发生后,该省城投债的融资成本最高增加了2.708个百分点,"永煤违约"事件对城投债市场的冲击可见一斑。在目前尚未出现城投债违约情况下,"永煤违约"为我们提供了检验极端市场环境下,第三方担保对城投债风险缓释效果的很好契机。

表 9-12 "永煤违约"事件冲击下代表省（市）城投债利差变动情况

省份	2020/10/30	2020/11/27	2020/12/31	2021/1/29	2021/2/26	2021/3/26	2021/4/30	2021/5/28	2021/6/30	利差最高变动
上海	52	62	63	53	46	50	57	45	50	↑10.8
北京	48	64	69	51	55	46	52	40	52	↑21.0
广东	56	81	78	69	66	52	49	41	48	↑24.7
福建	69	96	112	87	91	76	73	61	66	↑43.4
浙江	71	101	116	99	95	81	80	69	71	↑45.1
西藏	57	88	103	82	82	63	68	50	63	↑45.9
江苏	83	121	150	134	137	120	116	94	90	↑67.5
安徽	81	121	154	135	137	117	118	90	89	↑73
海南	153	197	229	217	215	201	188	161	154	↑76
贵州	294	322	350	355	355	369	376	374	353	↑82.3
河南	82	114	151	136	157	154	171	152	158	↑89
甘肃	94	100	130	153	166	180	170	184	175	↑90.4
陕西	122	179	240	234	235	208	239	208	213	↑118.9
吉林	100	166	213	215	225	236	217	189	192	↑136.8
辽宁	231	291	344	288	315	362	381	373	382	↑150.8
广西	186	254	301	285	314	327	363	359	366	↑180.1
云南	157	176	233	230	250	269	315	327	344	↑186.7
天津	90	111	183	209	233	230	241	256	297	↑207.7
青海	112	162	221	198	215	221	229	259	320	↑207.8

注：表中数字为城投债利差（单位：bp）。
数据来源：证券交易所、中央国债登记结算有限公司关于债券交易的公告信息。

为此，本研究利用城投债交易数据，引入"永煤违约"事件虚拟变量 $Default_{it}$（债券交易发生在违约事件后为 1，否则为 0），及其与专业担保变量的交互项 $Guaran_{FGC_i} * Default_{it}$，以检验不同担保措施城投债的交易利差在"永煤违约"事件前后变化的差异。实证模型如模型（4）所示，被解释变量 $TradingSpread_{it}$ 是城投债 i 在事件前（后）第 t 个交易日的交易利差，为到期收益率与交易日同期限国债收益率的差值。事件虚拟变量 $Defualt_{it}$，若债券交易日期发生在违约事件以后，取值为 1，否则为 0。为了尽可能排除其他事件影响和稳健性考虑，本研究利用（-5，+5）、（-10，+10）、（-15，+15）三种数据样本展开 OLS 回归，其中（-n，+n）是指以"永煤违约"发生日为基准，采用事件前 n 个、事件后 n 个交易日期间的城投债交易数据为样本进行回归。本研究主要考察交乘项 $Guaran_{FGC_i} * Defualt_{it}$ 的系数 ω 是否显著为负，即在极端风险事件下，专业担保的风险缓释效果是否更强？

$$TradingSpread_{ijkt} = \beta * Guaran_{FGC_i} + \omega * Guaran_{FGC_i} * Defualt_{it} + \\ \theta * Defualt_{it} + \sum Ctr\_Bond_i + \sum Ctr\_FLGFV_{j,year} + \\ \sum Ctr\_Region_{k,year} + \gamma_k + \varepsilon_i \quad (4)$$

表 9-13 报告了专业担保在"永煤违约"冲击下的回归结果，以（-5，+5）样本回归结果为例：①$Defualt_{it}$ 的回归系数为正，并至少在 5% 的置信水平下显著，说明"永煤违约"事件的发生的确冲击了市场隐性担保预期，从而推高了城投债的风险溢价。②交互项系数是本研究更加关注的内容。从列（1）和（2）看出，专业担保交互项 $Guaran\_FGC * Defualt_{it}$ 和 $Guaran\_Type * Defualt$ 系数均为负，并至少在 10% 的置信水平下显著，这表明相较正常市场环境，专业担保在极端事件冲击下具有"雪中送炭"作用，对城投债表现出更强的价格保护力，更能降低交易利差，平均多降低 0.125—0.251 个百分点。③更换样本（-10，+10）、（-15，+15），"雪中送炭"效应保持稳健。

一个有趣的现象是，随着样本由（-5，+5）拉长为（-15，+15），违约事件引发的"价格效应"与专业担保效力呈现出"先增大后减小"的同步变化趋势，具体表现为事件变量（$Default$）和专业担保交互项（$Guaran\_FGC * Default$、$Guaran\_Type * Default$）系数均先增后降，并且"最大价格跌幅"和"最强增信效力"均出现在第 10 个交易日。一个可能的原因是，永煤超预期违约后，投资者对于河南省政府是否会兜底持观望态度，因此不会在即刻出现最大卖盘，价格随着"刚兑信仰"的动摇逐步发酵下跌。而第 10 个交易日可能与金融机构债券交易操作实践有关。我国城投债的主要投资者是商业银行，其债券卖出操作需经过业务审批、合规性评估、风控审核等多环节跨部门流程，尤其在违约发生后卖出价格大幅低于中债等第三方估值情况下，更是需要审慎考虑交易价格和交易对手等诸多因素，确保不存在利益输送情况下才允许卖出。据了解，上述卖出操作流程需要 5—10 个工作日。更进一步，大量卖盘集中在违约后的第 10 个交易日，此时城投债价格跌幅达到最大（$Default$ 系数最大），而专业担保恰在卖盘最集中、价格最承压时发挥最大增信效力（$Guaran\_FGC * Default$、$Guaran\_Type * Default$ 系数最大），所压降的交易利差幅度较其他窗口最高多出 0.755 个百分点（0.880—0.125）。这进一步支持了专业担保的"雪中送炭"效应，在发生违约冲击的极端市场环境下，在城投债卖盘最集中、价格最承压时，其对债券价格起到的保护与支撑作用更强。

表 9-13　专业担保在"永煤违约"事件冲击下的风险缓释效果

解释变量	样本：(-5, +5)		样本：(-10, +10)		样本：(-15, +15)	
	(1)	(2)	(3)	(4)	(5)	(6)
$Guaran\_FGC$	-0.205 * (-1.83)		-0.185 ** (-2.32)		-0.284 ** (-2.16)	
$Guaran\_Type$		-0.615 *** (-3.95)		-0.246 (-0.65)		-0.188 (-0.55)
$Guaran\_FGC *$ $Default$	-0.251 * (-1.72)		-0.347 ** (-2.31)		-0.339 ** (-2.14)	
$Guaran\_Type *$ $Default$		-0.125 (-0.61)		-0.880 * (-1.76)		-0.848 * (-1.90)
$Default$	0.105 ** (2.05)	0.042 (0.27)	0.205 *** (5.45)	0.609 (1.59)	0.153 *** (4.06)	0.609 * (1.76)
债券、企业、 地区特征	控制	控制	控制	控制	控制	控制
地区、 年份效应	控制	控制	控制	控制	控制	控制
Observations	3828	285	5526	432	5703	472
R-squared	0.214	0.617	0.303	0.273	0.262	0.272

注：括号内为 t 检验统计量值，***、**、* 分别表示 1%、5% 和 10% 水平上的显著性。

9.7 结论与政策建议

防范化解地方政府隐性债务风险是近年来我国面临的重大问题，尤其在"政府信仰"加速瓦解和信用债集聚违约的复杂背景下，如何统筹好债务治理的长期目标与短期风险之间的矛盾关系，按市场化原则保障融资平台合理融资需求，防止在处置地方债风险过程中引发次生金融风险，为有序缓释存量债务争取时间和空间，是亟待解决的课题。本研究利用2014—2020年城投债发行与交易数据，区分"融资担保公司"和"地方融资平台"两类担保人，系统考察两类担保在业务逻辑和风险缓释功能上的不同：（1）地方融资平台之间的"关联担保"不仅无法缓释城投债风险，还会被市场视为事前资质弱和事后传染风险高的一个负面信号推升融资成本，导致城投债发行溢价和交易利差平均上升0.09%—0.959%。融资担保公司是一支长久以来被忽视、但却能有效缓释城投债风险的市场化专业力量，所提供的"专业担保"具有显著的风险缓释作用，能够带动城投债发行溢价和交易利差平均下降0.089%—0.46%，约为城投债平均成本的14%。（2）经济机制分析显示，专业担保通过发送担保信号提供"贷前"增量信息、增加第二还款来源降低"贷后"违约损失两个渠道发挥风险缓释作用。（3）进一步分析表明，专业担保能够"雪中送炭"，对于行政等级低、债务负担重等更需外部增信的弱资质发债平台，以及突发风险事件冲击下的极端市场环境中，表现出更强的价格保护力和风险缓释作用。

政策含义：第一，重视市场化专业担保机构在资本市场的基础增信服务功能。通过引入融资担保公司，纾困那些具有长期发展潜力、但当下面临融资需求受挫等暂时困难的融资平台，以担保增信方式有效降低平台融资成本、保障平台合理融资需求，为长期转型发展和债务化解争取时间空间。在地方政府隐性债务风险突出的重点省份和城市，加大对已有融资担保公司的注资力度，同时推动组建大型全国性、区域性（省级）担保公司，构建服务市场化化解地方政府隐性债务风险的专业担保体系。利用好专业担保机构对极端市场环境的"雪中送炭"效应，将其作为一项应对突发风险事件和稳定市场基本盘的备选政策工具，避免单体风险和局部风险转化为系统性和区域性风险，为稳妥化解存量隐性债务提供稳定保障。恒大违约后，中债增信等融资担保公司为地产企业发债提供担保，助力地产行业融资环境好转、化解地产行业风险就是这一主张在地产领域的例证。第二，为融资担保公司提供可持续健康发展的环境。尽快完善有关担保、抵质押、破产等方面的基础环境和法律体系建设，探索建立"再担保+保险"等多种方式的风险分担保障机制，为更好发挥融资担保公司"专业经营信用与管理风险"功能提供保障。第三，对于融资平台自身不具有代偿能力但仍对外提供担保，以及"企业互保"、"连环担保"推升系统性风险等问题，关键在于加强行业自律，完善惩处标准，尤其强化担保的法律执行，杜绝"只保评级、不保兑付"现象。第四，实现融资平台与政府信用切割，根本上还需要分类推进地方融资平台转型成为自负盈亏的市场化主体，推动市场投资者从"认刚兑、看政府"向"综合考虑企业信用和增信措施"的市场机制转换，这对从根源上最终解决地方政府隐性债务问题有重要意义。

本章参考文献

［1］陈超，李镕伊．债券融资成本与债券契约条款设计［J］．金融研究，2014（01）：44-57.

［2］陈其安，肖映红，程玲．中小企业融资的三方信贷担保模型研究［J］．中国管理科学，2008，16（S1）：210-214.

［3］付俊文，赵红．信息不对称下的中小企业信用担保数理分析［J］．财经研究，2004（07）：105-112.

［4］韩鹏飞，胡奕明．债券增信定价的实证研究——来自中国债券市场的经验证据［J］．投资研究，2015，34（02）：90-111.

［5］黄玖立，胡静．城市级别、议价能力与出口税收负担：行业空间分

布视角［J］. 世界经济, 2021, 44（09）: 77-102.

［6］霍源源, 冯宗宪, 柳春. 抵押担保条件对小微企业贷款利率影响效应分析——基于双边随机前沿模型的实证研究［J］. 金融研究, 2015（09）: 112-127.

［7］罗党论, 佘国满. 地方官员变更与地方债发行［J］. 经济研究, 2015, 50（06）: 131-146.

［8］罗荣华, 刘劲劲. 地方政府的隐性担保真的有效吗？——基于城投债发行定价的检验［J］. 金融研究, 2016（04）: 83-98.

［9］孟庆斌, 宋烜, 李昕宇. 银行业竞争对房地产价格的影响与作用机制研究［J］. 财贸经济, 2021, 42（12）: 101-117.

［10］牛霖琳, 洪智武, 陈国进. 地方政府债务隐忧及其风险传导——基于国债收益率与城投债利差的分析［J］. 经济研究, 2016, 51（11）: 83-95.

［11］潘俊, 王禹, 王亮亮, 等. 城投债与地方政府债券发行定价差异及其机理研究［J］. 会计研究, 2018（09）: 31-38.

［12］平新乔, 杨慕云. 信贷市场信息不对称的实证研究——来自中国国有商业银行的证据［J］. 金融研究, 2009（03）: 1-18.

［13］汪莉, 陈诗一. 政府隐性担保、债务违约与利率决定［J］. 金融研究, 2015（09）: 66-81.

［14］王芳, 周红. 担保方式效应与独立审计需求——基于中国债券市场的研究［J］. 会计研究, 2015（07）: 71-78+97.

［15］吴谣, 岳慧, 高峰. 尾部风险与债券收益：来自中国市场的证据［J］. 经济学报, 2020, 7（01）: 112-126.

［16］徐军伟, 毛捷, 管星华. 地方政府隐性债务再认识——基于融资平台公司的精准界定和金融势能的视角［J］. 管理世界, 2020, 36（09）: 37-59.

［17］杨胜刚, 胡海波. 不对称信息下的中小企业信用担保问题研究［J］. 金融研究, 2006（01）: 118-126.

［18］尹志超, 甘犁. 信息不对称、企业异质性与信贷风险［J］. 经济研究, 2011, 46（09）: 121-132.

［19］张路. 地方债务扩张的政府策略——来自融资平台"城投债"发行的证据［J］. 中国工业经济, 2020（02）: 44-62.

[20] 张雪莹, 焦健. 担保对债券发行利差的影响效果研究 [J]. 财经论丛, 2017 (02): 48 - 57.

[21] 钟辉勇, 钟宁桦, 朱小能. 城投债的担保可信吗?——来自债券评级和发行定价的证据 [J]. 金融研究, 2016 (04): 66 - 82.

[22] 林晚发, 刘岩, 赵仲匡. 债券评级包装与"担保正溢价"之谜 [J]. 经济研究, 2022, 57 (02): 192 - 208.

[23] 王琨, 陈胜蓝, 李晓雪. 集团关联担保与公司融资约束 [J]. 金融研究, 2014 (09): 192 - 206.

[24] 张晓玫, 宋卓霖. 保证担保、抵押担保与贷款风险缓释机制探究——来自非上市中小微企业的证据 [J]. 金融研究, 2016 (01): 83 - 98.

[25] Bai Y, Lin B X, Wang Y, et al. Corporate ownership, debt, and expropriation: Evidence from China [J]. China Journal of Accounting Studies, 2013, 1 (1): 13 - 31.

[26] Bradley M, Roberts M R. The Structure and Pricing of Corporate Debt Covenants [J]. Quarterly Journal of Finance, 2015, 5 (2): 1550001 - 1550001.

[27] Besanko D, Thakor A V. Collateral and rationing: sorting equilibria in monopolistic and competitive credit markets [J]. International economic review, 1987: 671 - 689.

[28] Bester H. The role of collateral in a model of debt renegotiation [J]. Journal of money, credit and banking, 1994, 26 (1): 72 - 86.

[29] Boot A W A, Thakor A V, Udell G F. Secured lending and default risk: equilibrium analysis, policy implications and empirical results [J]. The Economic Journal, 1991, 101 (406): 458 - 472.

[30] Chan Y S, Kanatas G. Asymmetric valuations and the role of collateral in loan agreements [J]. Journal of money, credit and banking, 1985, 17 (1): 84 - 95.

[31] Chen Z, He Z, Liu C. The Financing of Local Government in China: Stimulus Loan Wanes and Shadow Banking Waxes. Journal of Financial Economics, 2020, 137 (1):

[32] Collin-Dufresn P, Goldstein R S, Martin J S. The determinants of credit

spread changes [J]. The Journal of Finance, 2001, 56 (6): 2177-2207.

[33] Degryse H, Van Cayseele P. Relationship lending within a bank-based system: Evidence from European small business data [J]. Journal of financial Intermediation, 2000, 9 (1): 90-109.

[34] Jimenez G, Salas V, Saurina J. Determinants of collateral [J]. Journal of financial economics, 2006, 81 (2): 255-281.

[35] Stiglitz J E, Weiss A. Credit rationing in markets with imperfect information [J]. The American economic review, 1981, 71 (3): 393-410.

[36] Hann R N, Ogneva M, Ozbas O. Corporate diversification and the cost of capital [J]. The journal of finance, 2013, 68 (5): 1961-1999.

[37] Katz A W. An economic analysis of the guaranty contract [J]. U. Chi. L. Rev., 1999, 66: 47.

[38] La Porta R, Lopez-de-Silanes F, Zamarripa G. Related lending [J]. The quarterly journal of economics, 2003, 118 (1): 231-268.

[39] Liu L X. Implicit government guarantee and the pricing of Chinese LGFV debt [M]. SSRN, 2017.

[40] Longstaff F A, Schwartz E. Valuing credit derivatives [J]. Journal of fixed income, 1995, 5 (1): 6-12.

[41] Mann R J. The role of secured credit in small-business lending [J]. Geo. LJ, 1997, 86: 1.

[42] Menkhoff L, Neuberger D, Suwanaporn C. Collateral-based lending in emerging markets: Evidence from Thailand [J]. Journal of Banking & Finance, 2006, 30 (1): 1-21.